高等职业教育"十二五"规划教材

高职高专经济管理类专业基础课精品教材系列

经济学基础

（第二版）

窦坤芳　主编

李志波　郭美娜　于　爽　副主编

科学出版社

北　京

内 容 简 介

本书以均衡价格理论为主线，以市场经济现象及企业经营决策的相关问题为切入点，分析消费者效用最大化决策、企业利润最大化决策、收入分配决策；以国民收入决定理论为主线，以社会经济现象及相关问题为切入点，简单解释和分析国家财政政策、货币政策、税收政策、投资政策等的制定和实施。

本书内容特别体现通俗性、实践性，适合作为高职高专经济管理类各专业的经济学基础教材，也可作为高等职业院校相关专业或社会培训的参考用书。

图书在版编目(CIP)数据

经济学基础/窦坤芳主编. —2版. —北京：科学出版社，2016

（高等职业教育"十二五"规划教材·高职高专经济管理类专业基础课精品教材系列）

ISBN 978-7-03-049856-4

Ⅰ.①经… Ⅱ.①窦… Ⅲ.①经济学—高等职业教育—教材 Ⅳ.①F0

中国版本图书馆 CIP 数据核字（2016）第 207478 号

责任编辑：任锋娟 赵 茜 / 责任校对：陶丽荣
责任印制：吕春珉 / 封面设计：蒋宏工作室

科 学 出 版 社出版

北京东黄城根北街 16 号
邮政编码：100717
http://www.sciencep.com

北京中科印刷有限公司印刷

科学出版社发行 各地新华书店经销

*

2011 年 8 月第 一 版 开本：787×1092 1/16
2016 年 8 月第 二 版 印张：15
2019 年 10 月第 八 次印刷 字数：351 000

定价：38.00 元

（如有印装质量问题，我社负责调换〈中科〉）

销售部电话 010-62136230 编辑部电话 010-62135741（VF02）

高职高专经济管理类专业基础课精品教材系列编委会

主　任　　谢培苏

副主任（按姓氏音序排列）

胡国胜　　　李鼎新　　　刘文华　　　张举刚　　　赵居礼

委　员（按姓氏音序排列）

陈方清　　程玉民　　窦坤芳　　窦志铭　　杜安杰
高建宁　　葛　军　　郭俊虎　　韩　伟　　韩小虎
韩银峰　　胡绍宏　　黄小彪　　季　辉　　贾益东
姜宁川　　柯正来　　李　伟　　李　英　　李新领
刘　华　　刘德武　　刘玉玲　　卢　锐　　骆群祥
倪　杰　　潘旭强　　潘映高　　芮福宏　　宋绍清
谈留芳　　田家富　　肖建成　　邢春玲　　徐忠山
杨　琼　　杨海清　　杨季夫　　姚虹华　　愚良晨
曾开红　　张　华　　张　军　　张　雪　　张德实
张国健　　张先云　　赵　忠　　赵喜文　　郑　昕
郑克俊　　周洪保　　周仁贵　　周兴荣　　朱祥贤
朱新明

本书编写人员

主　编　窦坤芳

副主编　李志波　郭美娜　于　爽

参　编　刘琳琳　张艳华　徐长香　崔　丹

第二版前言

本书自 2011 年出版以来，相关高职高专院校通过使用本书收到了良好的教学效果，充分体现了教材宗旨：培养学生掌握经济学的基本原理，初步具备运用所学知识观察和分析身边经济现象的能力；初步具备对政府的相关经济政策正确理解和运用的能力；具备运用价格理论等去分析、解决企业经济决策问题的基本能力；具备利用宏观经济理论简单分析和解释社会经济现象的能力等，得到使用师生的普遍好评。鉴于需求量的增加，同时随着社会的发展、市场经济的不断完善、改革创新的迫切要求以及编者在近几年实际教学的体验，我们对原书进行了修订，并对内容结构进行了适当调整和增减，对内容信息进行了更新，强化了基础理论，提升了教材的实用性。具体表现在以下方面：

1）继续坚持原有的三条主线：一是基本知识点鲜明；二是基本技能训练到位；三是信息传递前沿。坚持注重讲精、讲透基本理论，对一些烦琐的求证过程删繁就简，运用最基本的函数知识，通俗、生动的语言描述经济学的基本内容，直观明了地展示经济学基本模型。

2）在继续保持原有教材体例的基础上，增加了"信息传递"中较前沿的部分内容以及实例分析题等，以培养学习者应用能力为主线，以学习情境为切入点，以各种经济行为分析为任务载体展开内容，力争理论讲授充分、实际问题解决到位、职业素质培养渗透，既有利于教师教学，又可以增强学生的阅读兴趣。

3）在基本技能训练中增加部分案例分析题型，更新了有关数据和资料，尤其是宏观经济学部分，纳入最新信息，更突出时代性。

参加本版编写的老师有：大连职业技术学院窦坤芳、李志波、郭美娜、崔丹；大连软件职业学院张艳华、徐长香；北京培黎职业学院刘琳琳；保定职业技术学院于爽。同事，冯辉、王艳芳教授审阅了本书，并给予了宝贵意见，在此表示感谢。

本书在编写中参考了国内外相关文献，对这些文献的作者表示真挚的谢意。

由于经济学知识的广泛性和不断更新性，加之作者的水平有限、编写时间仓促，书中难免有疏漏之处，敬请读者批评指正。

窦坤芳

2016 年 6 月

第一版前言

"经济学基础"是高职高专经济管理类专业基础课程,通过对该领域的学习,学生应具备本专业所必需的经济学理论知识。经济学的理论来源于生活,这就要求学生能运用所学知识观察、分析和解决实际问题,正确理解和贯彻国家宏观经济政策,并能更好地为社会主义市场经济服务,同时为相关后续专业课程的学习奠定坚实的理论基础。

本书旨在培养学生掌握经济学的基本原理,运用所学知识初步观察和分析身边经济现象的能力;具备初步对政府的相关经济政策正确理解和运用的能力;具备运用价格理论等去分析、解决企业经济决策问题的基本能力;具备利用宏观经济理论简单分析和解释社会经济现象的能力;总之,引导学生将所学的理论运用到实践中,能够对与人们生活息息相关的有关经济因素做出正确判断,学会积极认识世界,科学对待生活。

本书以培养学习者应用能力为主线、以学习情境为切入点,以各种经济行为分析为任务载体展开内容,力争突出理论讲授充分、实际问题解决到位、职业素质培养渗透,既有利于教师教学,又可以增强学生的阅读兴趣。

本书体系完整,结构合理,理论联系实际,在表现形式上也具有一定的特色和较大的创新,体现三条主线:一是基本知识点鲜明;二是基本技能训练到位;三是信息传递前沿。本书注重讲精、讲透基本理论,对一些烦琐的求证过程删繁就简,只运用了一些最基本的高等数学知识,坚持用通俗、生动的语言描述经济学的基本内容,采用的基本模型直观明了。本书每章专设基本技能训练,内容包括材料分析、有关经济现象解读、热门话题讨论、创新观点展示、练习题等;信息传递的内容包括前沿理论介绍、专家介绍、数据论证、资料索引、小贴士等。

本书具体的编写分工如下:大连职业技术学院的窦坤芳教授编写第1、10章,并负责全书统稿;大连职业技术学院的郭美娜编写第2、11章;大连职业技术学院的李志波编写第3、4章;大连软件职业学院的张艳华编写第5章;大连软件职业学院的徐长香编写第6章;大连职业技术学院的崔丹编写第7章;北京培黎职业学院的刘琳琳编写第8、9章;李志波和郭美娜参与了书稿的校对工作;大连职业技术学院冯辉教授担任本书的主审。

本书在编写中参考了国内外相关文献,对这些文献的作者表示真挚的谢意。

由于经济学知识的广泛性和不断更新性,加之作者的水平有限,编写时间仓促,书中难免有疏漏之处,敬请读者批评指正。

窦坤芳

2011 年 6 月

目　　录

第 1 章
经济学概述

教学目标

知识目标:

- 对经济学的产生、含义、研究对象、基本内容、研究方法等基本理论知识有一个感性的理解,尤其要充分认识资源稀缺性,并深刻理解选择的必要性,进而对后续经济理论的学习做好铺垫。

能力目标:

- 能够通过对有关知识点的掌握,进行相关现实问题及引导案例的讨论和分析,并给出较合理的解释和回答。

引导案例

天堂和地狱

从前,有一个幸运的人被上帝带去参观天堂和地狱。

他们首先来到地狱,只见一群人,围着一大锅肉汤,但这些人看起来都营养不良、绝望又饥饿。仔细一看,每个人都拿着一只可以够到锅的汤匙,但汤匙的柄比他们的手臂长,所以没法把东西送进嘴里。他们看起来非常悲苦。

紧接着,上帝带他进入另一个地方。这个地方和先前的地方完全一样:一锅汤、一群人、一样的长柄汤匙。但每个人都很快乐,吃得也很愉快。上帝告诉他,这就是天堂。

这位参观者很迷惑:为什么情况相同的两个地方,结果却大不相同?最后,经过仔细观察,他终于看到了答案:原来,在地狱里的每个人都想着自己舀肉汤;而在天堂里的每一个人都在用汤匙喂对面的另一个人。结果,在地狱里的人都挨饿而且十分可怜,而在天堂的人却吃得很好。

案例点评:

人类要生存就离不开物质财富的生产,但是不同的社会组织方式、不同的人际关系安排,导致生产财富的效率是不同的。经济学就是研究人类社会如何组织、实现高效地生产财富的一门学问。

◆ 基本知识点

1.1 经济学的产生与发展及其研究对象

1.1.1 经济学的产生与发展

任何科学都是用来研究人类所面临的某种特定问题的，没有需要研究的特定问题，就没有科学，或没有科学产生和发展的必要性。经济学就是研究人类所面临的经济问题的科学。

人类所面临的基本经济问题，归结为一句话就是：资源稀缺性和人类需要的无限性之间的矛盾，其他一切具体经济问题都是由这一基本经济问题派生而来的。

资源稀缺性与人类需求无限性的矛盾正是经济学产生的基础，而现代经济学产生的标志是 1776 年亚当·斯密的《国民财富的性质和原因的研究》的发表，简称《国富论》（之前被称为政治经济学），具体经历了以下过程。

1. 经济学的早期阶段——重商主义（15 世纪～17 世纪中叶）

重商主义的主要代表人物有：约翰·海尔斯、托马斯·曼、孟克列钦、柯尔贝尔等。

法国的蒙克莱田是重商主义的代表人物之一。他在 1615 年出版的《献给国王和王太后的政治经济学》一书中第一次使用了"政治经济学"一词，表明他所研究的经济问题已经超出家庭管理或庄园经济的范围，并涉及整个国家或社会。

重商主义的基本观点是：认为金银是社会财富的唯一形态；一国财富的来源主要依靠对外贸易，即社会财富主要来源于流通领域；增加社会财富的方法就是扩大出口，限制进口；主张国家干预经济，即利用国家的力量限制进口，增加出口，实行贸易保护主义。

2. 经济学形成时期——古典经济学（17 世纪中叶～19 世纪 70 年代）

古典经济学的发展从威廉·配第开始，由亚当·斯密发展为完整体系，被大卫·李嘉图推向高峰。

古典经济学的主要代表人物有：威廉·配第、洛克、达德利·诺斯、蒙德维尔、大卫·休谟、詹姆斯·斯图亚特、亚当·斯密、大卫·李嘉图、马尔萨斯、约翰·斯图亚特、约翰·穆勒、西尼尔、让·巴蒂斯特、萨伊、西斯蒙第等。其中，以亚当·斯密为最重要的代表人物，其代表作是 1776 年出版的《国富论》。

以亚当·斯密为代表的古典经济学的基本观点和贡献主要体现在以下四个方面。

1）把经济学的研究从流通领域转向生产领域，使经济学真正成为一门拥有独立体系的科学。

2）以研究国民财富如何增长为中心内容，确立了物质财富观，认为增加国民财富主要通过社会分工和增加资本积累这两个生产途径。围绕这一点，全面系统地研究了经济增长、价值、价格、收入分配等一系列经济问题。

3）从人是利己的"经济人"这一基本假设出发，论述了用价格这只"看不见的手"来调节经济，可以把个人利己行为引向增加国民财富和社会福利的行为。

4）提出了自由放任的经济政策结论。

3. 新古典经济学（19 世纪 70 年代～20 世纪 30 年代）

新古典经济学的贡献主要体现在以下三个方面。

1）边际革命、边际三杰。19 世纪 70 年代，英国的杰文斯、法国的瓦尔拉斯、奥地利的门格尔几乎同时提出边际效用价值论。

2）剑桥学派。19 世纪末 20 世纪初由英国马歇尔创建，马歇尔是现代微观经济学奠基人，1890 年发表《经济学原理》。

3）微观经济理论。马歇尔综合边际三杰的成果，提出系统的微观经济理论，广泛流行于西方。马歇尔运用数学方法，从供求角度分析市场价格，以解决资源配置、资源报酬等问题，主张市场自发调节。

4. 凯恩斯主义经济学（20 世纪 50～60 年代）

英国的约翰·梅纳德·凯恩斯（1883～1946），是现代宏观经济学创始人。1930 年经济大危机使传统的自由市场经济理论受到挑战，凯恩斯于 1936 年发表了《就业、利息和货币通论》，提出国家干预经济的思想，标志着现代宏观经济学的产生。

5. 新古典综合派（20 世纪 40～60 年代）

第二次世界大战后，以美国萨缪尔森为代表的经济学者，把马歇尔的微观理论和凯恩斯的宏观理论综合在一起，构成了现代流行的西方经济学主流的思想体系。

6. 新自由主义经济学（20 世纪 30～70 年代）

由于长期推行凯恩斯主义，20 世纪 70 年代西方国家普遍陷入"滞胀"困境，凯恩斯主义对此束手无策。货币学派、理性预期学派等新自由主义经济学派纷纷向凯恩斯主义提出挑战，他们反对政府过多干预经济，主张不同程度地加强市场机制作用。

经济学是一门不断发展的科学，是 21 世纪最重要的学科之一。事实上，目前的经济学体系构建的过于烦琐，不利于经济学的学习与研究。用最通俗的话来讲，经济学就是关于人类如何获取生活资源和消费生活资源的学问。再直白一点，经济学就是关于如何正确挣钱和正确花钱的学问。只有这样去理解经济学，经济学才不会变成纯粹的学术，才有提升经济理念，进而指导人们经济行为的作用。

1.1.2　经济学的研究对象

经济学是以人们的经济行为作为研究对象的学科。人们的经济行为由生产和消费两个基本环节构成，而生产和消费的立足点就是经济资源的配置与利用。因此，研究经济学的核心目的是实现经济资源的合理配置和充分利用，这自然也就成了经济学的首要问题。

1. 资源稀缺性

"每个社会都必须面对一项基本的经济难题：如何将有限的资源做最佳运用，以满足无穷的欲望。这就是经济学上的稀缺性问题。"稀缺（scarcity）是普遍存在的、是相对的，稀缺是相对于人的欲望而言的，而人的欲望（需要）是无限的。

稀缺是经济学产生的根源，没有稀缺就不存在任何经济问题。资源的稀缺性相对于人类无限的欲望而言是有限的，所以人们在经济活动中必须为使用资源而支付成本，并因此要研究节省的问题。稀缺要求人们做出选择，选择无处不在，鱼和熊掌不可兼得，选择就是资源配置，就是要对稀缺资源用于满足人类何种需要做出权衡、抉择。经济学正是这样一门学问，研究人类如何选择使用有限的资源，以生产不同的物品，满足几乎无穷尽的欲望，并将其分配给社会中不同的成员。简而言之，经济学要解决三个基本经济问题：生产什么产品和劳务—— what；如何生产这些产品和劳务——how；为谁生产，谁来消费所生产出来的物品和劳务—— for whom。其中，生产要素包括土地、人力、资本、生产技术。

（1）生产什么

"生产什么"实际上就是寻找各种商品的最佳组合的问题，在市场经济条件下，生产什么的选择主要是通过市场来实现的，主要取决于厂商和消费者的相互关系，但政府也起着重要作用。生产什么商品和劳务取决于消费者每天所做的购买决策，从厂商方面看，什么商品更有利可图就生产什么商品，企业会受利润最大化愿望的驱使。利润（profit），即净收益，等于总销售额和总成本的差额。企业会因为利润低而离开亏损的行业，同样也会受高利润的吸引转而生产盈利的物品。

（2）如何生产

"如何生产"指用什么规模、以什么组织形式、使用何种资源、应用何种技术来进行生产。如何生产取决于不同生产者之间的竞争。为了应对价格竞争和取得最大利润，生产者要采用效率最高的生产技术，以便将成本降到最低点，即怎样在既定的投入下得到最大的产出问题（也包括对环境资源的利用问题），涉及生产方式的选择。在市场经济条件下，生产方式的选择主要由厂商按效率原则自主决策，政府以管理的法规条文等施加影响。总之，生产应追求利润最大化。

（3）为谁生产

"为谁生产"就是产出如何在社会成员中进行分配。在市场经济条件下，高收入者才能是高消费者，而收入与工资的高低主要取决于居民户和厂商间的相互作用。同时，政府会通过再分配计划进行参与，对收入分配产生重大影响。"为谁生产"主要取决于生产要素市场上的供给与需求，要素市场（如生产要素市场）决定了工资、地租、利息和利润的水平，这些被称为要素价格。一个人可能分别从工作、股票、存款、财产上获得工资、红利、利息和租金，把要素取得的所有收益加总在一起，可以计算出其市场收入，从而决定应不应该为其服务。

2. 稀缺资源的有效利用——生产可能性曲线

资源稀缺并非指绝对数量上的多寡，而是指在一定时期内，相对于人类的无限需要而言，可用于生产物品和提供劳务的资源总是不足的。在既定的技术条件下，可利用的资源是相对不足和有限的。一般来说，经济学是研究如何实现资源的最优配置，以使人类需要得到最大限度满足的一门社会科学。一种资源通常具有多种用途，在资源既定的情况下，多生产一单位的某种产品，就要以少生产若干单位的另一种产品为代价，这就是通常所说的机会成本。机会成本指当一定的资源用于某种生产时，所放弃的该资源用于生产其他产品可能获得的收益。人们将在稀缺资源的多种用途中进行权衡比较，根据自己的需求状况做出最有利于自己的选择。

资源的稀缺性决定了在一定社会条件下的一定时期内，可以利用的资源是有限的，从而可以生产的产品数量也是有限的。生产可能性曲线主要用来考察一个国家应该怎样分配其相对稀缺的生产资源问题。我们知道，一个国家可利用的资源，按用途来说，主要用来生产资本品和消费品。由于资源总量是一定的，因此，要多生产消费品就必须减少资本品的产量。那么，一个国家如何兼顾目前利益和长远利益，把有限的资本分配使用于消费品和资本品的生产，是经济学必须回答的一个重要问题，这个问题可以用生产可能性曲线来解释和回答。

如图1.1所示，假定某国现有资源 W 用来生产两种产品 X（消费品）和 Y（资本品）。如果全部用来生产 X 产品，可生产 OE 单位；如果全部用来生产 Y 产品，可生产 OA 单位；如果同时用来生产 X 和 Y 两种产品，则可能有各种不同的 X 与 Y 的产量组合。将 X 和 Y 的各种不同产量组合描绘在坐标图上，便可得出生产可能性曲线 AE。

$X+Y=W$，其中 W 为定值，曲线的切线斜率 Y/X 随着 X 的增大而减小，故应向外凸；否则，应该向内凹。如果一个点在生产可能性曲线的内部，那么表明资源没有得到充分利用，即该点是无效率的；如果一个点在生产可能性曲线的外部，那么表明资源相对短缺，即该点也是无效率的。

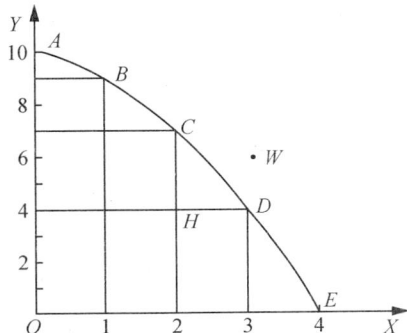

图1.1 生产可能性曲线

由于稀缺性的普遍存在，从而引起选择的必要，经济学因此而产生。所有的经济学定义几乎都强调两点：资源的稀缺性和选择的重要性。

经济学是研究稀缺的资源在各种可供选择的用途中，进行最有效的配置，以求得人类无限欲望的最大满足为目的的一种社会科学。经济学是研究人们日常生活事务的学问，是研究稀缺资源配置和利用的科学。

1.2　经济学的基本内容

1.2.1　微观经济学

"微观"是希腊文"μικρο"的意译，原意是"小"。微观经济学是研究社会中单个经济单位的经济行为，以及相应的经济变量的单项数值如何决定的经济学说，又称市场经济学或价格理论。微观经济学的历史渊源可追溯到亚当·斯密的《国富论》。微观经济学的中心理论是价格理论，研究的对象是单个经济单位的经济行为，解决的问题是资源配置，研究方法是个量分析。

微观经济学的基本内容包括：均衡价格理论；消费者行为理论；生产者行为理论；分配理论；一般均衡理论与福利经济学；微观经济政策等。

微观经济学主要是个量分析，以单个经济主体为研究对象，例如，某个人、家庭如何实现效用最大化，企业如何实现利润最大化。它是只见树木，不见森林，被称为虫瞰，研究企业、家庭及个人如何有效地配置和管理自己的稀缺资源的问题。微观经济活动可分为以下四个环节。

1）生产。如何利用有限的经济资源取得最大的效益。

2）交换。如何发挥价格的机制，使供求趋于平衡（价格机制）。

3）分配。如何分配生产成果（要素报酬）。

4）消费。如何实现最大的满足（效用最大化）。

1.2.2　宏观经济学

宏观经济学是相对于微观经济学而言的，它以国民经济总过程的活动为研究对象，主要考察就业总水平、国民总收入等经济总量，因此，宏观经济学又称为就业理论或收入理论。宏观经济学是自凯恩斯的《就业、利息和货币通论》发表以来，快速发展起来的一个经济学分支。

宏观经济学中心理论即国民收入决定理论；研究的对象是整个经济单位的经济行为；解决的问题是资源利用；研究方法是总量分析。

宏观经济学的基本假设为：市场机制是不完善的；政府有能力调节经济，纠正市场机制的缺点；各种经济变量之间存在错综复杂的相互关系。

宏观经济学的基本内容包括：国民收入决定理论；失业与通货膨胀理论；经济周期

与经济增长理论；开放经济理论；宏观经济政策等。

宏观经济学主要是总量分析，以整个国民经济为研究对象，如国民生产总值、就业率、通胀率等。它是只见森林，不见树木，被称为鸟瞰，研究全社会如何有效地利用稀缺资源的问题。

1.2.3　微观经济学与宏观经济学的关系

两者的关系是整体和构成整体的个体之间的关系，是一个问题的两个方面，犹如一只手的手心和手背。微观经济学是宏观经济学的基础，前者是"见树"，后者是"见林"。只有将两者结合研究，才能对整个森林有一个充分、全面的认识。微观经济学和宏观经济学无先后之分，无轻重之别，两者缺一不可。但微观经济学与宏观经济学是有区别的，主要表现为以下几个方面。

1. 研究对象不同

微观经济学的研究对象是单个经济单位，如家庭、厂商等；而宏观经济学的研究对象则是整个经济，研究整个经济的运行方式与规律，从总量上分析经济问题。正如萨缪尔森所说，宏观经济学"根据产量、收入、价格水平和失业来分析整个经济行为。"

2. 解决问题不同

微观经济学要解决的是资源配置问题，即生产什么、如何生产和为谁生产的问题，以实现个体效益的最大化。宏观经济学则把资源配置作为既定的前提，研究社会范围内的资源利用问题，以实现社会福利的最大化。

3. 研究方法不同

微观经济学的研究方法是个量分析，即研究经济变量的单项数值如何决定。而宏观经济学的研究方法则是总量分析，即对能够反映整个经济运行情况的经济变量的决定、变动及其相互关系进行分析。这些总量包括两类：一类是个量的总和；另一类是平均量。因此，宏观经济学又称为"总量经济学"。

4. 基本假设不同

微观经济学的基本假设是市场出清、完全理性、充分信息，认为"看不见的手"能自由调节实现资源配置的最优化。宏观经济学则假定市场机制是不完善的，政府有能力调节经济，通过"看得见的手"弥补市场机制的缺陷。

5. 中心理论和基本内容不同

微观经济学的中心理论是价格理论，还包括消费者行为理论、生产理论、分配理论、一般均衡理论、市场理论、产权理论、福利经济学、管理理论等。宏观经济学的中心理论则是国民收入决定理论，还包括失业与通货膨胀理论、经济周期与经济增长理论、开放经济理论等。

1.3　经济学研究方法

1.3.1　实证分析与规范分析

1. 实证分析

实证分析是指只对经济现象、经济行为或经济活动及其发展趋势进行客观分析，得出一些规律性的结论。其特点为：回答"是什么"的问题；分析问题具有客观性；得出的结论可以通过经验事实进行验证。这种方法通常又被称为实证经济学（positive economics），即运用理论对社会各种经济活动或经济现象进行解释、分析、证实或预测。它要说明的是"是什么"的问题，并不涉及价值判断的问题。描述客观事物是怎样、事物的现状及如何运行。

2. 规范分析

规范分析是指以一定的价值判断为基础，提出某些分析处理经济问题的标准，树立经济理论的前提，作为制定经济政策的依据，并研究如何才能符合这些标准。它要回答的是"应该是什么"的问题。这种方法通常又被称为规范经济学（normative economics），即以一定的价值判断作为出发点，提出行为的标准，并研究如何才能符合这些标准。它要说明的是"应该是什么"的问题，即说明一件事是好还是坏。

实证经济学的内容具有客观性，即不以人们的意志为转移，所得的结论可以根据事实来进行检验。规范经济学则没有客观性，它所得的结论要受到不同价值观的影响，处于不同阶级地位、具有不同价值判断标准的人，对同一事物的好坏会作出截然相反的评价，谁是谁非没有什么绝对标准，从而也就无法进行检验。例如，我国改革开放以来，人们收入差距扩大，实证分析要分析收入差距现状如何、造成差别扩大的原因是什么等问题。规范分析则研究收入差距扩大好不好、应该不应该、公平不公平等。

1.3.2　均衡分析与边际分析

1. 均衡分析

在西方经济学中，均衡是指在一个经济体系中，由于各种经济因素的相互作用而产生的一种相对静止的状态。均衡分析是指对均衡形成原因及其变动条件的分析，可分为局部均衡分析和一般均衡分析两种。在均衡状态中，经济人的利益达到最大化，或已达到最优。

2. 边际分析

边际是指一个微小的增量带来的变化,即数学中的微分的概念。有关边际的概念可分为两类,即边际收益和边际成本。当边际收益等于边际成本时,经济活动处于最佳状态,即达到了均衡。边际分析法是把追加的支出和追加的收入相比较,二者相等时取得临界点,也就是投入的资金所得到的利益与输出资金所受到的损失相等时的点。如果组织的目标是取得最大利润,那么当追加的收入和追加的支出相等时,这一目标就能达到。

1.3.3　运用经济模型

经济模型强调用一种简单易懂的方法来说明一个特定体系的基本特征。经济模型可分为文字模型、表格模型、数学模型、函数表达式等四种形式。例如,同样表述“需求定理”,可以有四种形式。文字模型表述为:在其他条件不变的情况下,一般商品需求与价格呈负相关关系,即价格越低,需求量越大;反之,价格越高,需求量越小。表格模型表述如表 1.1 所示。

表 1.1　需求表

价格	2	3	4	5	6	7	8	9
需求量	100	90	80	70	60	50	30	20

数学模型表述如图 1.2 所示。

以 P 代表商品价格,D 代表需求量,于是该商品的需求函数可以表示为

$$D=f(P) \qquad (1-1)$$

建立模型要运用抽象法,舍弃一些影响较小的因素或变量,以建立与所研究的现象有关的主要变量之间相互依存关系的主要理论结构。

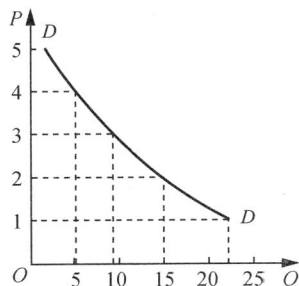

图 1.2　个别需求曲线

1.3.4　运用经济变量

经济变量(economic variable)是指在经济活动中其数值可以变化的事物。

1. 存量与流量

存量(stocks)是指在某一个时点上所观察到或所测定到的经济变量。存量分析是指在一定的时点上表现出来的结果,是静态的分析。例如,5 月 1 日库存量就是一个时点上的量。

流量(flow)是指在某个时期内所观察到或所测定到的经济变量,是一段时间

内发生的量。流量分析是指在一定的时间存续期间发生的情况过程。例如，5 月 2 日到 20 日发生的商品交易数量就是流量。

存量与流量的联系：存量制约或影响流量的变化，而流量的变化又会引起存量的变化；流量结构的变化会引起存量结构的变化。

2. 内生变量与外生变量

内生变量（exogenous variable）是指由经济模型内部的其他经济变量所决定的经济变量。内生变量可以在模型体系内得到说明。

外生变量（induced variable）是指由经济模型外部的其他因素所决定的经济变量。外生变量决定内生变量，而外生变量本身不能在模型体系中得到说明。参数通常是由模型以外的因素决定的，因此也往往被看成外生变量。

例如，$P=a+bQ$ 表示价格与数量的关系，则 a、b 是参数，都是外生变量；P、Q 是模型要决定的变量，所以是内生变量。除此之外，如相关商品的价格、人们的收入等其他与模型有关的变量，都是外生变量。

内生变量和外生变量的划分不是机械的或一成不变的，将经济理论用变量间的函数关系来表示又称为经济模型。

1.4 学习经济学的意义

下面这个故事会给我们启发。

小故事

广阔的农田上空飘过一个低空行进的热气球，热气球里坐着两个人，此时的农田上站着两个人。热气球里的两个人对着地面上的人大喊："我们在哪里？"下面的人回答道："你们在热气球里。"

两拨人的对话同时发生了。热气球里的一个人对另一个人说："看下面那两个人，我知道他们是干什么的。"另外一个就问："他们是干什么的？"第一个人回答说："他们是经济学家。"第二个人问："你怎么知道？"第一个人回答："因为他们说的都是最明显的事实。"

此时，地面上的一个人对另一个人说："看热气球里的那两个人，我知道他们是干什么的。"另外一个就问："他们是干什么的？"第一个人回答说："他们是商人。"第二个人问："你怎么知道？"第一个人回答："因为他们可以看见所有的东西，可就是不知道自己在哪儿。"

这个故事分别向经济学家和商人指出了几个需要注意的地方：①经济学应该是实用的，应该向人们展示事物的不同方面。②商人只会日复一日地关注自己的生意，缺乏开阔的视野，也不会试图理解这些正在发生的事情的原理。不过，在这一点上经济学肯定对商业有所帮助。③经济学家和商人之间有很多理论依据是可以相互借鉴的，尤其是沉浸在学术世界里的经济学家更不能只局限在自己编织的"茧"里进行研究与教学,他们应该多接触社会,看看外面的世界,这才是让经济学更加贴近我们生活的最好方法。

社会成员必须了解社会现象及其本质,而经济现象是最重要的社会现象,我们作为合格人才更应该了解它,掌握它的基本规律。在市场经济条件下,作为社会中存在的个人,一生中将面临许多经济决策,如投资、理财、就业等,要使这些决策更为理智,学习一些经济学知识十分必要。21世纪的创业型人才,必须理解国家的经济政策,掌握企业管理的基本知识。而经济学理论是政府制定经济政策的依据之一,是企业管理知识的基础。因此,要更好地理解国家经济政策,更好地了解企业管理并应用好企业管理,就必须学习经济学基础知识。经济学提出了解释经济现象的理论,有助于大家思考和运用。

◆ **基本技能训练**

1. 讨论:假设人们的欲望都是有限的,或者资源是无限的,经济学还会存在吗?

2. 将生产可能性边际的思想应用于你自己三年的大学生活,分析应如何安排自己的学习和社会活动。

3. 你认为,确定中国计算机市场的产量及价格是微观(宏观)经济学研究的问题吗?

4. 对如何降低失业率、提高经济增长率的研究应该是微观(宏观)经济学研究的问题吗?

5. 结合本章有关内容,思考我国为什么要提出科学发展观来指导我国的经济和社会发展。

◆ **信息传递**

亚当·斯密

亚当·斯密(Adam Smith):经济学鼻祖(图1.3);
出生:1723年6月5日(苏格兰伐夫郡可可卡地);
逝世:1790年7月17日(苏格兰爱丁堡);

学派/流派:古典经济学;

主要领域:政治哲学、伦理学、经济学;

主要著作:《道德情操论》、《国富论》;

著名思想:古典经济学、现代自由市场、劳动分工。

图1.3 亚当·斯密

凯恩斯

约翰·梅纳德·凯恩斯(John Maynard Keynes,1883年6月5日~1946年4月21日,图1.4)是现代西方经济学界最具影响力的经济学家之一。他的父亲约翰内维尔·凯恩斯曾在剑桥大学

图1.4 凯恩斯

任哲学和政治经济学讲师，母亲弗洛朗斯阿达·布朗是一位成功的作家和社会改革的先驱之一。

1889 年，7 岁的凯恩斯进入波斯学校；

1891 年，进入圣菲斯学院的预科班；

1894 年，以全班第一的优异成绩毕业，并获得第一个数学奖；

1895 年，凯恩斯考取伊顿公学，并于 1899 年和 1990 年连续两次获得数学大奖，以数学、历史和英语三项第一的成绩毕业；

1902 年，他成功考取剑桥国王学院（剑桥大学），并获得奖学金；

1906～1908 年，在英国财政部印度事务部工作；

1908 年，任剑桥大学皇家学院的经济学讲师；

1909 年，创立政治经济学俱乐部，并因其最初著作《指数编制方法》荣获"亚当·斯密奖"。

1911～1944 年，任《经济学杂志》主编；

1913～1914 年，任皇家印度通货与财政委员会委员，兼任皇家经济学会秘书；

1919 年，任财政部巴黎和会代表；

1929～1933 年，主持英国财政经济顾问委员会工作；

1942 年，被晋封为勋爵；

1944 年，出席布雷顿森林联合国货币金融会议，并担任国际货币基金组织和国际复兴开发银行的董事；

1946 年因心脏病猝死，时年 63 岁。

萨 缪 尔 森

萨缪尔森（Samuelson，1915～2009）对经济学进行了第三次综合——微观经济学与宏观经济学的划分。1948 年，萨缪尔森（图 1.5）发表了他最有影响的巨著《经济学》，这本书一经出版即告脱销。许多国家的出版商不惜重金抢购它的出版权，不久即被翻译成日、德、意、匈、葡、俄等多种文字。

该书对经济学中的三大部分（即政治经济学、部门经济学、技术经济学）都有专门的论述，读过这本书的人都看到他从宏观经济学到微观经济学，从生产到消费，从经济思想史到经济制度都比前人有新的创见。这部著作在内容、形式的安排上也可谓独具匠心，他在每一章的开篇加上历代名人的警句，言简意赅地概括全章的主题，使读者不像是在读枯燥的理论书，而是在读一部有文学色彩的史书。这一巨著的出版，为普及、推广其理论创造了良好的条件。

图 1.5 萨缪尔森

萨缪尔森的巨著《经济学》流传颇广，被翻译成日、德、意、匈、葡、俄等多种文字。据报道，销售量达 100 多万册，成为许多国家和地区制定经济政策的理论根据。现在，许多国家的高等学校将《经济学》作为专业教科书。他于 1947 年成为约翰·贝茨·克拉克奖的首位获得者，并于 1970 年获得诺贝尔经济学奖。

=============== 小结与练习 ===============

小结

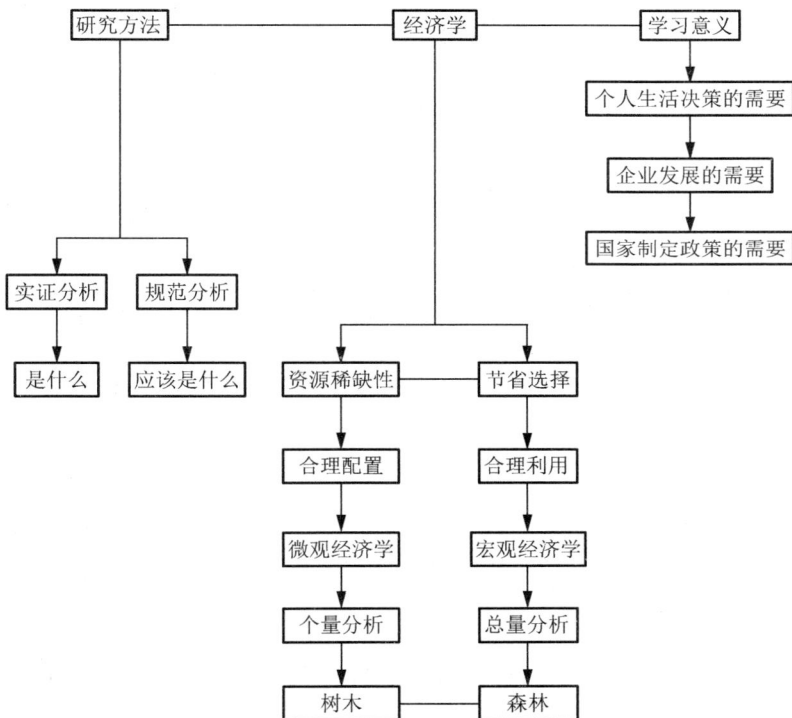

练习

一、单项选择题

1. 下列物品中不是经济物品的是（　　　）。
   A. 手机　　　　　　B. 彩电　　　　　　C. 空气　　　　　　D. 汽车
2. 稀缺性是指（　　　）。
   A. 资源将最终被消耗尽
   B. 资源数量是有限的

    C. 相对于人类的无限欲望而言，资源与经济物品是不足的

    D. 资源是无限的

3. 作为经济学的两个组成部分，微观经济学和宏观经济学是（   ）。

    A. 互相对立的   B. 没有任何联系的

    C. 互为前提、彼此补充的   D. 可以互相替代的

4. 实证经济学与规范经济学的根本区别是（   ）。

    A. 研究方法不同   B. 研究对象不同

    C. 研究范围不同   D. 研究内容不同

5. 下列命题为实证经济学命题的是（   ）。

    A. 居民收入水平越高越好

    B. 2003 年我国城镇居民人均可支配收入为 8472 元

    C. 城镇登记失业率越低越好

    D. 现阶段经济发展对环境的破坏作用很大，这对我国经济和社会长期发展是不利的

6. 产量水平落在生产可能性曲线以内一点，说明（   ）。

    A. 资源已经被充分利用   B. 资源未被充分利用

    C. 资源即将被充分利用   D. 技术水平达到最高

二、问答题

1. 微观经济学和宏观经济学有哪些共同点和不同点？

2. 举例说明经济存量与经济流量的含义与关系。

3. 经济学经历了哪几个主要发展阶段？

三、实例分析题

    表 1.2 是某国在汽车和公寓这两种商品生产上的各种可能的产品组合，该表中的每一个产出都以该国资源及技术的充分利用为前提条件，请作出该国的生产可能性曲线图。

表 1.2 需求表

可 能 性	公寓/千套	汽车/万台
A	0	30
B	6	29
C	12	26
D	18	22
E	24	16
F	30	0

第2章

经济学与市场经济

教学目标

知识目标：

● 运用经济学的相关理论，对市场经济、现代市场经济和社会主义市场经济的含义、特征、框架等基本理论知识进行理解掌握，尤其需要深刻理解社会主义市场经济的框架与本质特征，为以后运用经济学的相关理论解决社会主义市场经济相关问题打下基础。

能力目标：

● 能够通过对有关知识点的掌握，进行相关现实问题及引导案例的讨论和分析，并给出较合理的解释和回答。

引导案例

郁金香现象

"郁金香现象"是世界经济发展史上第一起重大投机狂潮，使荷兰由一个强盛的殖民帝国走向衰落。

1593年，一位维也纳的植物学教授把一批土耳其郁金香带到荷兰的莱顿，这些异常漂亮的郁金香一时成为莱顿上层社会谈论的焦点。一次偶然的事件，使郁金香得以在市面上流通，不过其价格非常昂贵，一般只有少数达官显贵把它作为观赏品和奢侈品摆在家里向人炫耀。

在舆论的鼓吹下，人们对郁金香表现出一种病态的倾慕与热忱，开始疯狂地竞相抢购郁金香球茎。一批投机者趁机进入市场大肆炒作，郁金香迅速膨胀为虚幻的价格符号。1636年，郁金香竟然到了与一辆马车、几匹马等值的地步，就连长在地里看不见的球茎都几经转手交易。郁金香在一年内总涨幅高达5900%。

与所有狂热的投机行为一样，上扬的郁金香价格促使众多的投机者介入，而长时间居高不下的价格又使投机者谨慎行事。此时，任何风吹草动都可能导致整个市场的崩溃。

终于，一起偶发事件成了"导火索"：一位懵懂的年轻外国水手，顺手拿走了船主一棵价值 3000 金币（现约合 3 万~5 万美元）的名为"永远的奥古斯都"的郁金香球茎，将球茎当作洋葱就着熏鲱鱼吃进了肚子。这个事件仿佛一枚炸弹，引起了人们对郁金香根本性价值的怀疑，随后在阿姆斯特丹交易所，越来越多的人卷入恐慌性抛售浪潮。

一时间，郁金香球茎的价格暴跌不止。荷兰政府发表声明，认为郁金香球茎价格无理由下跌，让市民停止抛售，并试图以合同价的 10% 来终结所有的合同。但是由于政府介入的时机过晚，这些努力毫无用处，一星期后，郁金香的价格只及普通洋葱的售价，一些富有的商人和大贵族也相继陷入无法挽救的破产境地。最终，这场由郁金香引起的大恐慌使荷兰陷入了长期的经济大萧条。

案例点评：

暴涨必然引起暴跌，这是客观的经济规律。历史经验告诉我们，在市场经济中很容易产生经济泡沫，如果任由它膨胀，公众的追风心理可能会使其成为具有严重破坏力的投机浪潮。因贪婪而失去理智的、狂热的人们，会为泡沫的吹起寻找各种"合理"的依据，不断提升对价格的预期，引起资产价格不断上涨。而泡沫最终会破灭，会给整个社会带来不利的影响。所以，目前各国都需要政府来控制市场经济自由发展而引起的一些不利局面，而且当今世界几乎没有哪个国家完全依赖于市场经济体制，尤其是我国的社会主义市场经济体制，在经济大潮中政府通过对公众心理进行宏观的调控，多次避免了"郁金香事件"的发生。所以对于我们来说，研究市场经济以及社会主义市场经济的发展是一项非常重要的工作。

◆ **基本知识点**

2.1　经济学的市场经济分析框架

2.1.1　市场经济

关于市场经济，西方有两种定义：一种定义认为市场经济即以私有财产制度为基础的经济制度；另一种定义虽然也认为市场经济是一种经济制度，但并非强调私有财产制度为基础，而是认为"在这种制度下，有关资源配置和生产的决策是以价格为基础，而价格则是生产者、消费者、工人和生产要素之间自愿交换产生的"。后一种定义大大扩展了市场经济的范围。

在我国，对市场经济的理解也不尽相同。一种观点认为，市场经济是资源配置的一种方式；另一种观点认为，市场经济是一种经济形式或经济体制；还有一种观点认为，市场经济是商品经济的高级阶段。不难看出，这三种观点并非是完全对立的，而是从不同的角度揭示了市场经济的内在规定性。如果将它们加以综合，对市场经济的理解可能更加全面。对市场经济至少应有以下三点认识。

1. 市场经济是商品经济发展的高级阶段

市场经济与商品经济都是以社会分工和不同所有制为存在基础的，生产者都是通过货币和商品的形式交换劳动，属于同一类经济关系，都是以价值交换为本质和以追求价值为目的的经济。市场经济是在商品经济的基础上经过长期的发展而逐渐演变而来的，经历了一个由不发达到发达的成长过程。

据统计，商品经济距今已有 7000 多年的历史，当时的商品经济中不存在市场经济，这是由于当时的社会资源配置不是以市场为导向的，而是以传统和习惯为导向，在奴隶社会和封建社会的漫长岁月中，商品经济只是作为当时社会中的主导经济形式——自然经济的辅助经济形式而存在，其特征在于劳动转化为价值、劳动产品转化为商品、产品按价值进行交换，它反映的是劳动的间接社会性质，即人们的个别劳动与社会劳动之间的关系，因此是社会经济较抽象、更本质层次的表现。随着社会生产力的发展和社会分工的出现，自然经济中人们的吃穿用等需求的自给自足逐渐被适应社会分工要求的简单商品经济所代替。到了资本主义社会，简单商品经济转变为社会化的商品经济，在逐步形成了统一的发达的市场条件下，由于资源稀缺性的存在，市场成为配置资源的主要方式，也就逐渐形成了市场经济。虽然市场经济的存在是以商品经济存在和发展为基础的，但是商品经济只有在以现代科学技术为基础，高度社会化的生产构成社会生产力的主要内容，一切经济关系都融入市场活动之中，社会资源的流动、评价、配置主要通过市场来调节，市场已成为该种经济的基本调节机制和运行方式时，才能成为市场经济。

市场经济主要体现生产商品的劳动社会性的实现或交换过程，是与用指令性计划配置资源和行政命令办法组织调节社会资源的计划经济相对应的，它是指社会经济的组织方式，其特征在于通过市场来组织和分配生产要素、自然和社会资源以及收入，因此是属于社会经济运行的较具体、更接近现象形态的规定，是实现劳动社会性的手段。因此，市场经济可以说是社会化、发达化的商品经济，市场经济是商品经济不断发展、成熟的实现形式。

2. 市场经济是以市场为基础，并以市场为基本调节手段进行资源配置的经济

在市场经济中，整个社会的资源配置是由市场机制来实现的。市场机制对社会资源的配置，主要通过市场上商品和各种生产要素供给与需求的变化，以及由供求变化所引起的价格变化，继而引发的商品经营者和生产者之间的竞争，从而引导资源在各地区、各产业之间的流动。竞争促使商品生产者改善经营管理，降低消耗，提高产品质量，使资源得到充分利用。竞争必然引起优胜劣汰，保证资源始终掌握在能够最有效地运用它的商品生产者手中，从而实现社会资源配置的优化，并使整个社会获得最佳的经济效益，

可以说竞争在资源配置中起了至关重要的作用。

在市场经济中，市场机制作为基础性的调节手段，其积极作用是十分巨大的：解决企业生产什么、为谁生产和如何生产等根本问题；使资源得到合理配置；调节供求，实现供求的基本平衡；促使企业提高效率，是企业不断提高科技水平和经营管理工作水平的原动力。

3. 特定意义下，市场经济等同于经济体制

在特定意义下，市场经济也可以被理解为经济体制或经济体制模式，而且一旦从体制模式的意义上理解，市场经济则往往是指某一特定经济体制下的市场经济，如资本主义市场经济、社会主义市场经济。

一般说来，当市场经济作为一种资源配置方式时，它不属于社会基本制度的范畴，不具有姓"资"姓"社"的问题，但市场经济又从来不能同社会上存在的基本制度相脱离而孤立存在。用西方某一经济学家的话讲：市场经济是无脑无心的东西，它和哪个国家经济制度结合在一起，就有哪个经济制度给它脑和心。从历史上看，由于资本主义制度的出现早于社会主义制度，所以市场经济与资本主义制度相伴而生、相伴而长，最初以资本主义市场经济的形式存在于世上，但它并不是资本主义制度的专利，而是人类的共有的一种文明成果，既可以为资本主义制度服务，也可以为社会主义制度服务，要看市场经济同哪一种社会制度相结合。随着社会主义制度的出现，市场经济开始与社会主义制度相结合，现在我国所建立的市场经济，就是市场经济同社会主义制度相结合，是在社会主义条件下的市场经济，它作为市场经济，同样是以市场作为主要资源配置手段的经济，是由市场机制即价值规律调节运行的经济，就这点而言，它与资本主义经济没有什么区别。在解释这个问题时，邓小平就曾经讲过："社会主义的市场经济……方法上基本上和资本主义社会的目的相似。"所以，他一再指出，不能把市场经济等同于资本主义，社会主义也可以实行市场经济。

通过上述三点认识，我们可以得出市场经济的定义：市场经济是指在国家宏观调控下，以市场为资源配置的基本手段的经济形式。

2.1.2 市场经济的基本特征

市场经济作为配置社会资源、协调社会不同经济主体之间利益的一种特殊的经济关系，有着不同于自然经济和计划经济运行形式的基本特征。市场经济的基本特征，也就是市场经济在正常运行中都必须具有的通则和规范，是构成市场经济的基本要素。概括起来市场经济有如下五个特征。

1. 市场经济是货币经济

在市场经济中，一切经济活动都直接或间接地表现为商品交换活动，即以货币为媒介进行各种交换。生产者和消费者的决策、生产与消费、供给与需求之间关系的协调、社会资源配置和收入分配，都是建立在商品交换原则的基础上。任何企业不论属于哪一种所有制，其投资、生产和营销活动都要通过市场取得社会承认，通过市场才能实现。市场是企业的生命线，市场经济以货币价格为信号对资源进行调节，只有形成完善的货币价格体系，才会有发达的市场经济。

2. 市场经济是自主经济

市场经济的首要组成要素是市场主体。市场主体可以是企业，也可以是个人或其他组织。作为市场经济主体的企业，应是独立的企业法人，是自主经营、自负盈亏、自我发展和自我制约的企业，能够通过市场合理地利用资源，有效地开展经济活动。作为市场经济主体的个人，应拥有充分自主权，可以自由地选择和购买所需要的商品，自由地进行各种方式的投资。市场经济下产权明确、利益独立的多元化主体，决定市场主体企业和消费者拥有完全独立的自主权，可以自觉面对市场，及时对市场信号做出灵敏的反应，自主地进入或退出市场。当然，市场主体在市场中的自主权，应该受市场机制制约和一定的政府宏观调控政策的制约。

3. 市场经济是竞争经济

竞争是商品经济的内在本质，是商品经济正常运作的必然要求。市场经济是商品经济的高级阶段，那么竞争性也是市场经济的重要特征。在市场制度下，市场竞争是市场主体之间经济实力的较量，是经济利益的争夺。竞争不再单纯地依靠商品价格低廉化，而是表现为产品价格、质量和市场占有率等多方面内容。在市场经济中，只有各个商品生产者和经营者都处于平等竞争的地位，即按照公平、公开、公正的市场规则进行竞争，才能形成真正反映资源相对稀缺程度的市场价格信号，这样的价格才能权衡成本和收益，形成协调各个市场主体经济利益的客观尺度。市场竞争必须公开、公平和公正，竞争各方的地位和权利都是平等的，谁也不能在市场中享有垄断和特权地位。没有公平竞争就不可能有等价交换，也就不可能有社会资源合理、高效率的配置。

4. 市场经济是法制经济

市场经济的有序性是市场经济运行的内在要求，市场经济利益主体的多元化和决策分散化、利益的竞争关系，以及制约市场运作的因素的复杂性，决定了整个经济运行需要有一个比较健全的法制基础，由法律来引导、规范、保障和约束经济主体的市场行为，使市场的运转有秩序有规则，保证公平交易，为商品的生产者和经营者创造公平、平等的竞争秩序，保证合法经营者应有的权益，保护消费者应有的利益，制止市场中一切不法经济行为，成为有序的市场，必须把市场秩序建立在法制的基础之上，法制是市场经济有序运行的重要保证。

各经济主体在法律面前成为平等的一员，规范市场行为的法律规范，主要内容是明确规定市场主体、维护市场秩序、加强宏观调控、完善社会保障、促进对外开放等。

5. 市场经济是开放性经济

市场经济的开放性来源于商品的特性，商品是为交换而生产的劳动产品，而商品能够自由流通是形成交换的一个基本前提。起初，开放性只体现在一国之内，但随着市场经济中利益主体的多元化和社会分工的深化，以及社会生产的增长，市场容量的不断扩大，市场经济逐渐突破地区、部门直至国界的限制，形成全国性的统一市场，参与国际分工，并逐渐与国际经济接轨。可以说，市场经济的开放，促进了生产要素和商品的流动，提高了生产社会化程度，促进国民经济快速稳定发展；国际要素的流动，可以平衡国内生产要素结构的不平衡性，提高商品的竞争力，实现更高的价值，并加速国内市场的发展。

市场经济的基本特征表明市场经济是实现资源优化配置的有效形式，表明通过市场可以有效地实现社会资源的优化配置，引导企业按照社会需要组织生产经营，并且可以对商品生产者进行选择。

2.1.3 现代市场经济

所谓现代市场经济是指就较早期和近代的市场经济而言，市场经济经过历史的变迁不断成熟和发展之后的形态，它是以现代工业文明为基础的高度社会化、现代化、规范化和国际化的市场经济。现代市场经济又称有宏观管理的市场经济。这主要是由下面几个原因造成：

1）市场调节本身要受到政府的调控，使其自身所发挥的作用和影响的程度相对减弱。在某些市场调节手段较弱的领域或部门，国家干预已经成为主要的调节手段。

2）国家干预的出现，改变了市场经济运行单纯依靠市场调节的传统方式，变一只手调节为两只手调节，使经济调节手段趋于多样化。

3）国家干预和市场调节各有侧重、互为补充。

国家干预主要侧重于宏观领域，目的在于调节和控制社会经济的均衡运行，弥补市场调节的不足，使整个社会的发展能够有序地进行下去。市场调节则作用于微观领域，目的在于提高经济运行的效率，刺激经济发展的活力。同时，在促进市场机制正常发挥作用的前提下，市场调节与政府调控是一致的，市场机制是政府有效调控下的市场机制，而有效的宏观调控又是建立在市场运行基础之上的。

2.1.4 现代市场经济的一般框架

概括地讲，构成现代市场经济体制的框架有四个基本要素或基本环节：规范化的市场主体、现代化的市场体系、灵活有效的宏观调控体系和完善的社会保障制度。其中，前两个是现代市场经济运行的基础，后两个是现代市场经济运行的条件。

1. 规范化的市场主体

任何从事商品生产和商品交换的主体都是市场主体。市场主体具有如下特征：①拥有对交换客体（商品）的直接占有、使用、支配和处理的权利，即产权；②拥有从事经济活动的权利；③拥有获取收益和承担风险的权利；④市场主体之间相互让渡对占有物的使用、支配和处置的权利是在等价交换的原则下进行的。这是市场经济正常运转的前提。在现代市场经济中，市场主体由原来的企业和个人（或家庭）的两极结构变成加上政府后的三极结构。当然，企业仍是最重要的市场主体。

现代市场经济对市场主体的行为规范要求很高，除了享有上述现代市场经济所赋予的权利外，还必须严格遵守现代市场经济体制的"游戏规则"。这些规则按市场行为的内容可以分为四类：①进出规则，规定公民或法人在具备什么条件的情况下方可进入或退出市场，如《中华人民共和国公司法》规定的合法身份、经营执照、清算清查、拖欠税款等；②交易规则，规定市场主体之间应该怎样平等、自愿、公开、有序地进行交易，如《中华人民共和国经济合同法》《中华人民共和国票据法》《中华人民共和国价格法》《中华人民共和国证券交易法》《中华人民共和国产权交易法》等；③竞争规则，规定市场主体之间如何开展公平竞争，如《中华人民共和国专利法》《中华人民共和国商标法》《中华人民共和国知识产权法》《中华人民共和国反垄断法》《中华人民共和国反不正当竞争法》等；④仲裁规则，市场交易过程中难免会发生摩擦，规定怎样通过市场仲裁机构解决这些矛盾。

2. 现代化的市场体系

市场体系是商品交换关系中相互联系的各种市场的有机统一体，是随着社会分工和商品生产的发展而发展起来的，它为市场主体的经济活动提供了一个舞台，便于生产要素自由流动。现代市场经济的运行需要完善的市场体系，与现代市场经济体制相适应的市场体系，具有完整性、统一性和开放性等基本特征。完整性是指各类市场相互联系成为完整的市场体系；统一性是指地方市场与国内大市场融合成为统一的国内市场体系；开放性是指国内市场与国际大市场相接轨，融入国际市场体系。

在完整的市场体系下，进入市场进行交换的不只是劳动产品，还有资本和劳动力等生产要素，甚至还有土地所有权、其他各类产权以及商标、商誉等。交换活动不仅包括短期交易还包括长期交易，不仅有现货交易也有期货交易；交换范围由国内市场延伸到国外市场；市场形式既有有形市场也有无形市场。各类市场相互联系、相互促进、彼此制约，作为有机统一体发挥整体功能作用。任何一类市场发育不全、发展滞后，都会影响其他市场的发展和功能的发挥，从而影响市场体系的整体效率。以金融市场（资本市场）为例，由于货币是商品运动的"血液"，是社会再生产运动的起点，所以金融市场（资本市场）是商品市场和其他要素市场的先导，其发达程度、运转效率，直接关系到商品市场和要素市场的运行状况；反过来，其他要素市场的发育、运行状况会制约和影响金融市场的发展。

在社会化大生产条件下，市场所调节、配置的不仅仅是局部资源，还应该包括社会资源。要发挥市场配置社会资源的作用，就必须要求市场体系是完整、统一、开放的。只有这样，市场体系的整体功能才能得到充分发挥，各类市场的特殊功能才能得到充分发挥；只有这样，商品生产经营者才有自主选择资源和合理配置资源的自由，才能突破地区封锁从市场上获得自己所需要的生产要素，并根据市场供求关系的变化和机会成本的取舍及时组织生产和流通，在竞争中实现利润最大化；只有这样，资源才能在不同部门之间自由地转移，社会资源的利用效率才能提高；只有这样，才能实现整个社会资源的合理配置和现代市场经济的健康、有序发展。

3. 灵活、有效的宏观调控体系

政府宏观经济调控是现代市场经济正常运转的一种内在调控机制，是现代市场经济体制下不可缺少的重要组成部分。在现代市场经济条件下，一方面政府宏观调控的作用在于弥补市场调节的不足，对市场机制作用的方向和后果进行必要的引导和干预；另一方面，政府的宏观调控作用在于对经济运行进行必要的调节和管理。概括地讲，就是由政府承担反垄断和不公平竞争、维护市场秩序的功能；制定宏观经济政策和提供有关信息，对企业和个人的微观经济行为及决策予以指导，弥补市场机制的缺陷；承担公共部门和公共产业的资源配置功能，克服市场失灵；调控社会分配和经济总量，提供社会保障，创造稳定的社会经济条件等。

现代市场经济是建立在现代文明基础上的市场经济，在分配上强调公平与效率的统一。比较而言，在近代的自由市场经济条件下，经济行为人唯一的价值取向和行为准则是追逐利润最大化，市场配置资源的唯一目标是追求效率。从社会来看，不管经济人的行动和行为方式是否损害了他人的利益或社会公众的利益，也不管效率的提高是否破坏和影响了社会公平，只要经济行为人能够实现利润最大化，资源配置能够体现高效率，就是合理的。但是人类社会进入现代文明阶段以后，情况发生了很大的变化。在现代市场经济条件下，市场调节以及资源配置既要受经济效率和经济增长等经济因素的引导，也要受社会公平等人文价值因素的约束。在初次分配领域，完善市场机制和规则，优化资源配置，提高经济效益；在再分配领域，由政府调节个人收入和地区收入分配关系，实现社会公平。

4. 完善的社会保障制度

建立与完善社会保障体系是市场经济和社会发展的必然要求。现代社会保障制度的兴起是与工业化分不开的，社会保障是保证市场经济有序运转的条件。现代社会保障制度是现代市场经济体制的重要组成部分，是以国家为主体，通过国民收入的分配与再分配，对全体社会成员的生活权利给予社会性保障的制度。

20 世纪初，为了迎接全球社会工业化浪潮的冲击，减轻中小企业和以农业经济为主体的传统社会向工业化社会转化过程中的震荡，缓和各阶级之间的矛盾，实现经济平稳转型，市场经济国家先后建立起社会保障制度。现代社会保障制度的基本特点如下：

1）保障事业社会化。政府普遍承担起社会保障的责任，并通过立法和行政措施对社会保障实行了社会化的组织、规范和管理。瑞典社会民主党 1911 年制定人道主义与改良主义纲领，促成议会于 1913 年通过了《国民养老金法案》，这是世界上第一个全国性的社会保障计划。

2）保障对象普遍化。享受社会保障的人口非常普遍。例如，德国享受社会保障的人数几乎占全国人口总数的 90%以上；法国建立的全民社会保障网甚至涵盖个体劳动者和农业劳动者；新加坡 280 万人中约有 200 万人是中央公积金成员，他们均被纳入由国家支持的国家社会保障储蓄体系。

3）保障资金基金化。发达市场经济国家的社会保障基金，主要来源于社会保障税。如果有关税收收入不足以支付，由国家用一般财政经费来弥补。当社会保障支出和超额累进个人所得税相互配合运用时，还可以起到在社会范围内进行再分配和调节收入分配的作用，使低收入者能够得到基本生活保障。

4）保障资金来源多元化。现代发达市场经济国家社会保障的资金主要来源于政庒、公司雇主和雇员，实行"三方付费制"。

2.2　社会主义市场经济概述

2.2.1　社会主义市场经济体制的形成及完善

自 1949 年建国到 1978 年底十一届三中全会的 30 年间，有很多关于社会主义经济到底是否属于商品经济的争议，争议基本否定了价值规律和市场机制对社会主义经济运行的调节作用，而是重点强调了计划经济体制的作用。经过这 30 多年的运行，高度集权的计划经济体制的弊端逐渐显现出来，其弊端其实并不在于国家用计划部署和指导国民经济的宏观运行，而在于在微观经济领域完全排斥了市场的作用，把本来应该由市场发挥作用的，代之以强制性的指令性计划形式的直接管理，抑制了基层企业的主动性和积极性。针对这一弊端，国家开始研究探索一种能实现"大的方面管住管好，小的方面放开放活"的经济体制，即一种计划和市场相结合，能同时发挥计划和市场两种资源配置方式的各自优势的经济体制。党的十一届三中全会以来，我国的经济体制改革正是循着这样的方向前进的。

1979 年，我国提出了"计划调节和市场调节相结合，以计划调节为主"的方针，第一次使市场调节在经济体制中取得了一席之地。1982 年中国共产党第十二次全国代表大会提出了"计划经济为主、市场调节为辅"的原则，不仅肯定了市场调节作为计划调节的补充是必需的和有益的，而且把计划调节区分为指令性计划和指导性计划，指出对许多产品和企业适宜实行指导性计划。1984 年十二届三中全会通过的《中共中央关于经济体制改革的决定》中指出，改革是为了建立充满生机的社会主义经济体制，增强企业活力是经济体制改革的中心环节，改革现行的计划体制，要有步骤地适当缩小指令性计划的范围，适当扩大指导性计划的范围。1987 年中国共产党第十三次全国代表大会又进一步提出：要建立计划与市场内在统一的体制，指出以指令性计划为主的直接管理方式不能适应社会主义商品经济发展的要求，国家对企业的管理应逐步转向以间接管理为主；计划和市场的作用范围都是覆盖全社会的；新的经济运行体制，总体上来说应当是"国家调节市场，市场引导企业"的机制。1989 年春夏之交我国发生的政治风波，加之 20 世纪 80 年代末 90 年代初东欧各个社会主义国家政治经济制度的剧变、苏联解体等情况的出现，使我国的经济体制改革出现了短时期的停止与徘徊。但是，邓小平 1992 年年初的"南方谈话"使全党重新统一了认识。之后，党的十四大提出要把建立社会主义市场经济体制作为我国经济体制改革的目标。

从以上简略的回顾中可以看出，我国在计划与市场的关系上有着一条清晰的观念更新轨迹：

1）对资源配置方式的认识。原来认为计划配置是社会主义经济的唯一资源配置方式，后来认识到市场配置也可以成为社会主义市场经济的资源配置方式。这种观念上的转变在实践中表现为，我国从农副产品到日用工业品，进而到大部分生产资料，逐步废除指令性计划和固定价格制度，实行随行就市的自由价格。

2）对计划配置的认识。原来认为只有指令性计划一种形式，后来对指导性计划这种计划配置方式有了更深刻的认识。与这种认识上的转变相一致，国家对国有企业逐步放权让利，使企业逐步获得了自主经营的权利和自我发展的动力。

3）对市场配置资源的认识。原来只看到它的消极作用，后来逐步认识到它积极的一面；原来只提"市场调节"，只承认它是计划经济的一种辅助手段，后来提"市场经济"，认识到它在社会主义条件下也可以成为经济运行体制。在实践中，国家开始逐步缩小指令性计划的作用范围，逐步扩大指导性计划和市场调节的作用范围。国家进一步对企业放权，并提出国有企业要转变经营机制，成为依法自主经营、自负盈亏、自我发展、自我约束的商品生产和经营单位。

4）对计划与市场相结合的总体认识。从原来突出计划经济转变到突出市场经济，把市场经济作为经济运行体制的基础。党的十二届三中全会提出要"建立社会主义市场经济体制"。

我国在计划与市场问题上进行观念更新的过程，是在从党的十一届三中全会到中国共产党第十四次全国代表大会长达 14 年的时间内逐步实现的。这一观念更新的过程表明，把建立社会主义市场经济体制作为我国经济体制改革的目标，是在不断总结实践经验的基础上提出来的，是生产力和社会主义商品经济发展的客观要求。

截至 2000 年年底，我国已经初步建立起社会主义市场经济体制，以公有制为主体、多种所有制经济共同发展的基本经济制度已经确立，全方位、多领域、多层次的对外开放格局基本形成。2003 年 10 月 11 日，党的十六届三中全会将完善社会主义市场经济体制作为会议的重要议题，进而把它作为适应经济全球化和科技进步加快的国际环境，适应全面建设小康社会、开创中国特色社会主义事业新局面的新要求的新起点。2007 年 10 月，胡锦涛总书记在中国共产党第十七次全国代表大会报告中强调，实现未来经济发展目标，关键要在转变经济发展方式、完善社会主义市场经济体制方面取得重大进展。

2.2.2 社会主义市场经济体制的基本框架

所谓社会主义市场经济体制是指社会主义条件下的市场经济体制，是同我国社会主义基本制度结合在一起的市场经济体制，必然受社会主义基本制度的制约和影响，从中表现出与资本主义市场经济体制的本质区别。

社会主义市场经济体制的基本框架，是在坚持以社会主义公有制为主体、多种经济成分共同发展的基础上，由现代企业制度、全国统一的市场体系、健全的宏观经济调控体系、合理的个人收入分配制度和多层次的社会保障体系这五个主要环节构建而成。它体现了社会主义基本制度和市场经济的有机结合，具有我国社会主义初级阶段的鲜明特色。

1. 建立适应市场经济要求的现代企业制度

企业是市场活动的主体，也是市场经济的微观基础。从传统的计划经济体制向社会主义市场经济体制的转变首先必须实现企业制度创新，建立现代企业制度，为新的经济体制创造相应的微观资源配置制度。现代企业制度实行明晰化的产权制度，使企业成为具有法人财产权的主体，只有产权主体才能成为真正的自主经营和自负盈亏的主体。企业有法人财产权，能以自己的法人财产弥补亏损偿还债务，做到自负盈亏。拥有法人财产权的企业，其经济利益的驱动作用必然加强，努力使资产保值增值，并获得最大利益。企业为追求最大利润而参与竞争，自觉接受市场机制的调节，根据市场要求决定自身的行为取向，自主决策生产要素的组合及经营活动。所以，以公有制为主体的现代企业制度是社会主义经济体制的基础，也是国有企业改革的方向。搞好国有企业改革对建立社会主义市场经济体制和巩固社会主义制度具有极其重要的意义。

2. 建立统一、开放、竞争、有序的市场体系

市场是企业的运行环境，市场体系化是市场经济发挥功能作用的基本条件。发挥市场在资源配置中的基础性作用，必须培育和发展市场体系。自 1992 年我国建立社会主

义市场经济体制以来，我国的商品市场已获得很大发展，绝大部分产品已商品化、市场化。与此相对应，生产要素市场发育却明显滞后，市场机制难以调节资源的合理流动。因此要尽快形成以商品市场为基础，以发展金融市场、劳动力市场、技术市场和信息市场等为重点，其他要素市场齐备的全国统一的开放的市场体系。同时，还要改善和加强市场的管理和监督，建立正常的市场进入、市场竞争和市场交易秩序，保证公平交易、平等竞争，保护经营者和消费者的合法权益。价格是市场机制的核心要素，价格的波动能够反映商品的稀缺程度，因此，若想使整个市场体系健康正常地运行下去，建立起以市场形成价格为主的价格形成机制，并健全对价格的社会监督机制，是十分必要的。

3. 健全宏观经济调控体系

转变政府职能的根本途径是政企分离，解除政府与企业的行政隶属关系，将属于微观经济的职能还给企业，政府对企业的管理由直接管理转向间接管理。政府要从微观管理转向宏观管理，尽量缩小政府直接审批的范围，把要素分配和资源配置的职能转移给市场，政府只行使必要的宏观调控和审批，把企业财务审计、资产评估等服务性业务转给中介组织。政府管理经济的职能，主要是制定和执行宏观调控政策，搞好基础设施，创造良好的经济发展环境；同时，培育健康的市场体系，监督整个市场运行和保护平等竞争的社会环境、调节分配和保障制度、管理国有资产和监督国有资产经营、实现国家的经济和社会发展目标等。为了加强宏观经济调控，就必须健全宏观调控体系。宏观调控的主要任务是：保持经济总量的基本平衡、抑制通货膨胀、促进经济结构的优化、实现经济稳定增长、推动社会全面进步。宏观调控主要采取经济办法，通过深化改革，建立健全宏观调控体系，加强对经济运行的综合协调。为此，我国要深化财税、金融、投资和计划体制的改革，以便有效运用货币政策和财政政策，调节社会总需求和总供给的基本平衡，促进国民经济和社会的协调发展。宏观调控和市场机制是功能互补的关系，市场在国家宏观调控下运行，国家宏观调控建立在市场机制基础之上。

4. 建立合理的个人收入分配制度

个人收入分配要坚持以按劳分配为主体、多种分配方式并存的制度，体现效率优先、兼顾公平，更加注重社会公平的原则。劳动者的个人劳动报酬要引入竞争机制，打破平均主义，实行多劳多得，合理拉开差距，改革企事业单位的工资制度，建立正常的工资增长机制。坚持鼓励一部分地区一部分人通过诚实劳动和合法经营先富起来的政策，允许和鼓励资本、技术等生产要素参与收益分配；提倡先富带动和帮助后富，逐步实现共同富裕。

5. 建立与经济发展水平相适应的多层次的社会保障体系

社会保障制度与市场经济具有密切的联系，社会保障制度的建立与完善是我国市场经济改革与发展的内在要求。

　　社会保障体系是国家根据一定的法律和规定，对社会成员的基本生活给予保障的社会安全制度。它是社会化大生产的产物，是市场经济平稳运行的制度基础，是社会和诸稳定的经济基础，也是保障社会稳定、促进市场经济健康运行的重要保证。社会保障体系是多层次的，它包括社会保险、社会福利、社会救济、优抚安置社会救助和个人储蓄积累保障等方面的内容。在社会主义市场经济条件下，市场机制的作用表现为：一方面促进资源的合理流动及其使用效率的提高和生产的发展；另一方面又会扩大分配的差距，甚至造成贫富悬殊。而且，在市场竞争中，优胜劣汰是铁的规律。按照效率优先、兼顾公平的原则，国家应使贫困者或破产企业和中断劳动就业的职工能够得到必要的社会帮助，以维持劳动者的基本生活需要。对此，市场机制很难发挥作用。所以，建立社会保障体系是构建社会主义市场经济体制的一个重要环节。只有通过深化改革，建立健全与国民经济和社会发展相适应的比较完善的社会保障制度及运行机制，逐步完善社会保障体系，重点完善企业养老和失业保险制度，为市场经济的发展创造良好的社会环境，才能有稳定的发展环境，才能实现社会和谐与繁荣进步。

　　上述五个方面是相互联系和相互制约的有机整体，由此构成了社会主义市场经济体制的基本框架。建立和完善社会主义市场经济体制，既是一项艰巨复杂的社会系统工程，又是一个长期发展的过程。

2.2.3　社会主义市场经济的本质

　　中国对外投资总额已经进入海外投资大规模增长的阶段。投资领域涉及家用电器、纺织服装、农业开发、生产加工、交通运输、医疗卫生、旅游餐饮、资讯服务等。对外投资较活跃的是我国的海尔集团，1999 年，海尔在美国建立了电冰箱生产基地，由此带动了机电产品和成套设备出口的浪潮。

　　上述材料反映了我国改革开放 30 多年来，通过实行市场经济，对外经济关系发生了重大变化，取得了丰硕成果。在当代，几乎所有的国家都实行市场经济，我国也只有走市场经济之路，才能同国际市场接轨，公平地参与国际竞争，真正加入到国际分工的体系中，为自身的发展创造条件。邓小平也曾经说过：“资本主义已有几百年的历史，各国人民在资本主义制度下所发展的科学和技术，所积累的种种有益的知识和经验，都是我们必须继承和学习的。”

　　市场经济作为一种经济运行模式，总是为社会制度的本质规定性所服务，与具体社会制度相结合。从这个意义上，社会主义市场经济是与社会主义基本制度紧密结合在一起的市场经济。因此，除了市场经济的一般特征外，社会主义市场经济还反映社会主义所特有的属性。

1. 市场经济体制同社会主义公有制相结合

《中华人民共和国宪法》规定："国家在社会主义初级阶段，坚持公有制为主体、多种所有制经济共同发展的基本经济制度。"这一基本的经济制度是中国共产党立国的经济纲领。同时，社会主义市场经济主体的结构也是由以公有制为主体、多种经济成分共同发展的所有制结构所决定的。以公有制经济为主体，表现在公有资产在社会总资产中一定要占大多数或优势，国有经济在关系到国民经济命脉的重要部门和关键领域要占支配地位，并在高新技术、产业结构、区域布局、公平分配等方面，体现对整个国民经济发展的主导作用。

中国共产党第十五次全国代表大会（简称"十五大"）报告指出：公有制经济不仅包括国有经济和集体经济，还包括混合所有制经济中的国有成分和集体成分。"主导"是指国有经济占一定数量比例基础上的功能、作用和地位；"主体"是指公有经济具有一定功能、作用和地位基础上的数量比例。党的十五大报告已明确指出，公有制的主体地位主要体现在：公有资产在社会总资产中占有优势，这种优势不单指量的优势，更注重质的提高。从质和量的统一来确定公有资产是否占优势，这就排除了那种只从量的方面，即只从所占比重多少来确定是否占优势的片面观点。国有经济控制国民经济命脉，对经济发展起主导作用，这种主导作用主要体现在控制力上。对关系国民经济命脉的重要行业和关键领域，国有经济必须占支配地位，但这主要就全国而言，至于"有的地方、有的产业可以有所差别。"在当前，要发挥国有经济的主导作用，就要从战略上调整国有经济布局。弄清上述主体的基本内涵以后，主体和主导之间的关系也就清楚了。"主体"包括"主导"，"主导"是"主体"的内容之一。

如果国有经济不起主导作用，公有制主体地位就不能完整地实现；如果公有制不占主体地位，国有经济的主导作用就根本不可能存在。只有确保公有制主体地位，积极壮大国有经济和集体经济的同时，允许和鼓励个体、民营、外资等非公有制经济的发展，并对它们进行正确引导和加强监督依法管理，才能防止两极分化和实现共同富裕。这种所有制结构模式应在国家导向的市场竞争中形成，不同经济成分可以自愿实行多种形式的联合经营，各种经济成分都要进入市场，平等竞争。

2. 市场经济体制同按劳分配相结合

按劳分配为主体、多种分配方式并存的分配结构，制约着市场经济的分配机制。我国的分配制度以按劳分配为主体，其他分配方式为补充，兼顾效率与公平，这既体现分配领域中社会主义分配关系的主体地位，又体现了市场经济原则在分配关系中的贯彻。在公有制经济范围内实行按劳分配，把个人收入同劳动贡献联系起来，合理拉开差距，这同市场机制刺激效率的作用是一致的。同时，由于按劳分配不包括资本收入，只是以劳动取得报酬，因此不会出现收入差别的过分悬殊，产生两极分化。尽管企业之间由于经营水平不同，从而通过市场获得收入有多有少，按劳分配水平有高有低，但作为个人收入仍然没有超出劳动报酬范围，企业的积累是公共财产。整个社会以按劳分配为主体，不仅可以防止两极分化，又有利于缓和市场经济在分配上的矛盾，逐步实现共同富裕。

3. 市场经济体制同社会主义国家宏观调控相结合

宏观调控是使整个国民经济快速、稳定、协调和可持续发展不可缺少的调节机制和保证力量。资本主义国家实行市场经济的长期实践证明，市场机制虽能有效地配置资源，并促进人们不断地创新，但它也不是万能的，也有做不到、做不好的事；市场经济如果不加任何引导和控制，也有自身不可克服的缺陷，如市场调节的盲目性和滞后性会导致供需失衡、周期波动甚至经济危机；竞争有可能产生垄断，而垄断又会抑制竞争；优胜劣汰有利于提高效率和实现资源的优化配置，但也会导致收入差距拉大、失业甚至两极分化等问题，这就是人们通常所说的"市场缺陷"或"市场失灵"。

为此，建立市场经济体制、发展市场经济，要充分发挥市场机制的调节作用，但不能单靠市场机制的自发调节，还必须要有人为的引导或政府的宏观调控。因此，在社会主义的条件下，如何做好宏观调控，是提高党驾驭社会主义市场经济能力以及转变政府职能、提高行政能力应当深入研究的一个重大课题。做好宏观调控在具体的工作中体现为党对经济工作的领导以及由执政党所领导的国家政府的宏观调控。提高驾驭社会主义市场经济的能力，就是要在充分尊重市场规律的基础上，充分发挥党对经济工作的领导和国家政府宏观调控的作用。

在社会主义市场经济条件下强调加强党对经济工作的领导，并不是单纯地强化过去那一套领导体制和领导方式，而是要建立和完善适应发展社会主义市场经济要求的领导体制和领导方式。十六届四中全会的《中共中央关于加强党的执政能力建设的决定》提出，要"按照发展社会主义市场经济的要求，完善党领导经济工作的体制机制和方式"，并对此作了全新的阐述。《中共中央关于加强党的执政能力建设的决定》对党领导经济工作的职能和任务作了明确的界定，即"主要是把握方向，谋划全局，提出战略，制定政策，推动立法，营造良好环境""地方党委要结合本地实际，确定经济社会发展的基本思想和工作重点，加强和改进对经济社会重大事务的综合协调，确保中央的方针政策和各项部署的贯彻落实"。这些界定都是恰当的、有分寸的。

宏观调控是市场经济条件下一个特定的概念，而不是任何经济体制下的概念；是政府在市场配置资源基础上的特定行为，而不是政府的任意行为；是市场经济发展中经常性的调节机制，它只有调节政策的不同，例如，是扩张、紧缩，还是中性。宏观调控应具有以下基本特点：一是要以总量平衡和总体协调为主，而不能以配置资源和项目审批为主；二是要以经济手段和法律手段为主，而不能以行政命令和长官意志为主；三是要以纠正"市场失灵"和创造良好环境为主，而不能以直接干预微观活动和从事各种经营为主。此外，我国目前经济发展中所出现的问题，还需要从体制机制上予以根本解决。

社会主义国家对市场的运行能够实行更有效、更自觉的宏观控制。因为我国的经济结构是以公有制为主体，所以国家掌握着国民经济命脉，对市场的调控具有雄厚的物质基础；社会主义生产目的是为了实现劳动者的共同富裕，因而国家能够更有效、更合理地处理好整体利益与局部利益、近期利益与长期利益、计划与市场以及微观与宏观协调的关系，使宏观调控能力更强。

◆ 基本技能训练

1. 讨论：中国为什么要建立社会主义市场经济体制？

2. 结合市场经济体制同按劳分配的关系，分析下列两个材料说明了什么问题。

材料一：

1994 年 2 月，国务院召开全国扶贫开发工作会议，公布了《国家八七扶贫攻坚计划》，出台了一系列有力的政策。

1）对于贫困户和扶贫经济实体使用扶贫信用贷款，要从实际出发，在保证有效益、能还贷的前提下，贷款条件可以适度放宽。

2）国有商业银行每年安排一定的信用贷款资金在贫困地区有选择地扶持一些效益好、能还贷的项目。

3）对国家确定的"老、少、边、穷"地区兴办的企业，其所得税可在 3 年内予以征后返还或部分返还。

4）各级政府要把扶贫资金列入财政预算，保证用于扶贫开发。

5）国家制定和执行产业政策时要考虑贫困地区的特殊性，保证用于贫困开发。

材料二：

到 2000 年年底，除丧失劳动能力的民政救济对象和极少数需要移民开发的人口之外，全国贫困人口的温饱问题基本解决，我国政府确定的扶贫攻坚目标基本实现。

◆ 信息传递

资 源 配 置

资源配置就是采用一定的调节机制，在不同用途和不同使用者之间分配各种经济资源。而所谓合理配置资源或优化资源配置，就是对有限的资源，特别是人力资源、物力资源和财力资源，在各个经济部门、各种产品和劳务的生产和提供上，根据各种需求进行合乎比例的分配和有效使用，从而以尽可能多的生产成果来最大限度地满足各种社会需要。简而言之，合理配置资源就是以一定的资源消耗来尽可能充分地满足各种社会需要，使资源配置的效用达到最大化。

关于社会主义商品经济的理论探讨

1. 马克思、恩格斯的设想

早在 19 世纪，马克思、恩格斯从当时的历史条件出发，曾预计一旦社会共同占有生产资料，商品生产就将被消除。

马克思在《哥达纲领批判》中指出："在一个集体的、以生产资料公有为基础的社会中，生产者不交换自己的产品；用在产品上的劳动，在这里也不表现为这些产品的价值，不表现为这些产品所具有的某些物的属性，因为这时，同资本主义社会相反，个人的劳动不再经过迂回曲折的道路，而是直接作为总劳动的组成部分存在着。"（《马克思恩格斯选集》，1995 年版，第 3 卷，第 303 页）

恩格斯在《反杜林论》中也明确指出："一旦社会占有了生产资料，商品生产就将被消除，而产品对生产者的统治也将随之消除。社会生产内部的无政府状态将为有计划的自觉的组织所代替。"（《马克思恩格斯选集》，1995 年版，第 3 卷，第 633 页）

后来的社会主义革命和社会主义建设的实践，超出了马克思、恩格斯的预料。在社会主义社会，还不能消除商品经济。

2. 列宁和斯大林关于商品经济的理论与实践

十月革命后，俄国曾经实行战时共产主义政策，试图迅速消灭商品货币关系。目的是按照马克思的设想，建立一个没有商品货币关系的社会主义社会。但列宁很快就察觉到战时共产主义的错误，在 1921 年果断实行了新经济政策，并指出从资本主义向社会主义过渡的时期，商品货币关系具有重要作用。可惜列宁逝世过早，没有对社会主义的商品经济问题得出明确的结论。

斯大林在总结苏联社会主义建设实践的基础上，进一步指出，由于两种不同的公有制经济形式的并存，社会主义不可避免地在一定范围内保留商品生产。但是，斯大林的社会主义商品经济理论是很不彻底的，表现在：第一，他把商品生产的存在范围仅仅局限于个人消费品，不承认生产资料是商品；第二，他不承认价值规律在生产领域的调节作用，不承认社会主义经济是商品经济。

3. 毛泽东的探讨

毛泽东同志在关于社会主义公有制条件下发展商品经济的问题上同样做出了很大贡献。这主要表现他在纠正"大跃进"和"人民公社化"问题上的"左"的倾向时，特别强调了必须大力发展商品生产和商品交换。从理论上说，他基本上继承了列宁和斯大林关于商品关系重要性的思想。由于看到了"大跃进"、人民公社运动中出现的"共产风"、"一平二调"的重大弊端，他更加强调要重视价值规律的作用。他说："这个法则（指价值规律——引者注）是一个伟大的学校，只有利用它，才有可能教会我们的几千万干部和几万万人民，才有可能建设我们的社会主义和共产主义，否则一切都不可能。"（《建国以来毛泽东文稿》，1993 年版，第 8 册，第 172 页）

4. 邓小平对商品经济理论的继承和发展

邓小平关于社会主义与商品经济相结合的思想，集中地反映在他在 1979 年 11 月与美国和加拿大学者的谈话中。他说："说市场经济只存在于资本主义社会，只有资本主义的市场经济，这肯定是不正确的。社会主义为什么不可以搞市场经济，这个不能说是资本主义。"（《邓小平文选》第 2 卷，第 236 页）从这段话中可以清楚地看出他是怎样发展马克思主义的商品经济理论的。邓小平在这段谈话中直接肯定了市场经济的概念，没有使用通行的商品经济。

━━━━━━ 小结与练习 ━━━━━━

小结

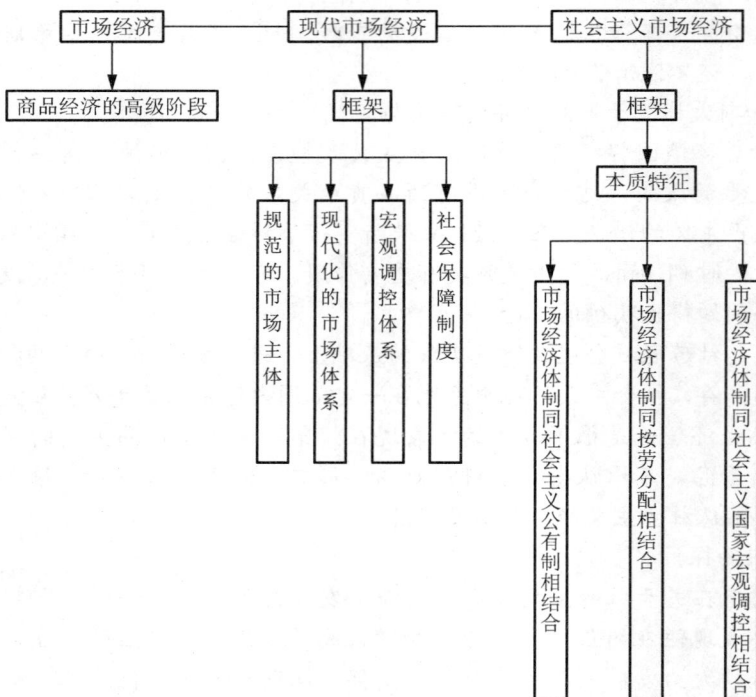

练习

一、不定项选择题

1. 在市场经济中，（　　　）作为基础性的调节手段，其积极作用是十分巨大的，解决了企业生产什么、为谁生产和如何生产等根本问题。

A. 市场机制　　　　B. 计划机制　　　　C. 调控机制　　　　D. 发展机制

2. 市场的主体包括（　　　）。

A. 生产商　　　　B. 中间商　　　　C. 供应商　　　　D. 零售商

3. 与现代市场经济体制相适应的市场体系，具有（　　　）基本特征。

A. 完整性　　　　B. 统一性　　　　C. 开放性　　　　D. 经济性

4. 市场经济是（　　　）经济。

A. 货币　　　　B. 竞争　　　　C. 法制

D. 开放性　　　　E. 自主

5. （　　　）所有制结构，决定社会主义市场经济主体的结构。

A. 私有制　　　　　　　　　　B. 公有制

C. 公有制为主体、私有制为辅助　　D. 公有制为主体、多种经济成分共同发展

二、判断题

1. 中国从计划经济向市场经济转变意味着政府将完全不再介入社会的经济运行。

（　　　）

2. 市场经济必须与资本主义制度相结合，才能发挥其效果。　　　　　（　　　）

三、问答题

1. 现代市场经济的一般框架是什么？
2. 简述社会主义市场经济的形成过程。
3. 简述社会主义市场经济的本质。

第3章
需求、供给、均衡理论与运用

教学目标

知识目标：

- 能够掌握需求和供给的概念，了解影响需求和供给的因素，理解均衡价格的形成机制，明确弹性对总收益的影响。

能力目标：

- 能够熟练运用均衡价格理论分析实际问题，会运用需求价格弹性理论分析价格变化对总收益的影响。

引导案例

英国人的"洋布"为什么在中国滞销

鸦片战争后，英国商人为打开中国这个广阔的市场而欣喜若狂。当时英国纺织工业的中心曼彻斯特的商人估计，中国有4亿人，假如有1亿人晚上戴睡帽，每人每年用两顶，整个曼彻斯特的棉纺织厂日夜加班也不够。于是他们把大量的洋布运到中国，出人意料的是，中国人没有戴睡帽的习惯，衣服也是自产的土布或丝绸，洋布根本卖不出去。

按当时中国人的收入水平，并不是没有购买洋布的能力，起码许多社会上层人士的购买能力还是很强的。英国人的洋布为什么卖不出去？关键在于中国人没有购买洋布的欲望。

购买欲望在很大程度上是由当时的消费时尚所决定的。鸦片战争后，中国处于一种自给自足的封建经济的状态，并固守着在此基础上形成的保守、封闭甚至排外的社会习俗。鸦片战争打开了中国的大门，但没有从根本上动摇中国自给自足的经济基础和保守封闭的意识形态，也没有改变在此基础上形成的消费时尚。当时，上层人士以穿丝绸为荣，一般群众以穿自家织的土布为主，洋布和其他洋货受到冷落的主要原因不在于价格太高，也不在于中国人的收入太低，而在于中国人没有购买欲望，这种购买欲望又是当时消费时尚以及抵制洋货心理的结果。可见，购买欲望对需求的影响是极为重大的。

（资料来源：http://www.360doc.com）

案例点评：

构成需求的主要因素是商品的价格和消费者的有效需求，这两者缺一不可。所以，需求预测既要考虑购买能力，又要考虑购买意愿。英国人仅考虑购买能力，而没有考虑购买意愿，这正是他们的洋布在中国没有市场的原因。

◆ **基本知识点**

3.1 需 求 理 论

3.1.1 需求的概念

需求是指消费者（或购买者）在一定时间内，在不同价格水平下，愿意并且能够购买的商品（包括劳务）的数量。也就是说，需求表示某一商品需求量和价格之间的关系。

这里主要涵盖了三个方面的内容：①指在一定价格水平下，消费者愿意购买的数量；②指消费者具有相应的支付能力，如一个身无分文的穷人，想拥有一辆高级豪华轿车，这仅仅是欲望，而不是需求；③指特定时间内的需求，是流量而非存量，如一个星期内，在某一价格水平，消费者愿意购买多少牛肉。

需要指出的是，商品的需求与需要是不同的。需要是指人的主观上的一种欲望、愿望和要求，而人们的欲望是多层次的，并且一层高过一层，每一层的需要又是无限的。需求则是一种有支付能力的欲望和要求，是有条件限制的，是被支付能力约束了的需要。这里的需求是一种有效需求，意味着消费者不但有购买的意愿，而且能够买得起。

对某商品的需求可从个别消费者的角度和全体消费者的角度分别考虑，前者称为个别需求，后者称为市场需求。个别需求是分析问题的出发点，但影响和决定市场价格的不是个别需求，而是市场需求。

需求量是指对应于一个特定的价格，消费者对商品愿意并且能够购买的商品数量。这里强调的是一个特定的价格。

3.1.2 影响需求的因素和需求函数

1. 影响需求的因素

在现实生活中，消费者对某种商品需求数量的多少，取决于以下几个因素。

（1）消费者的收入

消费者的收入是指人均国民收入。一般而言，个人收入越高，消费者对一定价格条件下的某种商品需求量就越大。但是，由于各种货物的性质不同，对收入变化的反应也不尽相同。一般来说，生活必需品对收入变化的反应不大。无论收入情况如何，人们总是首先保证对生活必需品的购买。但是，一些耐用消费品和奢侈品对收入变化的反应却是相当大的。对于小汽车、房屋等耐用品，只有在收入大量提高时，人们才会考虑购买；而在收入下降时，它们也就不被列入需求之列了。但无论是必需品，还是耐用品或奢侈品，一般都同收入的变化作同方向的变化，这种需求与收入呈正相关关系的商品称为正常商品。不过也有些商品（劣等品），其需求量是同收入呈反方向变化的。总之，收入情况的变化，改变着人们的需求心理与需求形式。

（2）商品的价格

价格是影响商品需求最重要的因素。一般商品需求与价格呈负相关关系：价格越低，需求量越大；反之，价格越高，需求量越小。价格的时涨时落，引起人们购买（即需求）量的时减时增。经济学家们把需求量随价格升降而减增的关系称为需求定理。

需求量与价格之间之所以会遵循需求定理，可以由以下两方面的原因予以解释。

1）收入效应。当商品价格上升时，消费者既定收入对商品的购买力下降，需求量减少；反之，商品价格下降，既定收入的购买力上升，需求量增加。

2）替代效应。商品价格上升时，消费者会转而购买其他的替代产品；商品价格下降时，消费者会减少购买其他替代品转向购买该商品。

收入效应的程度主要取决于这种商品的支出在实际收入中所占的比例，该商品所占的比例越大，当该商品的价格提高时，这种商品的需求量降低的幅度越大。替代效应的程度主要取决于可以替代该商品的其他商品的数量以及它们之间相互接近的程度。

需求定理是以一定的假设条件为前提的，这个假设条件就是"其他条件不变"。所谓"其他条件"是指除了商品本身价格之外，其他影响需求的因素不变。也就是说，需求定理是在假定影响需求的其他因素不变的前提下，研究商品本身价格与需求量之间的关系。离开这一前提，需求定理就无法成立。例如，居民收入增加时，商品本身的价格与需求量不一定呈反方向变动。

但也有一些特殊的情况，如珠宝首饰等可用来显示人们一定社会地位和身份的装饰品，其价格越高，人们对其需求越多。

（3）相关商品的价格

对某一种商品来说，即使它自身的价格不变，但由于其他相关商品的价格发生了变化，也会使它的需求量发生变动。所谓相关商品，有以下两种情况。

1）互替商品，即在效用上可以互相替代的商品。如果有两种商品，其中一种商品的价格不变，另一种商品价格发生变化时，就会使前一种商品的需求量发生相同方向的变化。例如，煤和石油是互替商品。石油价格提高后，对煤的需求量就会增加；若石油价格降低，对煤的需求量就会减少。

2）互补商品，即需要互相补充配套，才能发生效用的商品。如有这样的两种商品，其中一种商品的价格不变，另一种商品的价格发生变化时，前一种商品的需求量会发生反方向的变化。例如，汽车和汽油是互补商品。当汽油价格上涨时，就会引起对汽车需求量的减少，若汽油价格下跌，对汽车需求量就会增加。可见，互替商品和互补商品价格的变动都会引起商品需求量的变动，而其变动的方向又各有不同。

（4）消费者的偏好

消费者的偏好是指一个消费者对商品的喜好程度。如果消费者对某一种商品的偏好，或者说对它的兴趣和喜好程度发生了变化，那么对这类商品的需求量自然会产生同方向的变化。消费者的偏好受广告、时尚、对其他消费者的观察、对健康的考虑和原来购买这种商品的经历等诸多因素的影响。

（5）人们的预期

如果消费者预期未来某种商品的价格会上涨，他们可能会在价格上涨之前购买更多的这种商品，它的需求就会上升；反之，如果某种商品的行情下跌，需求量将会减少。

（6）人口数量与结构的变动

人口数量的增加会使需求数量增加，人口数量减少会使需求数量减少。人口结构的变动主要影响需求的构成，从而影响某些商品的需求。

（7）政府的宏观经济政策

如果政府采取某种扩张性的经济政策，如增加财政支出、减免购物税和降低利息率等政策，市场上对商品的需求量就会增加。相反，如果政府采取某些紧缩的经济政策，如削减财政支出、增加购物税和提高利息率等政策，市场上对商品的需求量就会减少。

总之，影响需求的因素是多种多样的，有些主要影响需求欲望，有些主要影响需求能力。这些因素的共同作用决定了需求。

2. 需求函数

需求函数表示一种商品的需求数量和影响该需求数量的各种因素之间的相互关系。若以 D 代表消费者在一定时期内对某种商品的需求量，P、I、P_r、P_e、POP、T、GOV、$\cdots$ 分别代表影响需求的各种因素，那么需求函数可以表示为

$$D=f（P、I、P_r、P_e、POP、T、GOV、\cdots）\tag{3-1}$$

式中：P——商品自身价格；

　　　I——消费者收入；

　　　P_r——相关商品的价格；

　　　P_e——消费者的预期；

　　　POP——人口结构；

　　　T——消费者的偏好；

GOV——政府的政策。

通过市场分析，价格对需求的影响最为直接，如果我们把商品本身的价格作为影响需求的唯一因素，以 P 代表商品价格，D 代表需求量，于是该商品的需求函数可以表示为

$$D=f（P）\tag{3-2}$$

式（3-2）表明了某种商品的需求量 D 是价格 P 的函数。

3.1.3 需求表和需求曲线

1. 需求表

商品的需求表是表示某个或所有消费者在一系列价格水平上愿意购买的数量的数字序列表。实际上是用数字表格的形式来表述需求这个概念。

从一个人或一个居民户来看，他在一定时期内对商品的需求量要受商品价格变动的影响，价格越高，需求量越少；价格越低，需求量越多。按这种情况列出的需求表叫个别需求表。

从一个市场来看，所有的个人需求表的量的总和，就构成市场需求表。

例如，消费者家庭每月对鸡蛋的需求：当价格为 5 元时，需求量为 2 千克；当价格为 4 元时，需求量为 5 千克；当价格为 3 元时，需求量为 9 千克；当价格为 2 元时，需求量为 15 千克，当价格为 1 元时，需求量为 22 千克。将这种价格与需求量之间的关系列表表示，即为个别需求表，如表 3.1 所示。

表 3.1　个别需求

价格/元	需求量/千克
5	2
4	5
3	9
2	15
1	22

2. 需求曲线

借助于商品的需求表，可以把价格与需求量之间的对应关系描绘在一张坐标图中，即可以得到商品的需求曲线，如图 3.1 所示。商品的需求曲线是以图形表示的在特定时期内一种产品的价格与需求量之间关系的需求表。

在图 3.1 中，横轴 OQ 表示商品的需求量，纵轴 OP 表示商品的价格。从图中可以看出，需求曲线是向右下方倾斜的，其斜率为负值。这说明，在影响需求的其他因素既定的条件下，整个市场的商品需求量与其价格之间存在着相反的依存关系。

正常的需求曲线是从左上方向右下方倾斜的，但是有一些特殊商品，如珠宝、项

链等奢侈品，价格越低，对其需求量反而越小；有一些
商品，如古董、名贵邮票等，价格越高，对其需求量反
而越大，这些商品的需求曲线是从左下方向右上方延伸
的。这种需求量和价格同方向变化的商品称为吉芬商品。

　　在教科书中，需求曲线（其他曲线也是这样）偶尔
被用于描绘具体的数据，但在大多数情况下，需求曲线
更多地被用来描述普通的理论观点。在这种情况下，作
为数量的横轴和价格的纵轴只表示这两个经济量变动的
方向，而不规定其单位。同样的道理，即使当需求曲线
被描绘成一条直线时，也被称为"曲线"。不仅如此，事
实上当用需求曲线来描述某种理论观点时，我们通常将其描绘成一条直线。

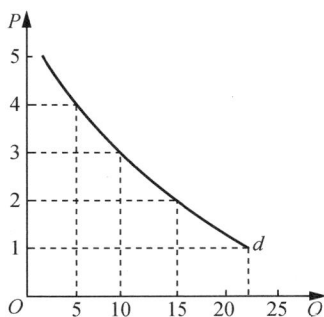

图 3.1　个别需求曲线

3.1.4　需求的变化和需求量的变化

　　1. 概念的区分

　　需求量是指在某一特定价格水平时，居民计划购买的量，而需求是指在不同价格水平时不同需求量的总称。

　　要区分需求量的变动与需求的变动，首先要考虑影响需求量的变化和影响需求的变化的因素有什么不同。我们把商品本身价格变动所引起的消费者计划购买量的变动称为需求量的变动。把商品本身价格之外其他因素变动所引起消费者计划购买量的变动称为需求的变动。例如，鸡蛋的价格上升了，消费者计划购买的鸡蛋数量减少了，这就是需求量的减少；但是如果鸡蛋价格不变，消费者收入减少，则消费者计划购买的鸡蛋也会减少，而这就是需求在减少。

　　2. 曲线图上的区分

　　在需求曲线图中，需求量是需求曲线上的一个点，需求是指整个需求曲线。

　　需求量的变动表现为需求量在同一条需求曲线上点的移动，如图 3.2 所示。当价格由 P_0 上升为 P_1 时，需求量从 Q_0 减少到 Q_1，在需求曲线 D 上，则是从 b 点向左上方移动到 a 点。当价格由 P_0 下降到 P_2 时，需求量从 Q_0 增加到 Q_2，在需求曲线 D 上，则是从 b 点向右下方移动到 c 点。可见，在同一条曲线上，向左上方移动是需求量减少，向右下方移动是需求量增加。

　　需求的变动表现为需求曲线的移动，如图 3.3 所示。价格是 P_0，由于其他因素变动（如收入变动）而引起的需求曲线的移动是需求的变动。例如，收入减少了，在同样的价格水平下，需求从 Q_0 减少到 Q_1，则是需求曲线由 D_0 移动到 D_1，收入增加到 Q_2，需求曲线由 D_0 移动到 D_2。可见，需求曲线向左下方移动是需求减少，需求曲线向右上方移动是需求增加。

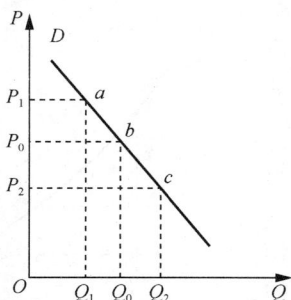

图 3.2　需求量的变动

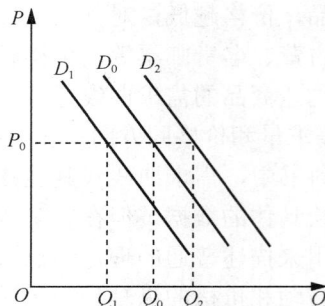

图 3.3　需求的变动

3.2　供给理论

影响市场的因素主要有两个，前面我们已经对需求进行了讲解，下面着重分析影响市场的另一个重要方面，即供给。经济学上，供给的分析与需求的分析在方法上比较接近，懂得了需求分析，对供给的分析理解相对来讲就较容易。

3.2.1　供给的概念

供给是指生产者在一定时期内、在不同价格水平下愿意并且能够提供商品的数量。也就是说，供给表示某一商品供给量和价格之间的关系。

同样，在理解供给的定义时需要注意，经济学中所说的供给强调三点：①生产者愿意出售；②生产者有供货能力；③指特定时间内的供给。在生产者的供给中，既包括新生产的产品，也包括过去的存货。根据定义，如果生产者对某种商品只有提供出售的愿望，而没有提供出售的能力，则不能形成有效供给，也不能算作供给。

对某种商品的供给可以从个别生产者的角度和全体生产者（产业）的角度分别予以考察，前者称为个别供给，后者称为市场供给或总供给。影响和决定市场价格的不是个别供给，而是市场供给。

对应于一个特定的价格，生产者对商品愿意并且能够提供出售的商品数量被称为供给量。

3.2.2　影响供给的因素和供给函数

1. 影响供给的因素

（1）厂商的目标

厂商生产商品的主要目的是为了追逐最大的利润，即厂商供给多少取决于供给能否给他带来最大的利润。可是有时厂商会因为其他目的而调整自己商品的供给量，例如，在追求声望、追求信誉等目的时，这种动机常常会使他们在既定的价格上也会增加其商品和劳务的供给。某些刚刚上市的新产品常有这种情况，由于它们是新产品，消费者对新产品还不了解、不认识，不敢贸然地大量购买它们。在这种情况下，厂商为了打开销路，赢得消费者，常常以较低的价格出售它们。显然，这种追求"信誉"的动机同追求最大利润的动机并不矛盾，暂时少得一些是为了将来多得。

（2）商品的价格

在其他条件不变的情况下，商品价格提高，意味着生产这种商品会给厂商带来更多利润，因而会吸引厂商去投资生产，从而增加这种商品的供给；反之，商品价格下降，厂商就会由于利润减少而削减生产，从而减少这种商品的供给。

通过前面的分析可知，在其他条件不变的情况下，某商品的供给量与其自身价格是呈同方向变动的，即供给量随着商品本身价格的上升而增加，随着商品本身价格的下降而减少。这种普遍存在的规律被称为供给定理。

供给量与价格之间按供给定理变动的主要原因有以下几个方面：

1）当生产者供给超过一定数量时，增加单位供给量，多生产一单位产品的生产成本会增加。例如，农民可能会为增加某种高价农作物的耕作面积，而把较贫瘠的土地也用来耕作，这样，耕种的成本就增加了，而且增加产量不可避免地要多施肥，因此随着产量增加，农民会相应地增加生产成本。对制造业来说，在供给超过一定数量时，工人不得不加班，机器运转也接近满负荷，成本很可能迅速增加。如果较高的产量意味着较高的成本，那么只有产品价格较高时才促使生产者增加生产。

2）商品价格越高，生产这种商品就越有利可图。公司会从生产利润较低的产品转为生产利润较高的产品。

3）在特定时间内，商品价格维持在高水平，新的生产者就会进入其中开始进行生产，总的市场供给量增加。

在短期内，前两个决定因素起作用，第三个因素则在长期内影响供给。

供给规律是在假定影响供给的其他因素不变的前提下，研究商品本身价格与供给量之间的关系。离开这一前提，供给规律就无法成立。例如，在抗震救灾时，厂商生产救灾物资的目的不是实现利润最大化，而是为了人道主义，那么救灾物资的价格与供给量就不一定呈同方向变动。

（3）相关商品的价格

与消费领域的商品有互替作用一样，在生产领域内的商品也有互替作用。在很多情况下，使用既定资源的生产者既可以生产某种商品，又可以生产其替代品。例如，农场可以生产粮食也可以生产蔬菜。如果供给的替代产品价格提高，生产替代产品更有利可图，生产者可能会从原产品的生产转为生产替代产品，使原产品的供给下降。例如，如果胡萝卜价格上升，生产成本下降，生产者会决定种更多的胡萝卜，其他农作物的供给量很可能会因此下降。

有时生产一种商品的同时会生产出其他产品，例如，在加工原油精炼出汽油的同时会生产出柴油和石蜡等产品，如果由于需求和价格上升，汽油产量增加，那么其他油类的供给也会增加。

（4）生产成本

在既定的价格下，生产成本越高，利润越低，成本增高时，生产者会减少生产，或转向生产其他成本增加较少的产品。导致生产成本变化的主要原因有：

1）投入品的价格变动。例如，工资、原材料、房租、利息或其他任何投入的价格上涨，生产成本也会增加。当生产要素价格下降时，厂商愿意多投资生产，增加这种商品的供给；而当生产要素价格上涨时，厂商会因生产成本的提高而削减投资和供给。

2）生产技术的变化。生产技术的变化可以从根本上改变生产的成本，例如，微集成电路的革命改变了世界上每一行业的生产方式和信息管理方式。生产技术进步，意味着劳动生产率提高，单位产品的成本下降，在商品售价不变的情况下，会给厂商带来更多的利润。因此，生产技术越进步，厂商一般就越愿意并能够提供更多的商品。

3）企业组织的变化。许多公司通过重新组织生产可以节约生产成本。

4）政府政策的变化。例如，政府补贴可以使成本降低，税收会增加成本。

（5）厂商对未来行情预期

如果预期价格会上升，生产者会暂时减少出售产品的数量，将商品储存起来，在价格上涨时再卖出去。同时他们会通过安装新机器、招收新工人来扩大产品生产，这样在价格上涨时可以增加供给数量。如果此种商品的行情看跌，也有两种可能的选择：一是厂商会把现有的存货尽快抛售出去，从而增加现在的供给；二是降低产量，也会减少供给。

（6）政府的政策

政府对投资和生产的政策也会影响供给，如采用鼓励投资与生产的政策，就会刺激生产，增加供给；反之，政府采用限制投资与生产的政策，则会抑制生产，减少供给。

能够影响供给量的其他因素还有很多，如气候的影响（农作物最为明显）、新供给资源的开发或旧资源的耗竭等，都会给供给带来巨大的影响。此外，战争会影响进口原材料的供给，机器的损害、行业摩擦、地震、洪水、火灾等也会影响某种产品的供给数量。

2. 供给函数

如果把影响供给的各种因素作为自变量，把供给作为因变量，则可以用函数关系来表示供给与其影响因素之间的关系，这种函数称为供给函数，即一种商品的供给量可以看成是所有影响该商品供给量的因素的函数。可用公式表示为

$$Q_S = f(P, P_r, C, GOV, \cdots) \tag{3-3}$$

式中：Q_S——供给；

　　　P——商品的价格；

P_r——相关商品的价格；

C——生产成本；

GOV——政府的政策。

影响因素中最重要的因素就是商品的自身价格，若假定除自身价格以外其他影响因素是既定的，只考虑供给量与价格之间的关系，供给函数可表示为

$$Q_S = f(P) \tag{3-4}$$

式中：Q_S——供给量；

P——商品的自身价格。

3.2.3 供给表和供给曲线

1. 供给表

尽管影响供给变化的因素很多，但其中最重要的因素是商品自身的价格。因此，首先将价格对供给量的影响进行分析，把它们的函数关系用列表和坐标曲线的方式表现出来，这便形成了供给表和供给曲线。

商品的供给表是表示某种商品的各种价格和与各种价格相对应的该商品的供给数量之间关系的数字序列表。

例如，某养鸡专业户，当鸡蛋价格为 5 元时，供给量为 120 千克；4 元时，为 80 千克；3 元时，为 50 千克；2 元时，为 30 千克；1 元时，为 15 千克。将这种价格与供给量之间的关系列入表中，如表 3.2 所示，即为个别供给表。

表 3.2 个别供给

价格/元	供给量/千克
5	120
4	80
3	50
2	30
1	15

2. 供给曲线

供给曲线是表明商品价格与供给量之间关系的一条曲线。

将个别供给表所表示的价格与供给量之间的关系用平面坐标绘出，就得到一条自左下方往右上方延伸的曲线，即个别供给曲线，如图 3.4 所示，个别供给曲线是一条有折点的曲线。

在图 3.4 中，以纵轴表示价格，以横轴表示供给数量，连接不同点的曲线为供给曲

线。从该曲线的形状看，供给曲线的基本特征，与需求曲线相反，是从左向右上方倾斜，这意味着商品价格与商品供给量按照相同的方向变动。向上倾斜的供给曲线一方面反映厂商对最大利润的追逐。因为较高的价格意味着较多的利润，而较多的利润驱使厂商增加生产，增加供给；反之，当价格跌落时，利润也下降了，这又促使厂商缩减生产，减少供给量。另一方面，向上倾斜的供给曲线反映随着产量增加，成本也随之增加。根据收益递减规律，在这种情况下，商品价格必须同增加的成本相适应，才能使商品的供给量增加。

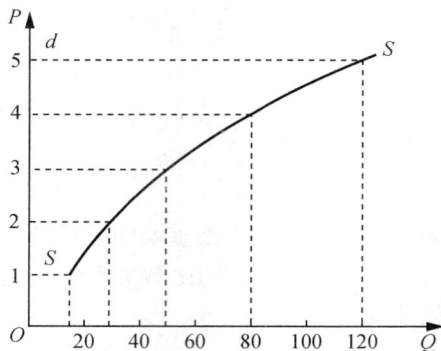

图 3.4　个别供给曲线

3.2.4　供给的变化和供给量的变化

1. 概念的区分

在经济分析中，供给量是指在某一特定价格水平时，厂商愿意或计划供给的商品量。供给是指在不同价格水平时的不同供给量的总称。

在经济学分析中，影响供给的各种因素，既影响供给量，又影响供给。为了方便起见，我们把商品本身价格变动所引起的厂商计划的供给量变动称为供给量的变动，把商品本身价格以外的其他因素变动所引起的厂商计划供给量的变动称为供给的变动。例如，市场价格上升了，厂商计划供给的鸡蛋量多了，这就是供给量增加了；如果生产技术提高了，同样价格的原材料能生产更多的汽车，这就是供给增加了。

2. 曲线图上的区分

在供给曲线图中，供给量是供给曲线上的一个点，供给是指整个曲线。

供给量的变动表现为同一条供给曲线上点的移动，可以用图 3.5 来说明。在图 3.5 中，当价格由 P_0 上升为 P_1 时，供给量从 Q_0 增加到 Q_1，在供给曲线 S 上则是从 B 点向右上方移动到 C 点。当价格由 P_0 下降为 P_2 时，供给量从 Q_0 减少到 Q_2，在供给曲线 S 上则是从 B 点向左下方移动到 A 点。可见，在同一条供给曲线上，向左下方移动时供给量减少，向右上方移动时供给量增加。

供给的变动表现为供给曲线的平行移动，可以用图 3.6 来说明。在图 3.6 中，价格是 P_0，由于其他因素变动（如生产要素价格的变动）而引起的供给曲线的移动是供给的变动。例如，生产要素价格下降，厂商所得到的利润增加，从而产量增加，供给量从 Q_0 增加到 Q_1，则供给曲线由 S_0 移动到 S_1；生产要素价格上升了，厂商所得到的利润减少，从而供给曲线由 S_0 移动到 S_2，可见，供给曲线向左上方移动时供给减少，供给曲线向右下方移动是供给增加。

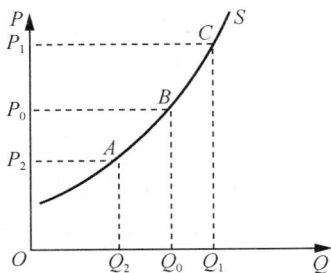

图 3.5　供给量的变化

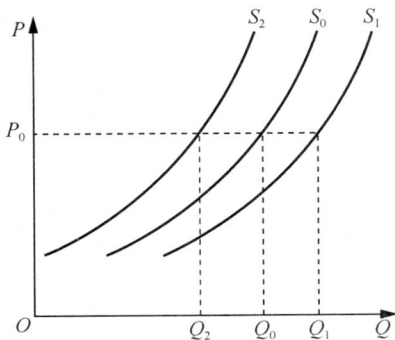

图 3.6　供给的变化

3.3　均衡价格理论

在市场经济中，价格是由需求和供给两种力量来决定的，需求量和供给量相等时的价格称为均衡价格。

3.3.1　均衡及均衡价格

均衡是物理学中的概念，它表示一种状态，即当一物体同时受到方向相反的两个外力的作用且这两种力量恰好相等时，该物体处于静止的状态。在经济学中，均衡主要指经济现象中各种对立的、变动着的力量处于一种力量相当、相对静止、不再变动的境界。

市场均衡是指一种商品（或生产要素）的市场需求与市场供给平衡时的一种状态，也就是市场需求曲线与市场供给曲线相交时的情况，如图 3.7 所示。

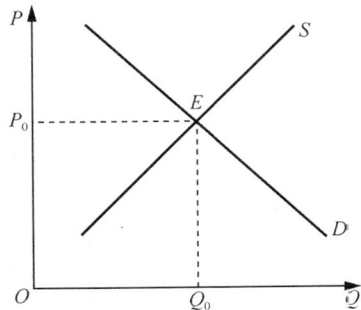

图 3.7　市场均衡

E 点为市场需求曲线与市场供给曲线相交的点，称为均衡点。在 E 点，市场供给等于市场需求，即实现了市场均衡；E 点所对应的价格 OP_0 为均衡价格，即市场需求价格与市场供给价格相一致时的价格；E 点所对应的数量

OQ_0 为均衡数量，即市场需求量与市场供给量相一致时的交易量。

3.3.2 均衡价格的形成

均衡价格是在完全自由竞争的条件下，通过市场需求和供给两方面共同作用，自发调节而形成，即供给曲线和需求曲线相交的一点，供给价格和需求价格相等，供给数量和需求数量相等。

对均衡价格的理解应注意以下三点：

1）均衡价格就是由于需求与供给这两种力量的作用，价格处于一种相对静止、不再变动的状态。

2）决定均衡价格的因素是需求与供给。在完全竞争市场，需求和供给两方面共同决定着商品的价格，这两方面的力量不存在主次之分，因此，需求和供给的变动都会影响价格的变动。

3）市场上各种商品的均衡价格是最终的结果，其形成过程是在市场的背后进行的。

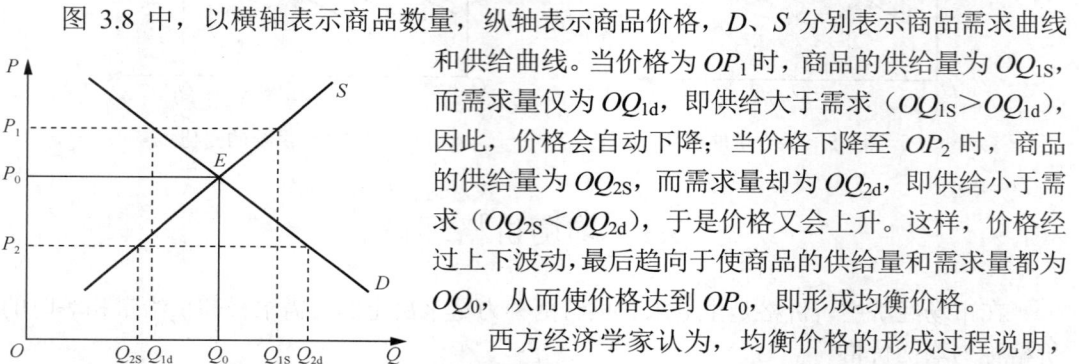

图 3.8 中，以横轴表示商品数量，纵轴表示商品价格，D、S 分别表示商品需求曲线和供给曲线。当价格为 OP_1 时，商品的供给量为 OQ_{1S}，而需求量仅为 OQ_{1d}，即供给大于需求（$OQ_{1S} > OQ_{1d}$），因此，价格会自动下降；当价格下降至 OP_2 时，商品的供给量为 OQ_{2S}，而需求量却为 OQ_{2d}，即供给小于需求（$OQ_{2S} < OQ_{2d}$），于是价格又会上升。这样，价格经过上下波动，最后趋向于使商品的供给量和需求量都为 OQ_0，从而使价格达到 OP_0，即形成均衡价格。

西方经济学家认为，均衡价格的形成过程说明，均衡是市场的必然趋势，也是市场的正常状态，而脱离均衡点的价格，必然造成供过于求或供不应求的失衡状态。

图 3.8　商品均衡价格

3.3.3 均衡价格的变动

前面对市场均衡价格的分析，是以需求和供给既定为前提的。一种商品的均衡价格是由该商品的需求曲线和供给曲线的交点所决定的，然而市场的需求和供给并不是永久不变的。因此，当该商品的需求曲线或供给曲线发生变化时，该商品市场的均衡价格和均衡产量就会发生相应的变化，就会形成新的均衡。

1. 需求变动对均衡价格的影响

在供给不变的条件下，需求变动是指价格不变的情况下，影响需求的其他因素变动所引起的变动，这种变动在图形上表现为需求曲线的平行移动。例如，人们的收入水平提高了，整个需求曲线就会发生移动，如图 3.9 所示，需求曲线从原来的 D_0 的位置移动到 D_1 的位置，需求曲线和供给曲线的交点也从 E_0 点移动到 E_1 点。此时，均衡价格由 P_0 上升到 P_1，均衡产量也由 Q_0 增加到 Q_1。如果某一特定时期内，其他条件都不变，但是人们的收入水平下降，这时需求曲线就会由 D_0 的位置移动到 D_2 的位置，需求曲线和供给曲线的交点也由 E_0 点移动到 E_2 点，均衡价格和均衡产量也分别降为 P_2 和 Q_2。

图 3.9　需求变动对均衡价格的影响

由此可见，在供给不变的条件下，需求增加会使均衡价格和均衡数量都增加，需求减少会使均衡价格和均衡数量都减少。

因此，需求的变动引起均衡价格与均衡数量同方向变动。

2. 供给变动对均衡价格的影响

与需求变化类似，在需求不变的条件下，供给变动是指自身价格不变的情况下，影响供给的其他因素变动所引起的变动，这种变动在图形上表现为供给曲线的平行移动，原均衡点会沿着需求曲线移动到新的均衡点，从而决定新的均衡价格和均衡数量。

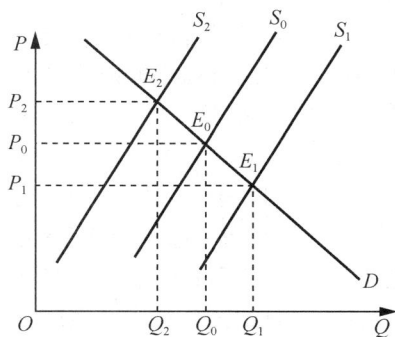

例如，在图 3.10 中，由于生产要素涨价，从而使生产成本增加，供给减少，供给曲线从原来 S_0 的位置移到 S_2 的位置，需求曲线和供给曲线的交点也由 E_0 点移动到 E_2 点。此时均衡价格由 P_0 上升到 P_2，均衡产量由 Q_0 下降为 Q_2。供给增加会产生相反的影响。例如，天气风调雨顺，会使农副产品的供给量增加，导致供给曲线由 S_0 位置移到 S_1 的位置，新的均衡点为 E_1，此时均衡价格下降，均衡数量增加。

图 3.10　供给变动对均衡价格的影响

可见，供给增加，均衡价格下降，均衡数量增加；供给减少，均衡价格上升，均衡数量减少。

3. 供求定理

从以上的分析我们可以得知，供求定理是指在其他条件不变的情况下，需求变动分别引起均衡价格与均衡数量同方向变动；供给变动分别引起均衡价格反方向变动，均衡数量同方向变动。供求定理的核心是需求曲线或供给曲线的移动会形成新的均衡点，从而引起均衡价格和均衡数量的变化。实际上，影响需求或供给的很多因素都会发生变化，这就会引起两条曲线同时移动，这时均衡点也会从两条曲线原有的交叉点移动到新的交

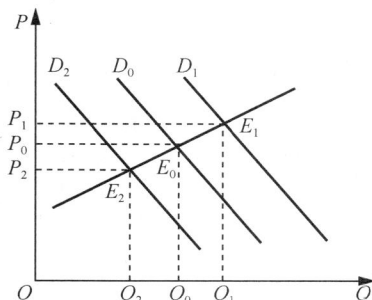

叉点，从而均衡价格和均衡数量发生相应的变动，只是变化的情形更为复杂而已。

3.3.4 均衡价格的应用

在完全自由竞争的市场条件下，需求、供给两种力量的对比决定了市场的均衡价格，而均衡价格又影响着供求的变化。因此，在现实经济生活中，运用均衡理论来调节社会的供求关系，对经济活动起着积极的作用。

1. 价格对经济的调节

在市场经济中，经济的运行、资源的配置都是由价格这只"看不见的手"来调节的，美国经济学家 M.弗里德曼把价格在经济学中的作用归纳为三种：①传递情报；②提供一种刺激，促使人们采用最节省成本的生产方法把可得到的资源用于最有价值的目的；③决定谁可以得到多少产品，即决定收入的分配。这三种作用实际上解决了资源配置所包括的三个问题：生产什么、如何生产和为谁生产。

从价格调节经济即决定"生产什么"的角度来看，价格的作用可以具体分为以下几种。

1）价格作为指示器反映市场的供求状况。人们可以通过价格的变动来及时、准确地了解市场中供求的变化：某商品价格上升，表示此商品供不应求；价格下降，表示供过于求。价格作为供求状况指示器的作用是任何其他指标都不能代替的。

2）价格变动可以调节需求。在市场经济中，消费者享有完全的消费自由，消费决策只受价格的影响。当商品价格下降时，消费者会增加购买；而商品价格上升时，消费者则减少购买。价格对需求的调节作用也是任何其他指标都不能代替的。

3）价格变动可以调节供给。在市场经济中，生产者也是享有完全的生产自由，生产、销售行为只受价格影响。当商品的价格上升时，生产者会增加产量；而商品的价格下降时，生产者则会减少产量。价格对供给的调节作用也是任何其他指标都不能代替的。

4）价格的调节可以使资源配置达到最优。通过价格对需求和供给的调节，最终会使需求等于供给。此时，消费者的欲望得到满足，生产者的资源得到充分利用。生产者的资源通过价格分配用于各种用途上，这种分配使消费者的效用最大化和生产者的利润最大化得以实现，从而实现资源配置的最优化状态。

2. 价格政策

从社会福利角度来看，价格机制并不是万能的，它不可能调节人们经济生活的所有领域。对于价格机制的某些领域不能起作用或不能起有效作用的情况，我们称之为市场失灵。

市场失灵主要表现在三个方面：市场机制运行的条件不能具备（完全竞争市场的条件不具备）；市场运行的结果不能令人满意（存在失业）；市场行为不符合道德和意识形态的要求（存在欺诈）。

正是由于价格机制可能存在的不完善，人们借助于政府的干预，价格政策就是为了纠正"市场失灵"而采取的政策。价格政策也包括许多种，我们这里主要介绍两种：支持价格和限制价格。

（1）支持价格

支持价格又称价格支持或最低限价，它是指政府为了支持某一行业的生产而规定该行业的产品高于市场均衡价格的最低价格。

在农产品生产中，这种价格支持政策被各国政府广泛采用。因为农产品，特别是粮食、棉花等重要产品，其社会需求量相对比较稳定，但其产量往往受气候等自然条件的影响变动较大。为了社会的稳定，政府往往要采取一些有力的措施，确保每年的农产品供给略大于需求。如果农产品的价格完全由市场竞争来决定的话，那么丰收年份，产量增加，价格就会跌到低点，农场主和农民的收入反而不能增加，最终导致第二年减少播种面积，这样就可能导致第二年农产品的供给小于需求，价格上涨，社会动荡。为了稳定农场主和农民的收入，许多国家的政府都对农产品实行价格支持，强行规定主要农产品的最低限价。例如，美国政府自 20 世纪 30 年代开始实行支持价格政策，强行规定小麦、玉米、棉花等农产品的最低价，农场主按此价格或高于此价格向市场出售，剩余部分由政府按最低限价收购。支持价格政策的效应如图 3.11 所示。

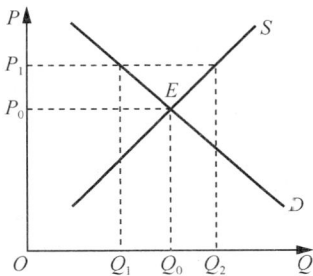

图 3.11　支持价格的影响

从图 3.11 中可以看出，该行业产品由供求关系所决定的均衡价格为 P_0，均衡数量为 Q_0。政府为了支持该行业生产而规定的支持价格为 P_1，这时商品的需求量为 Q_1，相对应的供给量为 Q_2，Q_2 明显大于 Q_1，实行这一价格的结果就是供过于求，必然产生部分剩余产品。

为了维持支持价格，政府可采取的措施有：①政府购买过剩商品，用于国家储备或用于出口，但政府收购过剩商品会增加财政开支；②给消费者补贴，如减免税收等，从而降低产品的销售价格，或者由政府按照 P_1 价格收购，却用 P_0 的价格出售，差额由政府补贴；③给厂商以补贴，为了销售产品，厂商按地域成本价出售，政府为了支持该行业的生产，给予差额补贴，从而促进生产。支持价格一旦取消，商品的市场价格将会迅速下降，恢复到原有的均衡价格水平。

许多国家实行的农产品最低限价和最低工资都属于支持价格政策。就农产品支持价格而言，其目的是稳定农业生产和农民收入，这有其积极意义，但也增加了农产品的过剩，不利于市场调节下的农业结构调整，同时收购过剩的农产品也增加了财政负担。就最低工资而言，它有利于维护低收入者的利益，但增加了劳动供给，减少了劳动需求，又增加失业的副作用。

（2）限制价格

限制价格又称冻结价格或最高限价，它是指政府为了限制某种价格过度上涨损害消

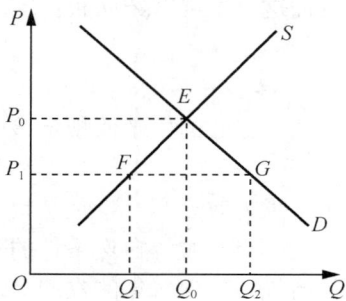

图 3.12 限制价格的影响

费者利益或为了抑制某些产品的生产而规定的该种商品的最高价格。通常这一最高限价低于均衡价格，其对市场供求的影响如图 3.12 所示。

　　图 3.12 中，P_0、Q_0 分别表示均衡价格和均衡商品量，P_1 为政府规定的限制价格，由于它比均衡价格 P_0 低，一方面使商品供给量 Q_1 低于均衡量 Q_0；另一方面使商品需求量 Q_2 高于均衡量 Q_0，于是在市场上形成 Q_1Q_2（或 FG）商品量的短缺。这时，政府只有采取凭证供应和限制消费的办法来维持其限制价格，而这又往往会带来抢购和黑市

交易现象。所以，许多经济学家认为，限制价格既是在某个时期为适应某种特殊情况不得不采取的政策，又是不宜经常采取的政策。

　　有时，政府为了抑制某种产品的产量，往往运用税收杠杆，人为压低供给价格，达到限产目的。假设，政府认为过多吸烟对社会及大众健康不利，应限制其产量，那么就可运用提高卷烟生产税赋的手段来达到这一目标。

　　总之，支持价格和限制价格都是实行市场经济国家的政府在一定条件下所不得不采取的对市场经济的干预措施。但政府干预也并不是万能的，而且还会产生某些恶果，因而经济学家主张尽可能少地运用这种调节手段。

　　以上概述了经济学关于供求均衡的理论，应该说，任何一个经济社会都有生产与消费的问题，也就是供给与需求的问题。供给与需求的均衡是经济正常运行的条件，因此，研究实现供需均衡的条件，对于经济的正常运行是十分必要的。既然社会主义也实行市场经济，那么我们也应该根据供求分析来确定价格，处理经济关系。

3.4　供求弹性及其应用

　　通过对需求、供给与价格之间关系的分析，指明了需求和供给各自受哪些因素的影响而引起变动及其变动方向，揭示了需求规律、供给规律及均衡价格的决定和形成。但它仅仅局限在定性分析上，未具体从量的规定上进一步说明哪些因素会在多大程度上引起需求和供给的变动，弹性分析则试图解决这个问题。

3.4.1　供求弹性理论

1. 需求弹性

（1）弹性的概念

弹性的概念来自于物理学，又称伸缩性。在经济学中借用弹性概念来表示自变量对因变量的影响程度，即经济变量之间存在函数关系时，一变量对另一变量变化的反应程

度。通常弹性的大小用弹性系数来表示，其一般公式为

$$弹性系数 = \frac{因变量的变化率}{自变量的变化率} = \frac{\Delta Y/Y}{\Delta X/X} \qquad (3-5)$$

式中：$\Delta Y/Y$——因变量的变动率；

$\Delta X/X$——自变量的变动率。

现代经济学主要的弹性概念有需求价格弹性、需求收入弹性、需求交叉弹性和供给价格弹性。前三者统称需求弹性，后者简称供给弹性。

弹性概念无论对需求函数还是供给函数都同样适用，而且分析方法也大体相同，下面以需求价格弹性为重点，依次研究几个需求函数和供给函数。

（2）需求价格弹性的含义

需求价格弹性又称需求弹性，是指某商品的需求量对其价格变化的反应程度，即需求量变化的百分比与价格变化的百分比之比。这个比值被称作弹性系数。

其计算公式为

$$E_{\mathrm{d}} = \frac{需求量变动的百分比}{价格变动的百分比} = \frac{\Delta Q/Q}{\Delta P/P} = \frac{\Delta Q}{\Delta P} \times \frac{P}{Q} \qquad (3-6)$$

式中：E_{d}——需求价格弹性系数；

ΔQ——需求量变动的绝对数量，Q 是需求量；

ΔP——价格变动的绝对数量，P 是价格。

例如，某种商品的价格变动 10%时，需求量变动 20%，则这种商品需求弹性的弹性系数为 2。

在理解需求价格弹性的含义时要注意以下几点：

1）需求量和价格这两个经济变量中，价格是自变量，需求量是因变量，所以需求价格弹性就是指价格变动所引起的需求量变动的程度。

2）需求价格弹性系数是需求量变动的百分比与价格变动的百分比之比，而不是需求量变动的绝对量与价格变动的绝对量的比值。

3）弹性系数可以为正，也可以为负。如果两个变量为同方向变化，则为正值；反之，如果两个变量为反方向变化，则为负值。但在实际运用时，为方便起见，一般都取其绝对值。

4）同一条需求曲线上不同点的弹性系数大小并不相同。

（3）需求价格弹性的类型

不同商品的需求价格弹性是不同的。根据弹性系数绝对值的大小，一般把需求价格弹性分为如下五种类型：

1）需求完全有弹性，即 $E_{\mathrm{d}} \to \infty$。在这种情况下，当价格既定时，商品的需求量为无限大。例如，银行以固定价格收购黄金，无论有多少黄金都可以按这一价格收购，银

行对黄金的需求是无限的。需求完全有弹性时，需求曲线是一条与横轴平行的直线，如图 3.13 所示。

2）需求完全无弹性，即 $E_d=0$。在这种情况下，无论价格如何变动，需求量都不会变动。例如，糖尿病人对胰岛素这种药品的需求就是如此。需求完全无弹性时，需求曲线是一条与坐标横轴垂直的直线，如图 3.14 所示。

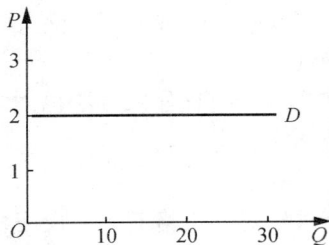

图 3.13　需求完全有弹性

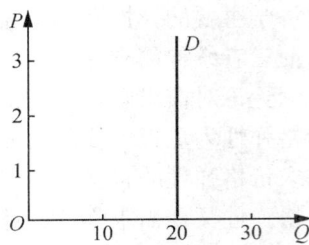

图 3.14　需求完全无弹性

3）需求单位弹性，即 $E_d=1$，表示需求量变动的百分比与价格变动的百分比相等。在这种情况下，需求量变动的比值与价格变动的比值相等，一般来说，接近于生活必需品的商品属于这一类。需求曲线是一条正双曲线，如图 3.15 所示。

4）需求富有弹性，即 $E_d>1$，此种情况下需求量变动的百分比大于价格变动的百分比，如汽车、珠宝等奢侈品属于这种情况。需求富有弹性时，需求曲线是一条比较平坦的线，如图 3.16 所示。

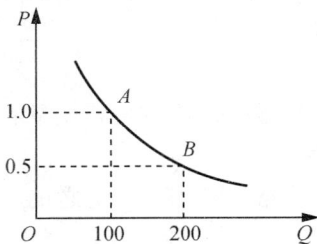

图 3.15　需求单位弹性

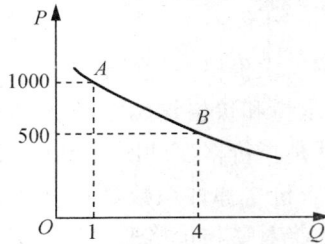

图 3.16　需求富有弹性

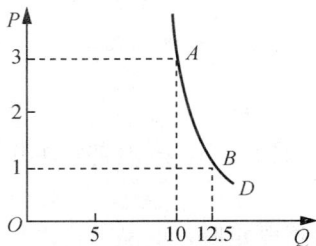

5）需求缺乏弹性，即 $E_d<1$，此种情况下需求量变动的百分比小于价格变动的百分比。属于这种情况的多是生活必需品，如食盐、粮食等。需求缺乏弹性时，需求曲线是一条比较陡峭的曲线，如图 3.17 所示。

上述完全无弹性或完全有弹性的情况是极为罕见的，大多数商品的需求价格弹性介于完全无弹性和完全富有弹性之间。

图 3.17　需求缺乏弹性

（4）影响需求价格弹性的因素

需求价格弹性的大小受以下因素的影响。

1）消费者对某种商品的需求程度，即该商品是生活必需品还是奢侈品。一般来说，消费者对生活必需品的需求强度大而稳定，所以生活必需品的需求弹性就小。例如，粮食、盐等生活必需品的需求弹性都较小，而奢侈品、高档消费品的需求弹性就较大。据测算，在美国，糖、公共交通、服装、食品的需求价格弹性分别为 0.3、0.4、0.6、0.4；家具、小汽车分别为 1.2 和 2.1。

2）商品的可替代程度。一种商品的可替代品越多、可替代程度越大，它的需求就越富有弹性。因为价格上升时，消费者会购买其他替代品；价格下降时，消费者会购买这种商品来取代其他替代品。一种商品的可替代品越少、可替代程度越小，其需求就越缺乏弹性。例如，石油没有接近的替代品，这种需求相对来说是无弹性的，而黄瓜有大量的替代产品，需求相对来说是有弹性的。

3）用于购买该商品的支出占总支出的比重。商品的花费占总支出的比例越大，价格变动对需求的影响越大，需求弹性就越大。商品的花费占总支出的比例越小，价格变动对需求的影响越小，需求弹性就越小。例如，口香糖的需求的价格弹性比彩电要小。又如，对食盐的需求的价格弹性也很小，部分原因是没有接近的替代物，而食盐的支出在收入中的比例很小也是原因之一——即使其价格增加很多，我们购买食盐也没有困难。相对来说，当主要支出的价格上涨，收入效应就格外显著。例如，如果抵押贷款利息率上升（买房时借贷价格），人们将不得不在相当程度上减少对房子的需求，被迫买更便宜和更小的房子，或者租赁房屋。

4）此种商品的耐用程度。越是耐用的商品，弹性越大；反之越小。

5）此种商品用途的多少。用途越多，弹性越大；用途越少，弹性越小。

6）时间。即相应于价格的变动，人们调整需求量的时间。当价格上涨时，人们需要一些时间来调整他们消费商品的类型，并找到该商品的替代产品，价格变化后这段时间越长，需求弹性就越大。为了描述时间因素对需求价格弹性的影响，我们用石油举例。1973 年 12 月和 1974 年 6 月，国际市场上原油价格上涨到原价格的 4 倍，引起汽油价格上涨。在以后几个月里，对石油产品的消费减少量却非常少，需求是高度缺乏弹性的。由于汽车的驱动没有替代燃料，拥有汽车的人不得不减少旅行次数（对许多人来说这并不容易）和更经济地驾驶车辆。然而随着时间的推移，由于汽油维持高价，新的节约燃料的汽车得到了发展，许多人购买较小的车子，这样从长远看需求是富有弹性的。

2. 需求的收入弹性

（1）需求收入弹性的含义

需求量的变动不仅取决于价格，还取决于收入。需求的收入弹性简称为收入弹性，是指收入变动的百分比所引起的需求量变动的百分比，用来衡量商品和劳务的需求量对收入水平变化的反应程度。

一般用收入弹性系数来表示弹性的大小，这一弹性系数是需求量变动的百分比与收入变动的百分比的比值，用公式来表示即

$$E_m = \frac{\Delta Q/Q}{\Delta Y/Y} = \frac{\Delta Q}{\Delta Y} \times \frac{Y}{Q} \qquad (3\text{-}7)$$

式中：E_m——收入弹性的弹性系数；

$\Delta Q/Q$——需求量变动的百分比；

$\Delta Y/Y$——收入变动的百分比。

对大多数商品和劳务来说，收入提高，需求量则增加；收入下降，需求量则减少。这时收入需求弹性为正值。但也有一些例外的情形，对一些如土豆、玉米等商品，收入提高反而需求量减少，收入降低需求量则增加。经济学家们把这种需求量和收入处于负相关的货物称为"劣等货"，劣等货的收入需求弹性为负值。在发达国家，人们收入增加，对昂贵商品的需求增加迅速，对基本商品如面包的需求仅有微小增长，这样，汽车和到国外度假等商品或劳务需求的收入弹性很高，而马铃薯和公共汽车旅行等商品或劳务需求的收入弹性很低，有时甚至会出现负值。

需求的收入弹性对于企业在考虑产品未来的市场规模时具有重要的意义。如果产品的需求收入弹性很高，国内收入增加时销售量可能迅速增加，但经济衰退时销售量会有显著的下降。

以上分析了三种需求弹性，从数量关系上具体说明了商品需求量受商品自身价格、消费者收入、相关商品价格等因素变动的影响程度。因此，需求弹性是预测商品需求市场变化的重要工具，对于我们更好地实行市场经济，做好市场预测都有一定的参考价值。

（2）需求收入弹性的分类

在其他条件不变的情况下，消费者对各种商品的需求量随收入的增加而增加，但是对不同商品其需求增加的多少并不相同。因此，各种商品的收入弹性大小也就不同。收入弹性一般分为五类，如图3.18所示。具体分类如下：

1）收入无弹性，即 $E_m = 0$。在这种情况下，无论收入如何变动，需求量都不会变。这时收入-需求曲线是一条垂线，如图3.18中线 A 所示。

2）收入富有弹性，即 $E_m > 1$。在这种情况下，需求量变动的百分比大于收入变动的百分比。这时收入-需求曲线是一条向右上方倾斜而比较平坦的线，如图3.18中的线 B 所示。

3）收入缺乏弹性，即 $0 < E_m < 1$。在这种情况下，需求量变动的百分比小于收入变动的百分比。这时收入-需求曲线是一条向右上方倾斜比较陡峭的线，如图3.18中线 C 所示。

4）收入单位弹性，即 $E_m = 1$。在这种情况下，需求量变动与收入变动的百分比相同。

这时收入-需求曲线是一条向上方倾斜而与横坐标呈45°角的线,如图3.18中线D所示。

5）收入负弹性,即$E_m < 0$。在这种情况下,需求量的变动与收入的变动呈反方向变化。这时收入-需求曲线是一条向右下方倾斜的线,如图3.18中线E所示。

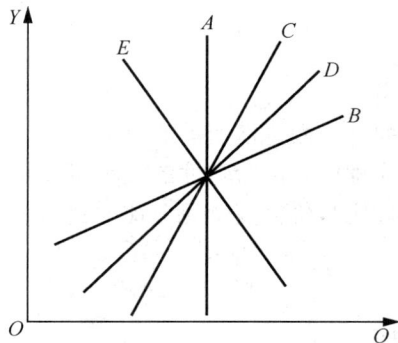

图3.18 收入弹性

3. 需求的交叉价格弹性

需求的交叉价格弹性,又称需求的交叉弹性或交叉弹性,它是一种商品的需求量对另外一种有关商品的价格变动做出反应的程度,其弹性系数是一种商品需求量变动的百分比与另一种商品价格变动的百分比的比值。用公式表示为

$$E_{xy} = \frac{X商品的需求量变动百分比}{Y商品价格变动的百分比} = \frac{\Delta Q_X / Q_X}{\Delta P_Y / P_Y} = \frac{\Delta Q_X / \Delta P_Y}{P_Y / Q_X} \quad (可正可负) \qquad (3-8)$$

式中:$\Delta Q_X / Q_X$——需求量变动的百分比;

$\Delta P_Y / P_Y$——价格变动的百分比。

当$E_{xy} > 0$时,随着Y商品价格提高,X商品的需求量随之增加;随着Y商品价格降低,X商品的需求量也随之减少,则X和Y商品互为替代商品。如大米和面粉,E_{xy}越大,替代性就越强。

当$E_{xy} < 0$时,随着Y商品价格提高,X商品的需求量随之减少;随着Y商品价格降低,X商品的需求量也随之增加,则X和Y商品为互补品。如汽车和汽油,E_{xy}越大,互补性就越强。

需求的交叉弹性对商品经营者来说是一种十分重要的概念,在一个替代性较强的商品市场,一旦一方提高自身商品的价格,那么就必然会失去较大的市场份额。例如,牛肉和猪肉是两种替代性较强的商品,如果经营牛肉者提高牛肉价格,势必会导致牛肉的需求大幅度减少,猪肉的需求大幅度增加。相反,在一个替代性较差的商品市场,例如,男鞋和女鞋市场中,生产男鞋的厂商提高男鞋的价格,一般不会导致女鞋需求量的变动。因此在一个替代性较强的商品市场,商品经营者要扩大其市场份额,可采取在降低成本的基础上，降低商品的价格这一方法来实现；也可采用新技术，生产出功能、质量、外观胜人一筹的产品，使其他商品无法替代，来扩大其销售量。

需求交叉弹性也经常应用于国际贸易和收支平衡分析。

4. 供给价格弹性

（1）供给价格弹性的含义

供给价格弹性又称供给弹性，指价格变动的百分比与供给量变动百分比的比值，即供给量变动对价格变动的反应程度。供给弹性的大小可以用供给弹性系数来表示，供给弹性系数是供给量变动的百分比与价格变动百分比的比值，用公式表示为

$$E_s = \frac{\Delta Q/Q}{\Delta P/P} = \frac{\Delta Q}{\Delta P} \times \frac{P}{Q} \tag{3-9}$$

式中：E_s —— 供给弹性系数；

$\Delta Q/Q$ —— 供给量变动的百分比；

$\Delta P/P$ —— 价格变动的百分比。

因此供给量与价格一般呈同方向变动，所以供给弹性系数一般为正值。

（2）供给价格弹性分类

根据弹性系数的大小，供给弹性可以分为以下五类：

1）供给完全无弹性，即 $E_s = 0$。在这种情况下，无论价格如何变动，供给量始终不变。如土地、文物、某些艺术品的供给。这时的供给曲线是一条与横坐标垂直的线，如图 3.19 中线 A 所示。

2）供给有无限弹性，即 $E_s \to \infty$。在这种情况下，价格既定而供给量无限。如在劳动力严重过剩的情况下，劳动力的价格（工资）即使不发生变化，劳动力的供给也会源源不断的增加。这时的供给曲线是一条与横坐标轴平行的线，如图 3.19 中线 E 所示。

3）供给单位弹性，即 $E_s = 1$。在这种情况下，价格变动与收入变动的百分比相同。如某些机械产品的供给量变动幅度接近于它们的价格变动的幅度。这时的供给曲线是一条向上方倾斜且与横坐标呈 45° 角的线，如图 3.19 中线 C 所示。

4）供给缺乏弹性，即 $0 < E_s < 1$。在这种情况下，供给量变动的百分比小于价格变动的百分比。一般来说，资本密集型产品的供给多属于这种情况，因为这类生产不容易很快增加或减少，所以价格变动后，供给量的增减不会太大。这时的供给曲线是一条向右上方倾斜比较陡峭的线，如图 3.19 中线 B 所示。

5）供给富有弹性，即 $E_s > 1$。在这种情况下，供给量变动的百分比大于价格变动的百分比。一般来说，劳动密集型产品的供给多属于这种情况，因为这种产品的生产增加或减少相

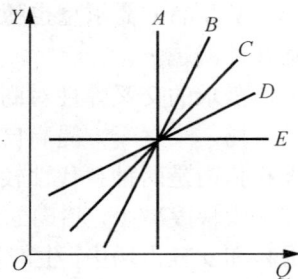

图 3.19　供给价格弹性

对容易些，所以价格变动后，供给量能较大幅度地改变。这时的供给曲线是一条向右上方倾斜且比较平坦的线，如图 3.19 中线 D 所示。

（3）影响供给价格弹性的因素

供给的价格弹性受到许多因素的影响，这些因素主要包括以下几个方面：

1）产量增加引起的成本增加量。如果产量增加，生产者需要增加的成本很小，那么当价格上涨后，就会有更多的企业进行生产，从而供给量增加越多，供给就越有弹性；反之，供给则越缺乏弹性。

如果生产者能满足所有这些条件，即有大量备用生产能力，容易得到更多原材料的供给，容易从其他产品的生产转产，能避免超时工作而引起的高工资，那么厂家的成本就越不容易受到产量的影响，供给相对来说就越有弹性。越不能满足这些条件，供给的弹性就越小。

2）时间因素。除了上述与生产技术有关联的成本因素之外，时间是影响供给是否富有弹性的最重要的因素。在瞬时市场上，供给来自现有存货，无法改变产量，因而供给完全无弹性；就短期而言，生产者虽然可以增加产量，但不能增加生产规模，供给缺乏弹性；在长期内，生产者可以通过调整生产规模来改变产量，供给弹性很大。

3）调整产量的难易。一般来说，产量易于调整的产品，供给弹性大；产量难于调整的产品，供给弹性小。例如，农业由于受自然环境的影响大，难于调整，因而供给缺乏弹性；工业受自然环境的影响小，相对易于调整，因而供给较富有弹性。在工业中，重化工业固定资产大，生产规模也大，"船大掉头难"，故弹性小；轻纺工业固定资产比重小，一般规模也小，相对易于调整，故弹性大一些。

4）生产要素的供给弹性。从一般理论上讲，产品供给取决于生产要素的供给。因此，生产要素的供给弹性大，产品供给弹性也大；反之，生产要素弹性小，产品的供给弹性也小。

5）生产所采用的技术类型。一般来讲，技术水平较高、生产过程复杂的商品，其供给弹性较小；而技术水平低、生产过程简单的产品，其供给弹性大。

供给弹性作为一种衡量和考察供给量与价格变动之间数量关系的工具，在充分发挥市场调节作用的情况下，对我国更好地实行市场经济有一定的参考价值。它的实际用处是，通过它可以分析生产的实际情况，判断哪种生产最为有利，以解决生产什么、生产多少和如何生产的问题。

3.4.2　弹性理论的应用

弹性理论在人们经济活动的分析中应用广泛，不论是企业的营销策略，还是个人的消费决策，甚至政府一些政策的制定，都可以用弹性理论来分析，在此重点分析一下需求弹性与总收益的关系。

总收益（total revenue，TR）又称总收入，是厂商出售一定量商品所得到的全部收

入，也就是销售量与价格的乘积，其计算公式为

$$TR = P \cdot Q \tag{3-10}$$

式中：TR —— 总收益；

　　　Q —— 与需求量一致的销售量；

　　　P —— 价格。

厂商的总收益，对于消费者来说，就是他们为购买这一定量的商品而付出的总支出。所以说，分析需求弹性对厂商总收益的影响实际上也就是分析需求弹性对消费者总支出的影响。

从总收益的计算公式可以看出，总收益取决于价格和需求量。所以，需求价格弹性发生变化，必然会引起总收益的变动。

不同商品的需求弹性不同，对总收益的影响也会不同。下面主要讨论需求缺乏弹性的商品及需求富有弹性的商品价格变动与总收益之间的关系。

1. 缺乏弹性的商品价格变动与总收益之间的关系

如果需求缺乏弹性，那么价格上升引起总收益增加，这是因为需求量减少的幅度小于价格上升的幅度。以面粉（生活必需品）为例，分析如下：

假设面粉的需求弹性系数 $E_d = 0.5$，面粉的价格为 5.0 元/千克，销售量为 100 千克，这时总收益为 $5.0 \times 100 = 500$（元）。

如果面粉降价 20%，由于 $E_d = 0.5$，则销售量上升 10%，这时总收益为 $4.0 \times 110 = 440$（元）。

如果面粉涨价 20%，由于 $E_d = 0.5$，则销售量下降 10%，这时总收益为 $6.0 \times 90 = 540$（元）。

面粉降价后，总收益并未增加，反而减少了；面粉涨价后，总收益并未减少，反而增加了。通过比较得出以下结论，对于需求缺乏弹性的商品，它的价格与总收益呈同方向变动。价格上升，总收益增加；价格下降，总收益减少。

厂商总收益的增加，就是消费者总支出的增加。所以，对于粮、油、蔬菜等百姓必需品应谨慎涨价，否则会增加人们的生活总支出，造成其实际收入的下降，影响社会安定。

2. 富有弹性的商品价格变动与总收益之间的关系

如果需求是富有弹性的，则得出相反的结果：价格上升引起总收入减少。这是因为需求量减少的幅度大于价格上升的幅度。以电视（耐用消费品）为例，分析如下：

假设电视的需求弹性系数 $E_d = 2$，每台电视的价格为 1000 元，销售量为 100 台，这时总收益为 $1000 \times 100 = 100\ 000$（元）。

如果每台电视的价格从 1000 元下降到 900 元，下降幅度为 10%。由于 $E_d = 2$，销售量便会增加 20%，为 120 台。这时总收益为 $900 \times 120 = 108\ 000$（元）。

如果每台电视的价格提高10%，即为1100元，那么销售量会下降20%，为80台。这时总收益为1100×80＝88 000（元）。

电视降价后，总收益却在增加；电视涨价后，总收益却在减少。通过比较得出以下结论，需求富有弹性的商品，它的价格与总收益呈反方向变动。价格上升，总收益减少；价格下降，总收益增加。

◆ **基本技能训练**

1．讨论："谷贱伤农"是中国流传已久的一句成语，它描述了在丰收的年份，农民收入反而减少的现象，试用弹性理论加以说明。

2．如果考虑提高生产者的收入，那么对农产品和电视机、影碟机一类高级消费品应采取提价还是降价办法进行销售？为什么？

3．汽车和汽油是互补商品，汽车的需求交叉价格弹性如何？汽车和飞机是互相替代品，汽车的需求交叉价格弹性有何不同？

◆ **信息传递**

恩格尔定律与恩格尔系数

恩格尔定律是19世纪德国统计学家恩格尔根据统计资料，对消费结构的变化得出一个规律：

一个家庭收入越少，家庭收入中（或总支出中）用来购买食物的支出所占的比例就越大，随着家庭收入的增加，家庭收入中（或总支出中）用来购买食物的支出则会下降，用于住宅和衣服方面的支出将基本保持不变，而用于其他商品的支出会增加。推而广之，一个国家越穷，每个国民的平均收入中（或平均支出中）用于购买食物的支出所占比例就越大，随着国家的富裕，这个比例呈下降趋势。这种分析的结果被称为恩格尔定律。

恩格尔定律是根据经验数据提出的，它是在假定其他一切变量都是常数的前提下才适用的，因此在考察食物支出在收入中所占比例的变动问题时，还应当考虑城市化程度、食品加工、饮食业和食物本身结构变化等因素。只有达到相当高的平均食物消费水平时，收入的进一步增加才不会对食物支出产生重要的影响。

恩格尔系数是根据恩格尔定律得出的比值，是表示生活水平高低的一个指标。其计算公式为

恩格尔系数＝用于食品的支出金额/全部消费的支出金额

由于食品支出同收入的比值会随收入提高而下降，因此，这一比值常被用来衡量国家和地区的富裕程度，这一比值称为恩格尔系数。例如，当人们的收入水平仅为400～600元之间时，用于食物的支出占80%甚至更多；而随着收入的增加，当收入水平

在 1000～3000 元时，用于食物的支出比例仅为 40%～50%；而收入水平进一步提高，达到 1 万～5 万元时，用于食物的支出比例仅为 5%～10%。这种规律反映了社会人均贫富差距的一个重要指标。按照国际上通行的评估指标，恩格尔系数在 40%～50%为小康水平，30%～40%为富裕水平，30%以下为最富裕（恩格尔系数的取值在 0～1 之间，越接近 1 说明该家庭越贫困，越接近 0 说明该家庭越富裕）。

按照不同时间将恩格尔系数排列起来，可以反映该国家或地区人均消费结果和收入的变动情况。

（资料来源：刘源海. 2006. 经济学基础. 北京：高等教育出版社）

小结与练习

小结

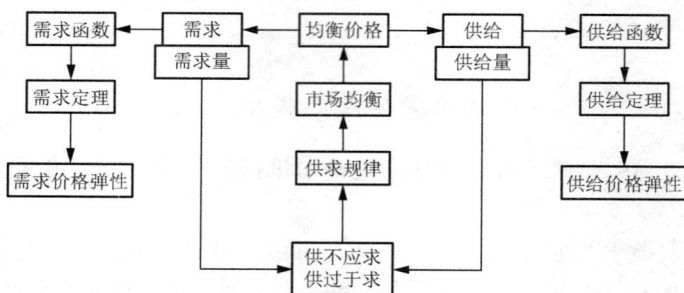

练习

一、单项选择题

1. 供给规律可以反映在（　　）。
   A. 消费者不再喜欢消费某商品，使该商品的价格下降
   B. 政策鼓励某商品的生产，因而该商品的供给量增加
   C. 生产技术提高会使商品的供给量增加
   D. 某商品价格上升将导致对该商品的供给量增加

2. 对于大白菜供给的减少，不可能是由于（　　）。
   A. 气候异常严寒　　　　　　　　B. 政策限制大白菜的种植
   C. 大白菜的价格下降　　　　　　D. 化肥价格上涨

3. 如果商品 A 和商品 B 是相互替代的，则 A 的价格下降将造成（　　）。

A. A 的需求曲线向右移动　　　　　　B. A 的需求曲线向左移动

C. B 的需求曲线向右移动　　　　　　D. B 的需求曲线向左移动

4. 如果两种商品的 A 和 B 的交叉弹性是-2，则（　　）。

　　A. A 和 B 是替代品　　　　　　　B. A 和 B 是正常品

　　C. A 和 B 是劣等品　　　　　　　D. A 和 B 是互补品

5. 下列因素除（　　）外都会使需求曲线移动。

　　A. 消费者收入变化　　　　　　　　B. 商品价格变化

　　C. 其他相关商品价格下降　　　　　D. 消费者偏好变化

6. 下列因素中，（　　）因素会使供给价格弹性大。

　　A. 生产较容易　　　　　　　　　　B. 生产要素供给弹性大

　　C. 消费者需求的量大　　　　　　　D. 上述三种情况都有可能

二、问答题

1. 影响需求的因素有哪些？它们与需求之间呈什么样的关系？

2. 简述均衡价格的形成过程，并分析它对于制定价格政策的现实意义。

3. 需求的价格弹性有哪些类型？并举例进行说明。

三、实例分析题

1. 已知某一时期内某种商品的需求函数为 $Q_d = 50 - 5P$，供给函数为 $Q_s = -10 + 5P$。

（1）求均衡价格 P 和均衡数量 Q，并画出坐标图。

（2）假定供给函数不变，由于消费者收入水平的提高，需求函数变为 $Q_d = 60 - 5P$。求出相应的均衡价格 P 和均衡数量，并画出坐标图。

（3）假定需求函数不变，由于生产技术水平的提高，供给函数变为 $Q_s = -5 + 5P$。求出相应的均衡价格 P 和均衡数量 Q。

（4）总结需求和供给的变动分别对均衡价格和均衡数量的影响。

2. 假定表 3.3 是需求函数 $Q_d = 500 - 100P$ 在一定价格范围之内的需求表。

表 3.3　需求表

价格	1	2	3	4	5
需求量	400	300	200	100	0

（1）当价格由 2 增加到 4 的时候，需求弹性是多少？

（2）根据给定的需求函数，求出 $P = 2$ 时的需求弹性。

3. 假设大学里篮球比赛门票的价格是由市场力量决定的。现在，需求与供给如表 3.4 所示。

表 3.4　需求、供给表

价格/美元	需求量/张	供给量/张
4	10 000	8000
8	8000	8000
12	6000	8000
16	4000	8000
20	2000	8000

（1）根据表 3.4 中的数据画出需求曲线和供给曲线。这条供给曲线有什么特别之处？为什么这是正确的？

（2）篮球比赛门票的均衡价格和数量是多少？

（3）下一年度大学计划总计增加 5000 名学生，请做出增加学生的需求表。

4. 某种化妆品的需求弹性系数为 3，当其价格由 2 元降为 1.5 元，需求量会增加多少？假设当价格为 2 元时，需求量为 2000 瓶，降价后需求量应该为多少？

5. 假设汽油的需求价格弹性系数为 0.15，现价格为每加仑 1.20 美元。试问汽油价格上涨为每加仑多少美元才能使其消费量减少 10%？

6. 某种商品原先的价格为 1 元，销售量为 1000 千克，该商品的需求弹性系数为 2.4，如果降价至每千克 0.8 元，此时的销售量是多少？降价后总收益是增加了还是减少了？增加或减少了多少？

第4章

消费者行为理论与实践

教学目标

知识目标：

● 理解基数效用论和序数效用论的有关知识，掌握边际效用递减规律，无差异曲线的含义、特点；熟悉消费者行为分析的方法。

能力目标：

● 能够运用消费者行为分析理论及方法，对实现消费者效用最大化的条件进行准确分析，并认识在预算约束条件下消费者是如何达到均衡的。

引导案例

从春晚看边际效用递减规律

大约从 20 世纪 80 年代初期开始，我国老百姓在过春节的年夜饭中增添了一套诱人的内容，那就是春节联欢晚会。1982 年第一届春节联欢晚会的出台，在当时娱乐事业尚不发达的我国引起了极大的轰动。晚会的节目成为全国老百姓在街头巷尾和茶余饭后津津乐道的话题。

晚会年复一年地办下来，投入的人力物力越来越大，技术效果越来越先进，场面设计越来越宏大，节目种类也越来越丰富。但不知从哪一年起，人们对春节联欢晚会的评价却越来越差了，原先在街头巷尾和茶余饭后的赞美之词变成了一片反对声，春节联欢晚会成了一道众口难调的大菜，被评为鸡肋：食之无味，弃之可惜。春晚本不该代人受过，问题其实与边际效用递减规律有关。

在生产中，边际效应递减的例子也不少。例如，在农田里施肥可以增加农作物的产量，当第一次向一亩农田里施 100 千克化肥的时候，增加的产量最多；第二次施 100 千克化肥的时候，增加的产量就没有第一次 100 千克化肥增加的产量多；第三次施 100 千克化肥的时候，增加的产量就更少甚至减产。也就是说，随着所施化肥数量的增加，增产效应越来越低。

（资料来源：http://www.hainu.edu.cn）

案例点评：

　　在其他条件不变的前提下，当一个人在消费某种物品时，随着消费量的增加，他（她）从中得到的效用是越来越少的，这种现象普遍存在，被视为一种规律——边际效用递减规律。边际效用递减规律虽然是一种主观感受，但在其背后也有生理学的基础：反复接受某种刺激，反应神经就会越来越迟钝。第一届春节联欢晚会会让我们欢呼雀跃，但举办次数多了，由于刺激反应弱化，尽管节目本身的质量在整体提升，但人们对晚会节目的感觉却越来越差了。

◆ **基本知识点**

4.1　消费者行为分析方法

　　消费者又称居民户，是指具有独立经济收入来源，能做出统一的消费决策的单位。消费者可以是个人，也可以是家庭。消费者的最终目的不仅是要从商品和劳务的购买和消费中获得一定的满足，而且是要在既定收入的条件下获得最大的满足。

4.1.1　效用

　　美国著名经济学家保罗·萨缪尔森提出一个"幸福方程式"，即

$$幸福 = \frac{效用}{欲望}$$

　　"欲望"是指一种缺乏的感觉与求得满足的愿望，它是一种心理感觉；"效用"是指消费者的主观感受，表示消费者消费商品或劳务（或商品组合）所获得的满足程度。消费者消费某种商品能够满足欲望的程度越高就是效用越大；反之，就是效用小；如果不仅得不到满足感，反而感到痛苦，就是负效用。因此，这里所说的效用不同于使用价值，它不仅在于商品本身具有的满足人们欲望的客观物质属性（如面包可以充饥，衣服可以御寒），而且它还区分无效用和效用的大小，并且依存于消费者的主观感受。

　　效用是对欲望的满足，效用和欲望一样都是一种心理感觉。某种商品效用的大小没有客观标准，完全取决于消费者在消费这种商品时的主观感受。例如，一个面包对饥饿者来说可以有很大的效用，而对于酒足饭饱者来说则可能毫无效用。因此，效用本身没有客观标准。对不同的人而言，同样的商品带来的效用是不同的，甚至对于同一个人而言，同一商品在不同时间与地点的效用也是不同的。例如，同一件棉衣，在冬天或寒冷地区给人带来的效用很大，但在夏天或热带地区只能带来负效用。这就说明效用的大小与有无，完全是一种主观感受，因人、因时、因地而不同。

4.1.2　基数效用论与序数效用论

消费者行为理论要研究幸福最大化，在决定幸福的两个因素中进行假定，尽管人的欲望是无限的，但在某一具体事情中欲望可以是既定的，这也就是说，可以不考虑欲望的情况。这样，幸福就仅仅取决于效用。所以，消费决策就是要研究在消费者欲望既定的条件下如何实现效用的最大化。那么，如何来研究效用？一些经济学家认为效用可以用具体数字来表示；另一些经济学家则认为效用作为一种心理现象，是不能用具体数字来表示的。由此就产生了两种不同的消费行为理论：基数效用论和序数效用论。

1. 基数效用论

基数效用论者认为效用大小是可以测量的，其基数单位就是效用单位。基数效用论的基本观点是：效用是可以计量的，可以用基数（1、2、3、…）来表示人们对某种事物满足程度的大小，并且效用可以加总求和。例如，消费者一块蛋糕的效用为 3 单位，一杯牛奶的效用为 5 单位，这样消费者消费这两种商品所得到的总效用就是 8 个单位。根据此理论，可以用具体数字来研究消费者效用最大化问题。基数效用论采用边际效用分析法进行效用最大化的分析。

2. 序数效用论

序数效用论的基本观点是：效用是不可以计量的，只能用序数（第一、第二、第三……）来表示人们对某种事物满足程度的高低与顺序，并且由于效用不可计量，所以效用不能加总求和。例如，消费者认为消费牛奶的效用大于消费面包的效用，那么牛奶的效用是第一，面包的效用是第二。序数效用论可通过无差异曲线进行分析比较。

两种效用分析方法不同，但其分析的目的、分析对象和分析的结论却是一致的。两者在分析方法上的最主要的区别是：基数效用分析采用了效用可计量的假设；而序数效用分析采用了效用大小不可计量，只能分为高低、排顺序的假定，避免了使用基数效用存在的计算上的困难，两者区别如表 4.1 所示。

表 4.1　基数效用、序数效用的比较

效用理论类型	主要观点	假设条件	分析工具	经济学家
基数效用论	效用可计量	苛刻	边际效用	马歇尔
序数效用论	效用可比较	宽松	无差异曲线	希克斯

下面分别用边际效用分析和无差异曲线分析来说明消费者消费原则的确定。

4.2　边际效用分析

4.2.1　总效用、平均效用与边际效用

总效用（total utility，TU）是指消费者消费一定量某种商品所得到的总满足程度。例如，某消费者连续消费了 5 块面包，每一块面包的效用可分别表示为 U_1、U_2、U_3、U_4、U_5，而将这些单位的效用加总起来即可得到消费面包的总效用，即

$$TU = U_1 + U_2 + U_3 + U_4 + U_5 \qquad (4\text{-}1)$$

平均效用（average utility，AU）是指消费若干数量的商品或劳务时，平均每单位商品或劳务所提供的效用。若用 X 表示消费某种商品的数量，则 AU=TU/X，其中 AU 为平均效用，TU 为总效用。

边际效用（marginal utility，MU）是指消费者对某种商品的消费量每增加一单位所增加的满足程度。边际的含义是增量，指自变量增加所引起的因变量的增加量。在边际效用中，自变量是某种商品的消费量，而因变量则是满足程度或效用。消费量变动引起的效用的变动即为边际效用。我们可以用表 4.2 来说明某人消费面包的总效用与边际效用的关系。

表 4.2　总效用与边际效用

某人对面包的消费	总效用	边际效用
0	0	—
1	30	30
2	50	20
3	60	10
4	60	0
5	50	−10

根据表 4.2 可以绘制出总效用曲线图和边际效用曲线图，如图 4.1 和图 4.2 所示。

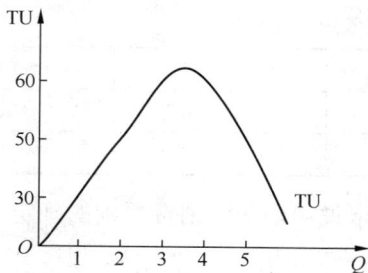

图 4.1　总效用曲线

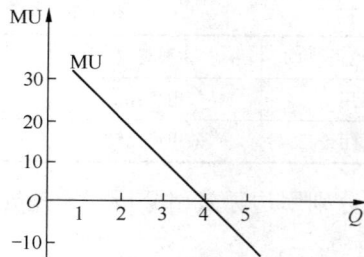

图 4.2　边际效用曲线

在图 4.1 中，横轴代表面包的消费量，纵轴代表总效用，TU 为总效用曲线。图 4.2 中，横轴仍然代表商品的消费量，纵轴代表边际效用，MU 为边际效用曲线。

从以上图中可以看出，当某人消费一个面包时，总效用为 30 效用单位。由没有消费面包到消费一个面包时，消费量增加了一个单位，效用增加了 30 效用单位，所以，边际效用为 30 效用单位。当消费第二个面包时，总效用为 50 效用单位，由消费一个面包到消费两个面包，消费量增加了一个单位，总效用从 30 效用单位增加到 50 效用单位，所以边际效用为 20 效用单位，即消费第二个面包带来的效用。依此类推，当消费第五个面包时，总效用为 50 效用单位，而边际效用为-10 效用单位，即增加第五个面包时的消费所带来的是负效用。由此看出，当边际效用为正数时，总效用是增加的；当边际效用为零时，总效用达到最大；当边际效用为负数时，总效用减少。边际效用与总效用的关系如图 4.3 所示。

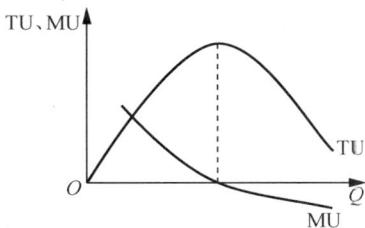

图 4.3　边际效用和总效用的关系

4.2.2　边际效用递减规律

从以上分析可以看出，随着某一商品消费数量上的增加，新增加的商品带来的效用是递减的，即边际效用是递减的。边际效用递减规律指假定消费者对其他商品的消费保持不变，则消费者从连续消费某一特定商品中所得到的满足程度将随着这种商品消费量的增加而递减。边际效用递减规律是西方经济学在研究消费者行为时，用来解释需求定理的一种理论观点，它是在考察总结人们日常生活中得出的一个理论命题。当然，它的有效性要以假定人们消费行为的决策是符合理性为其必要前提的。

边际效用递减规律可以用以下两个理由来解释：

1）生理或心理上的原因。消费一种物品的数量越多，即接受某种刺激的次数越多，会使人们生理上或心理上的满足越少，从而满足程度减少。我们在消费某一种物品，例如连续吃巧克力时，就会有这种感觉。

2）物品本身用途的多样性。每一种物品都有多样的用途，而且这些用途的重要性不同。消费者总是先把物品用于最重要的用途，而最后用于次重要的用途。当人们有若干数量的这种物品时，把第一单位用于最重要的用途，其边际效用就最大，把第二单位用于次重要的用途，其边际效用就减少了。如此顺序下去，用途越来越不重要，边际效用就逐步递减。例如，某消费者有三块巧克力，他把第一块用于最重要的充饥（满足生理需求），把第二块用于赠送朋友（满足爱的需要），把第三块用于施舍（满足自我实现中对善的追求）。这三块巧克力用途的重要性不同，从而其边际效用也就不同。由此看来，边际效用递减规律是符合实际情况的。

4.2.3　消费者均衡

1. 消费者均衡的含义

消费者均衡是研究单个消费者如何把有限的货币收入，分配在各种商品的购买中以获得最大的效用。也可以说，它是研究单个消费者在既定收入下实现效用最大化的均衡条件。这里的均衡是指消费者实现最大效用时，既不想再增加也不想再减少任何商品购买数量的一种相对静止的状态。

2. 消费者均衡的条件

消费者何时能够实现效用最大化？首先来研究消费者在市场上购买商品时，在什么条件下才会得到最大的满足。消费者在市场上最先购买的是对消费者边际效用最大的商品，如肉类。但随着购买量的增加，其边际效用在不断下降，萝卜、白菜的边际效用却不断上升。当消费者买了 2 斤肉后，这时候认为萝卜最重要（边际效用最大），自然就会购买萝卜。随着萝卜购买量的不断增加，其边际效用也会不断下降。在买了 3 斤萝卜之后，白菜显得重要了（边际效用最大）。这样，消费者又去购买白菜。在购买了 5 斤白菜后，消费者又觉得其他商品也重要（边际效用最大），于是会继续进行购买。什么时候会获得最大的满足呢？当消费者购买了他认为值得购买的东西，再多一元钱，不知道该购买什么或者买什么都无所谓了，消费者会满意而归。此时消费者获得了最大的满足。这时候，多花一元钱在各种商品上多带来的边际效用（满足）都是一样的。否则，消费者仍会继续增加对消费者边际效用大的商品的购买量，直到其单位边际效用下降到与其他商品一样。

基数效用论认为消费者实现效用最大化的条件是：如果消费者的货币收入水平是固定的，市场上各种商品的价格是已知的，消费者的嗜好也是一定的，那么消费者应该使自己所购买的各种商品的实际效用与价格之比相等。或者说，消费者应使自己花费在各种商品上的每一元钱所带来的边际效用相等，这时也是消费者的最优选择，效用最大化的基本条件又称等边际准则。

（1）消费者均衡条件的理论分析

假定消费者用既定的收入 I 购买 n 种商品，P_1、P_2、$\cdots$、P_n 分别为 n 种商品的既定价格，λ 为不变的货币的边际效用。以 X_1、X_2、$\cdots$、X_n 分别表示 n 种商品的购买量，MU_1、MU_2、$\cdots$、MU_n 分别表示 n 种商品的边际效用，则消费者效用最大化的均衡条件可以用公式表示为

$$P_1X_1+P_2X_2+\cdots+P_nX_n=I \qquad （限制条件） \qquad (4\text{-}2)$$

$$\frac{MU_1}{P_1}=\frac{MU_2}{P_2}=\cdots=\frac{MU_n}{P_n}=\lambda \qquad （均衡条件） \qquad (4\text{-}3)$$

如果以两种商品为例，当 $MU_1/P_1 < MU_2/P_2$ 时，对于消费者来说，同样的一元钱购买到商品 1 所得到的边际效用小于购买商品 2 所得到的边际效用，这样，理性的消费者就会调整这两种商品的购买数量，减少对商品 1 的购买量，增加对商品 2 的购买量。在调整过程中，消费者减少对商品 1 的购买量带来的商品 1 的边际效用的总效用是增加的。当消费者将其购买组合调整到同样一元钱购买这两种商品，所得到的边际效用相等，即 $MU_1/P_1 = MU_2/P_2$ 时，消费者得到最大效用。

相反，当 $MU_1/P_1 > MU_2/P_2$ 时，说明对于消费者来说，同样的一元钱购买到商品 1 所得到的边际效用大于购买商品 2 所得到的边际效用。同理可知，消费者也会进行与前面相反的调整过程，即增加对商品 1 的购买，减少对商品 2 的购买，直至 $MU_1/P_1 = MU_2/P_2$ 时，消费者得到最大效用。

当 $MU_1/P_1 < \lambda$，说明消费者用一元钱购买商品 1 所得到的边际效用小于所付出的一元钱的边际效用，即消费者对商品 1 的购买量过多，这样，理性的消费者就会减少对商品 1 的购买，在边际效用递减规律的作用下，直至 $MU_1/P_1 = \lambda$。

当 $MU_1/P_1 > \lambda$，说明消费者用一元钱购买商品 1 所得到的边际效用大于所付出的一元钱的边际效用，即消费者对商品 1 的购买量不足，这样理性的消费者就会增加对商品 1 的购买，在边际效用递减规律的作用下，直至 $MU_1/P_1 = \lambda$。

（2）消费者均衡条件实例分析

在此以表 4.3 为例，进一步说明消费者均衡的条件。

表 4.3　消费者的边际效用表

商品数量（Q）	1	2	3	4	5	6	7
商品 X 的边际效用（MU_X）	11	10	9	8	7	6	5
商品 Y 的边际效用（MU_Y）	19	17	15	13	12	10	8

在表 4.3 中，假设某消费者在某一时期内将 8 元钱全部用于商品 X 和商品 Y 的购买，两个商品的价格分别为 P_X 元、P_Y 元。那么，能给消费者带来最大效用的购买组合是什么？

在商品的边际效用 MU 连续下降时，消费者只有使每一元钱所带来的效用最大，最后才能使总效用最大。根据表 4.3，理性的消费者将会用第一元钱购买第一单位的商品 Y，由此得到 19 效用单位，而不会用第一元钱去购买第一单位的商品 X，因为这样只能得到 11 效用单位。同理，根据追求最大效用的原则，他将用第二、第三、第四和第五元钱去购买第二、第三、第四和第五单位的商品 Y，分别获得 17、15、13 和 12 效用单位。再用第六元钱去购买第一单位的商品 X，获得 11 效用单位。最后，用第七、第八元钱去购买第二单位的商品 X 和第六单位的商品 Y，这时分别花费在这两种商品上的最后一元钱所带来的边际效用是相等的，都是 10 效用单位。至此，该消费者的全部收入 8 元都用完了，并以最优购买组合 $X = 2$ 单位和 $Y = 6$ 单位，实现了效用最大化的均衡条件。

$$P_X Q_X + P_Y Q_Y = 1 \times 2 + 1 \times 6 = 8$$

$$\frac{MU_X}{P_X} = \frac{MU_Y}{P_Y} = \frac{10}{1} = \lambda$$

此时消费者获得的最大的总效用为

$$TU = TU_X + TU_Y = （19 + 17 + 15 + 13 + 12 + 10） + （11 + 10） = 107$$

4.2.4　边际效用理论的应用

边际效用理论得到了较为广泛的应用，在此主要讨论：货币的边际效用、需求曲线的推导、消费者剩余。

1. 货币的边际效用

基数效用论者认为，货币同商品一样具有效用，消费者用货币购买商品，就是用货币的效用去交换商品的效用。货币的边际效用是指每增加或减少一单位的货币收入，所增加或减少的效用。商品的边际效用是递减的，货币收入的边际效用也是递减的。也就是说，随着消费者货币收入的逐步增加，每增加一元钱给消费者带来的边际效用是越来越小的。当然，同样数量的货币收入，对穷人和富人来讲，其边际效用有很大的差别。

2. 需求曲线的推导

以边际效用递减规律和建立在此规律上的消费者效用最大化的均衡条件为基础，推导出消费者的需求曲线。

（1）理论推导

商品的需求价格是指消费者在一定时期内对一定量的某种商品所愿意支付的最高价格。基数效用论者认为，商品的需求价格取决于商品的边际效用。也就是说，如果某一单位的某种商品的边际效用越大，则消费者为购买这一单位的该种商品所愿意支付的最高价格就越高；反之，如果某一单位的某种商品的边际效用越小，则消费者为购买这一单位的该种商品所愿意支付的最高价格就越低。由于边际效用递减规律的作用，随着消费者对某一种商品消费量的连续增加，该种商品的边际效用不断减少。相应的，消费者为购买此商品所愿意支付的最高价格即需求价格也是越来越低的。因此，单个消费者的需求曲线呈向右下方倾斜的趋势。

（2）数值推导

根据消费者效用最大化的均衡条件进行分析，考虑消费者购买一种商品的情况，那么上述消费者均衡条件可以写为

$$\frac{MU}{P} = \lambda \qquad\qquad （4\text{-}4）$$

式（4-4）表示消费者对任何一种商品的最优购买量应该是使最后一元钱购买该商品

所带来的边际效用和所付出的这一元钱的货币的边际效用相等。该式还意味着，由于对于任何一种商品来说，随着需求量的不断增加，边际效用 MU 递减，于是为了保证式（4-4）均衡条件的实现，在货币的边际效用 λ 不变的前提下，商品的需求价格 P 必然随着 MU 的递减而同比例递减。

以前面的表 4.2 为例来说明，假定表中 $\lambda = 2$。为了实现 $MU/P = \lambda$ 的均衡条件，当商品的消费量为 1 时，边际效用为 30，则消费者为购买第 1 单位的商品所愿意支付的最高价格为 15（即 $30 \div 2 = 15$）。当商品的消费量增加为 2 时，边际效用为 20，则消费者为购买第 2 单位的商品所愿意支付的最高价格也同比例的降为 10，商品的消费量增加为 3 时，边际效用进一步递减为 10，消费者为购买第 3 单位的商品所愿意支付的最高价格降为 5。显然，商品的需求价格 P 必然随着 MU 的递减而同比例递减。

如图 4.4 所示，横轴表示商品的数量，纵轴表示商品的价格，需求曲线 $Q = f(P)$ 是向右下方倾斜的，表示商品的需求量随着商品价格的上升而减少，随着商品价格的下降而增加，即商品的需求量与商品的价格呈反方向变动。

运用边际效用递减规律的假定和消费者效用最大化的均衡条件，推导出了单个消费者的需求曲线，同时解释了需求曲线向右下方倾斜的原因，而且说明了需求曲线上的每个点都是满足消费者效用最大化均衡条件的商品-需求量组合点。

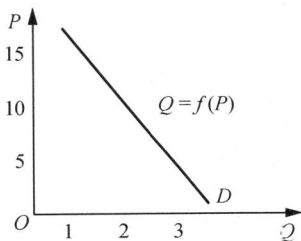

图 4.4　需求曲线

由于市场需求曲线是单个消费者的需求曲线的水平加总，所以，如同单个消费者的需求曲线一样，市场需求曲线一般也是向下倾斜的。市场需求曲线表示某种商品市场在一定时期内，在各种不同的价格水平下，所有消费者愿意而且能够购买的该商品的数量。更重要的是，市场需求曲线上的每个点都表示在相应的价格水平下，可以给全体消费者带来最大的效用水平或满足程度的市场需求量。

3. 消费者剩余

（1）消费者剩余的概念

消费者剩余是指消费者从商品中得到的满足程度超过了其实际付出的价格部分，即消费者剩余是消费者在购买一定数量的某种商品时愿意支付的货币额和实际支付的货币额之间的差额。在消费者购买物品时，消费者对每一单位物品所愿意支付的价格并不等于该物品在市场上的实际价格。事实上，消费者在购买物品时是按实际的市场价格支付的，于是，在消费者愿意支付的价格和实际的市场价格之间就可能产生一个差额，这个差额便构成了消费者剩余的基础。例如，某种蛋糕的市场价格为 3 元，某消费者在购买第一个蛋糕时，他认为值得付 5 元去购买这个蛋糕，即他愿意支付的价格为 5 元。于是当这个消费者在以市场价格 3 元购买这个蛋糕时，就产生了额外的 2 元的剩余。如果在以后的购买过程中，该消费者购买第二个、第三个、第四个蛋糕所愿意支付的价格分别为 4.50 元、4.00 元和 3.50 元。这样，他为购买四个蛋糕所愿意支付的最高总金额为 17 元（5.00＋4.50＋4.00＋3.50＝17），但他实际按市场价格支付的总金额为 12 元（3.00× 4＝12），两者的差额为 5 元（17－12＝5），这个差额就是消费者剩余。也正是从这种感觉上，他认为购买 4 个蛋糕是值得的，能使自己的状况得到改善。

（2）用需求曲线衡量消费者剩余

消费者剩余可以用需求曲线的图形来表示，即消费者剩余可以用消费者需求曲线以下、市场价格线之上的面积来表示，如图 4.5 所示的阴影部分面积。

在图 4.5 中，需求曲线 D 表示消费者对每一单位商品所愿意支付的价格。假定该商品的市场价格为 P_0，消费者的购买量为 Q_0，那么根据消费者剩余的定义，可以推断，在销售量从 O 到 Q_0 区间需求曲线以下的面积表示消费者为购买 Q_0 数量的商品所愿意支付的总货币额，即相当于图中的面积 $OABQ_0$；而消费者实际支付的货币额为市场价格 P_0 乘以购买量 Q_0，即相当于图中的矩形面积 OP_0BQ_0。这两块面积的差额即图中的阴影部分面积，就是消费者剩余。

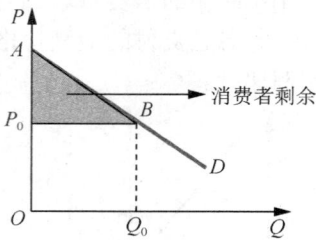

图 4.5　消费者剩余

图 4.5 只是利用单个消费者的需求曲线来表示和衡量单个消费者剩余，这一分析可以扩展到整个市场。类似地，我们可以由市场的需求曲线得到整个市场的消费者剩余，市场的消费者剩余可以用市场需求曲线以下、市场价格线以上的面积来表示和衡量。

实际上，消费者剩余并不是实际收入的增加，而是消费者的主观心理评价，它反映消费者通过购买和消费商品所感受的状态的改善。生活必需品的消费者剩余大，因为消费者对这类商品的效用评价高，愿意支付的价格也高，但是这类商品的市场价格一般并不高。

（3）价格对消费者剩余的影响

一般认为，消费者剩余反映了市场中的消费者的经济福利。为了考察价格如何影响消费者剩余，从而了解消费者的经济福利，在此以价格下降为例来进行解释。

假设最初的价格为 P_1，消费者购买量为 Q_1，这时，消费者剩余为图 4.6 中的三角形 ACP_1 的面积。若其他因素不变，产品价格从 P_1 下降到 P_2 时，如图 4.7 所示，需求量从 Q_1 增加到 Q_2，消费者剩余增加到三角形 ABP_2 的面积。

从图 4.7 中可以看出，产品价格下降使消费者剩余增加，即消费者的福利增加了，增加的消费者剩余为图中 P_1P_2BC 的面积。增加的消费者剩余，一部分来自原来消费者由于现在支付减少而带来的消费者剩余增加，即图中 P_1P_2DC 的面积；另一部分来自在较低的价格下吸引新的消费者（或购买量的增加，即图 4.7 中的三角形 BCD 的面积）。

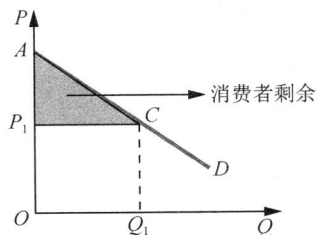

图 4.6　价格为 P_1 时的消费者剩余

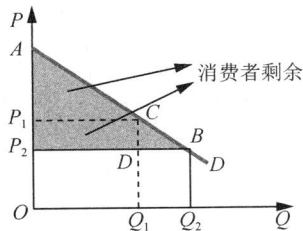

图 4.7　价格为 P_2 时的消费者剩余

4.3　无差异曲线分析

序数效用论者用无差异曲线分析方法来考察消费者行为，并在此基础上推导出消费者的需求曲线，阐述需求曲线的经济含义。

4.3.1　无差异曲线

1. 无差异曲线的含义

在现实生活中，消费者在消费两种可相互替代的商品 X 和 Y 时，有多种选择，可以多消费一点 X 而少消费一点 Y；或少消费一点 X 而多消费一点 Y。如果这两种组合的选择为其带来的效用相同，则说明消费者在这两种组合之间是无差异的。

无差异曲线是用来表示两种商品的不同数量组合给消费者带来的效用是完全相同的一条曲线。无差异曲线表示消费者的偏好。

假定消费者消费食品和衣服，若衣服的价格因某种原因上升而食品的价格不变甚至下降时，如果该消费者本来消费 10 单位的衣服和 1 单位的食品，现在也许会多买些食品而少买些衣服，但仍可得到同样的满足程度。假定食品和衣服有不同的组合，如表 4.4 所示。

表 4.4　衣服和食品的不同组合

组　　合	衣服（Y）	食品（X）
A	10	1
B	6	2
C	4	3
D	2.5	4

表 4.4 给出了衣服和食品两种商品有 A、B、C、D 等四种数量不同的组合，但是每种组合提供的效用水平是相等的，或者说是无差异的。把表中所反映的内容在同一坐标图上表示出来，即可得到一条无差异曲线。用横轴表示食品的数量，用纵轴表示衣服的

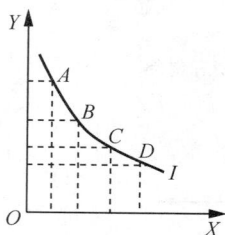

图 4.8　无差异曲线

数量，每一组合均由图上的一点（如 A、B、C、D）表示，连接各点的连线就是无差异曲线，如图4.8所示。

在任一坐标平面上，可以画出无数条无差异曲线，西方经济学家把这种由无数条无差异曲线组成的坐标图称为无差异曲线图。

2. 无差异曲线的特征

无差异曲线的特征如下：

1）无差异曲线向右下方倾斜。无差异曲线的斜率反映了消费者愿意用一种物品替代另一种物品的比率。在大多数情况下，消费者两种物品都喜欢，因此如果要减少一种物品的量，为了使消费者同样满足就必须增加另一种物品的量。由于这个原因，大多数无差异曲线向右下方倾斜。

2）对较高的无差异曲线的偏好大于较低无差异曲线。同一条无差异曲线代表相同的效用，不同的无差异曲线代表不同的效用。离原点越远的无差异曲线代表的效用越大；离原点越近的无差异曲线所代表的效用越小。例如，在图4.9中，I_1、I_2、I_3 是三条不同的无差异曲线，分别代表不同的效用水平，其效用大小依次为 $I_1 < I_2 < I_3$。当消费 Y_0 数量的商品 Y 时，则消费商品 X 的数量越多，效用水平越高。

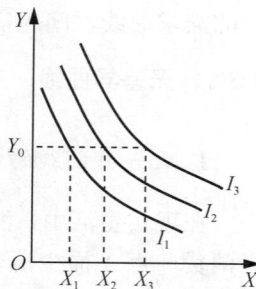

图 4.9　无差异曲线

3）同一平面上的不同无差异曲线不能相交或相切。假设两条无差异曲线相交，那么交点同时在两条无差异曲线上。由于不同的无差异曲线表示不同的满足程度，这就意味着交点所代表的同一个商品组合对于具有一定偏好的同一个消费者来说有不同的满足程度，这显然是不可能的。因此，无差异曲线不能相交。

4）无差异曲线是凸向原点的。这一特点是由商品的边际替代率递减规律所决定的。边际替代率是无差异曲线的斜率，边际替代率递减也就是无差异曲线的斜率在减小。这样，无差异曲线的左上移斜率较大从而比较陡峭，而其右下移斜率较小从而比较平坦。两部分曲线结合在一起，曲线自然就凸向原点了。

3. 商品边际替代率

（1）商品边际替代率定义

商品边际替代率（MRS）是指在维持效用水平不变的前提下，消费者增加某种商品的消费数量与所需要放弃的另一种商品的消费数量之比。商品 X 和商品 Y 的边际替代率的定义公式为

$$\text{MRS}_{XY} = \frac{Y商品的减少量}{X商品的增加量} = -\frac{\Delta Y}{\Delta X} = -\frac{dY}{dX} \tag{4-5}$$

式中：MRS_{XY}——商品 X 和商品 Y 的边际替代率；

　　　 ΔX ——商品 X 的变化量；

　　　 ΔY ——商品 Y 的变化量。

由于 ΔX 是增加量，ΔY 是减少量，两者的符号肯定是相反的，所以为了使 MRS_{XY} 的计算结果是正值，以便于比较，就在公式中加了一个负号。

（2）商品的边际替代率递减规律

商品的边际替代率递减规律是指在维持效用水平不变的前提下，随着一种商品的消费数量的连续增加，消费者为得到每一单位的这种商品所需要放弃的另一种商品的消费数量是递减的。之所以会普遍发生商品的边际替代率递减的现象，其原因在于随着一种商品的消费数量的逐步增加，消费者想要获得更多的这种商品的愿望就会递减，从而他为了获得一单位的这种商品而愿意放弃的另一种商品的数量就会越来越少，从几何意义上讲，由于商品的边际替代率就是无差异曲线的斜率的绝对值，所以边际替代率递减规律决定了无差异曲线的斜率的绝对值是递减的，即说明无差异曲线是凸向原点的。

4. 无差异曲线的特殊形状

无差异曲线的形状表示在维持效用水平不变的前提下，一种商品对另一种商品的替代程度。边际替代率递减规律决定了无差异曲线的形状是凸向原点的，这是无差异曲线的一般形状。无差异曲线还可能存在下面两种特殊情况：

1）完全替代品的情况。完全替代品指两种商品之间的替代比例是固定不变的，因此在完全替代的情况下，两种商品之间的边际替代率就是一个常数，相应的无差异曲线是一条斜率不变的直线。例如，在某消费者看来，一个面包和一个蛋糕之间是无差异的，两者总是可以以 1∶1 的比例相互替代。完全替代品的无差异曲线如图 4.10 所示。

2）完全互补品的情况。完全互补品指两种商品必须按固定不变的比例同时被使用的情况。因此，在完全互补的情况下，相应的无差异曲线为直角形状。例如，一副眼镜架必须和两个镜片同时配合，才能构成一副可供使用的眼镜。完全互补品的无差异曲线如图 4.11 所示。

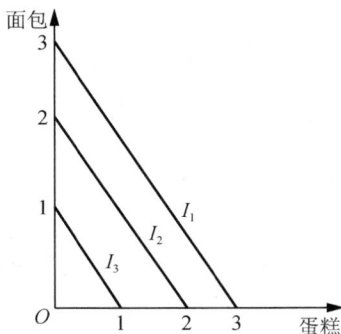

图 4.10 完全替代品的无差异曲线

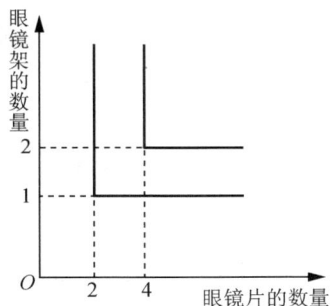

图 4.11 完全互补品的无差异曲线

4.3.2 预算线

1. 预算线的含义

预算线又称为消费可能线或等支出线，它是一条表明在消费者收入与商品价格既定的条件下，消费者所能购买到的两种商品数量最大组合的线。无差异曲线表示的是消费者的主观愿望，而预算线则是表示消费者实际消费的最大可能。

预算线表明了消费者消费行为的限制条件，这种限制就是购买商品所花的钱不能大于收入也不能小于收入。大于收入在收入既定条件下是无法实现的，小于收入则无法实现效用最大化。这是一个限制条件，同时也是预算线的方程

$$I = P_{x} \cdot Q_{x} + P_{Y} \cdot Q_{Y} \tag{4-6}$$

式中：I——消费者收入；

　　　P_{x}、Q_{x}——分别代表商品 X 的价格与数量；

　　　P_{Y}、Q_{Y}——分别代表商品 Y 的价格与数量。

预算线是一条直线，其斜率为 $-P_{x}/P_{Y}$。假设某消费者收入 $I=60$ 元，他面临着两种商品 X 和 Y，价格分别为 $P_{x}=20$ 元，$P_{Y}=10$ 元。那么，全部收入都用来购买商品 X 可以得到 3 个单位，如果全部用来购买商品 Y，则可购买 6 个单位。据上述公式得：$60=20Q_{x}+10Q_{Y}$，所以有：$Q_{Y}=-2Q_{x}+6$。由此做出预算线如图 4.12 所示，图中直线 AB 就是预算线。

该线上的任何一点都是在收入与价格既定的条件下，能够买到的 X 商品与 Y 商品的最大数量的组合。例如，在 C 点，购买 4 单位 Y 商品和 1 单位 X 商品，正好用完 60 元（$10×4+20×1=60$ 元）。在预算线内任一点消费都是可以实现的，例如，在 D 点，购买 2 单位 Y 商品和 1 单位 X 商品只用了 40 元（$10×2+20×1=40$ 元），但并不是最大数量组合；而在预算线外任一点消费都是无法实现的，例如，在 E 点，购买 4 单位 Y 商品、2 单位 X 商品，这时要支出 80 元（$10×4+20×2=80$），超过了既定的收入 60 元，消费无法实现。

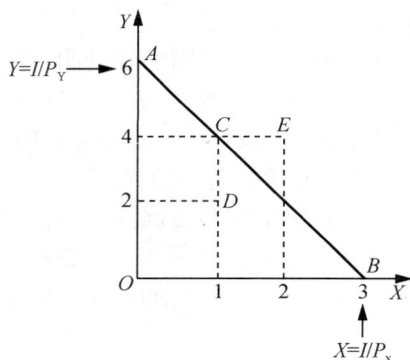

图 4.12　预算线

2. 收入和价格对预算线的影响

图 4.12 中的预算线是以消费者的收入和商品价格既定为条件，消费者所购买的不同商品的组合。所以，如果消费者的收入和价格发生变化，消费者的预算也会随之变动，具体变动如下：

1）商品价格既定，消费者货币收入变动，预算线的位置会发生平移。由于商品的价格未变，预算线的斜率相同。如果货币收入增加，消费者可以购买更多的同比例的商品 X 和商品 Y，预算线向右上方平行移动；如果货币收入减少，预算线向左下方平行移动，如图 4.13 所示。

如果消费者的收入不变，商品的价格同比例同方向变化时，预算线的位置也会发生平移，因为两种商品价格同比例同方向的变化并不影响预算线的斜率，所以预算线的变化情形与图 4.13 相同。

2）货币收入既定，商品价格相对变动，预算线旋转。由于商品价格发生了变动，预算线斜率发生了改变，预算线不再平行移动。如图 4.14 所示，Y 商品的价格不变，X 商品的价格下降时，X 商品的购买数量由 A_0 变化到 A_1，预算线外旋；如果 X 商品价格上升时，X 商品的购买数量由 A_0 变化到 A_2，预算线内旋。

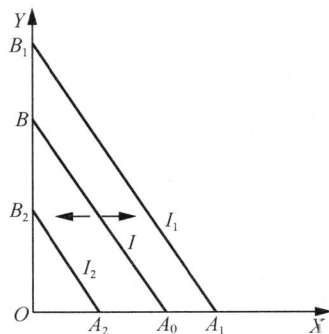

图 4.13　收入变化预算线的变动

类似的在图 4.15 中，X 商品的价格不变，Y 商品的价格变化时，预算线在 Y 轴上的交点将会上移或下移。

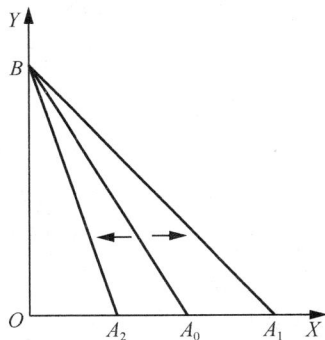

图 4.14　商品 X 价格发生变化

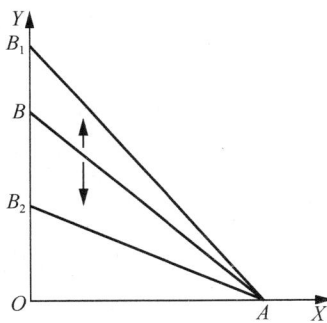

图 4.15　商品 Y 价格发生变化

4.3.3　消费者均衡

序数效用论者在说明消费者均衡时，也是以消费者收入、商品价格以及消费者偏好为既定，以消费者为理性消费为前提的。把无差异曲线与预算线绘制在一个图上，那么，预算线必定与无差异曲线中的一条切于一点 E，在这个切点上就实现了消费者均衡。只有在这一点上，X 和 Y 商品的组合才能达到在收入和价格既定的条件下效用最大。

在图 4.16 中，I_1、I_2、I_3 是三条无差异曲线，效用大小的顺序 $I_1 < I_2 < I_3$。消费者要想获得较大满足，总希望尽可能将预算线与无差异曲线的交点向右上方移动，但是由于

受消费者收入和商品价格的限制，预算线不能无限的向右上方移动。假设图中 AB 为预算线，因为一个坐标里面有无数条无差异曲线，那 AB 与 I_2 相切，同时与 I_1 相交于 C 和 D。尽管在 C 和 D 两点上所购买的 X 商品与 Y 商品的数量也是收入与价格既定条件下最大的组合，但 $I_1 < I_2$，在点 C 和 D 时，X 商品与 Y 商品的组合并不能达到最大效用。在 I_3 上满足水平较高，但消费者现有收入无法达到。由此看来，只有在 E 点处才能实现消费者均衡，此时消费的商品数量组合为，X 商品消费数量为 X_e 单位，Y 商品消费数量为 Y_e 单位。

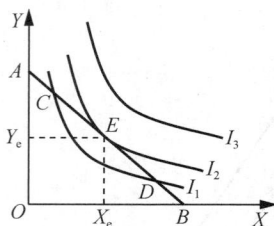

图 4.16 消费者均衡

最后，找出消费者效用最大化的均衡条件。在切点 E，无差异曲线和预算线两者的斜率是相等的。前面讲解过，无差异曲线斜率的绝对值就是商品的边际替代率 $MRS_{XY} = dY/dX$，预算线斜率的绝对值可以用两商品的价格之比，即 $Y/X = P_X/P_Y$ 来表示。由此，在均衡点 E 有

$$MRS_{XY} = \frac{P_X}{P_Y} \qquad (4\text{-}7)$$

式（4-7）就是消费者效用最大化的均衡条件，表示在一定的预算约束下，为了实现最大的效用，消费者应该选择最优的商品组合，使得两商品的边际替代率等于两商品的价格之比。也就是说，在消费者的均衡点上，消费者愿意用一单位的某种商品去交换的另一种商品的数量应该等于该消费者能够在市场上用一单位的这种商品去交换得到的另一种商品的数量。

4.3.4 价格变化和收入变化对消费者均衡的影响

上一节在假定消费者的偏好、收入和商品的价格这三个因素不变的条件下分析消费者的均衡。实际上，以上三个因素都有可能发生变化。只要以上三个因素中的任何一个发生变化，都会导致无差异曲线或预算线的变动，最后使得消费者的均衡点的位置发生变化。其中有价格-消费曲线、收入-消费曲线，下面我们一一说明。

1. 价格-消费曲线

在消费者的偏好、收入以及其他商品价格不变的条件下，与某一种商品的不同价格水平相联系的消费者的预算线与无差异曲线的相切点的连线，即消费者效用最大化均衡点的轨迹，便是价格-消费曲线（price consumption curve，PCC）。以图 4.17 为例来说明价格-消费曲线的形成。

在其他条件不变的情况下，假定只有商品 X 的价格 P 发生变化，那么，这会对消费者的均衡产生什么影响呢？

假定商品 X 的初始价格为 P_1，相应的预算线为 AB_1，它与无差异曲线 I_1 相切于 E_1 点，E_1 点就是消费者的一个均衡点。再假定商品 X 的价格由 P_1 下降为 P_2，相应的预算

线由 AB_1 移至 AB_2，于是，预算线 AB_2 与另一条较高的无差异曲线 I_2 相切于均衡点 E_2。同理，若假定商品 X 的价格由 P_1 上升为 P_3，预算线由 AB_1 移至 AB_3，于是，预算线 AB_3 与另一条较低的无差异曲线 I_3 相切于均衡点 E_3。商品 X 的价格发生变化，导致预算线 AB_1 以 A 点为圆心，进行顺指针或逆时针旋转。从而，在商品 X 的每个价格水平上，总可以找到一个与之相对应的消费者的均衡点。随着商品 X 价格的不断变化，就可以找到无数个消费者的均衡点，它们的轨迹就是价格-消费曲线，即图 4.17 中的曲线 PCC。

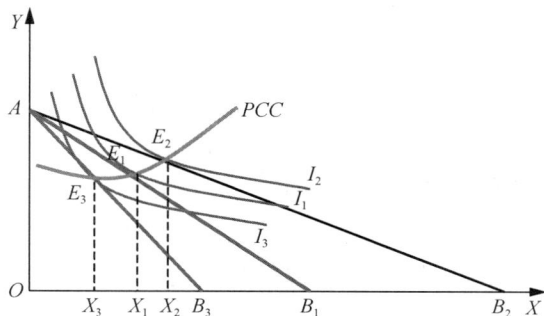

图 4.17　价格-消费曲线

2. 消费者的需求曲线推导

由消费者的价格-消费曲线可以推导出消费者的需求曲线。

分析图 4.17 中价格-消费曲线 PCC 上的三个均衡点 E_1、E_2 和 E_3，可以看出，在每一个均衡点上，都存在着商品 X 的价格与商品 X 的需求量之间一一对应关系。在均衡点 E_1，商品 X 的需求量为 X_1，假设商品 X 的价格为 P_1；在均衡点 E_2，商品 X 的需求量由 X_1 增加为 X_2，商品 X 的价格由 P_1 下降到 P_2；在均衡点 E_3，商品 X 的需求量由 X_1 减少为 X_3，商品 X 的价格由 P_1 上升为 P_3，根据商品 X 的价格和需求量之间的这种对应关系，把每一个价格和相应的均衡点上的商品均衡数量竖直绘制在商品的价格-数量坐标上，便可以得到单个消费者的需求曲线。这就是图 4.18 中的需求曲线 $X=f(P)$。图 4.18 中的横坐标表示商品 X 的数量，纵坐标表示商品 X 的价格 P。图 4.18 中的需求曲线上的 A、B、C 点分别和图 4.17 中的价格-消费曲线上的均衡点 E_1、E_2、E_3 相对应。

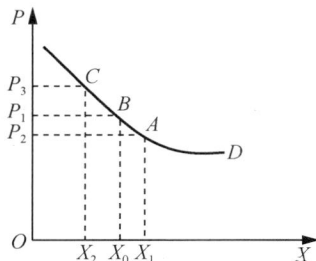

图 4.18　消费者需求曲线

需求曲线向右下方倾斜的，它表示商品的价格与需求量呈反方向变动。从序数效用论者对需求曲线的推导过程中，也可以清楚地看到：需求曲线上与每一价格水平相对应的商品需求量都是可以给消费者带来最大效用水平或满足程度的需求量。

3. 收入-消费曲线

收入-消费曲线（income consumption curve，ICC）是指在两种商品的价格水平之比为常数的情况下，每一收入水平所对应的两种商品最佳购买组合点组成的轨迹。

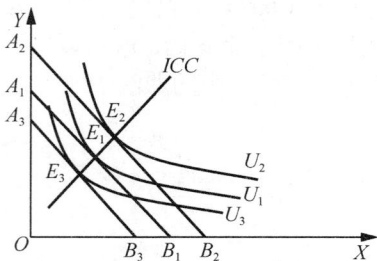

图 4.19 表明，收入增加，消费者可以购买的商品或劳务增加，由于商品或劳务的价格没有发生变动，因而预算线 A_1B_1 将会向右上方移至 A_2B_2 的位置；同理，当消费者的收入下降时，预算 A_1B_1 将会向左下方移至 A_3B_3。与此同时，预算线的改变会与无差异曲线有一系列的相切点，如图 4.19 中的 E_1、E_2、E_3。显然，每一种收入的变动都会得到一个相应的切点，将这些切点用光滑的线连接起来形成一条曲线，成为收入-消费曲线，表示由于消费者收入变动所引起的消费者均衡点变动的轨迹。

图 4.19　收入-消费曲线

◆ **基本技能训练**

1．请调查为什么在三年自然灾害期间，一些农民将收入全部用来购买红薯，而当红薯的价格见底时期消费量却减少了，并分析在这种情况下红薯是正常品、低档品还是吉芬商品？请结合图形解释你的理论。

2．讨论两种商品 X、Y，当 Y 商品的价格上升，消费者的收入增加，消费者的均衡点会怎样变化？

3．假设小张对可乐的需求状态是，每瓶卖价 4 元时，小张对可乐的需求是 3 瓶。现在假设小张对第一瓶可乐愿意支付 8 元，第二瓶可乐他愿意支付 4 元钱。讨论并计算消费者剩余是多少，然后作图说明。

4．案例分析。

水　的　效　应

每一个城市居民交纳的水费，由供水费和排水费两部分组成。排水费又称污水处理费，是居民为治理生活污水交纳的费用。上海是我国第一个开征居民排水费的城市，上海物价部门于 2004 年 5 月召开了排水费调整听证会，准备将居民排水费由每吨 0.7 元提高到每吨 1 元，上调 40%。

在上海准备调整水价的同时，北京也在酝酿提高水价。为加强水资源管理，北京新成立了统一管理水务局。北京市水务局局长表示：我们要进一步提高水价。更主要的是实行阶梯式水价，确保百姓需求，考虑经济上的困难人群，把水价确定在基本适宜的标准，在这基础上实行多用水加价，如果使用超过一定数量，水的价格可能将成倍提高。

问题：

（1）居民用水与水的价格是一种什么关系？

（2）水是生命之源，离开水人类将无法生存。那么对水的需求是否会完全无弹性呢？

（3）水价上涨能否行之有效地减少人们的用水量，这说明水的需求弹性是怎么样的呢？

◆ 信息传递

劣等商品、正常商品和吉芬商品的区别

1. 劣等商品

在经济学上，劣等商品指其收入效应使得实际收入增加导致需求量减少的商品。简单地说，就是当一个人的实质收入增加后，将购买更少的该物品，以较佳的代替品取代。如长途汽车（相对飞机），快餐食品（相对餐厅）。在日常用语中，劣等商品亦指质量有问题的货品。

根据无差异曲线，一个消费者购买一件物品的数量可以增加、减少或不变。在图 4.20 中，物品 X 是正常物品。因为当收入从预算线 L_1 上升至 L_2，X 的购买量由 X_1 上升至 X_2。而物品 Y 则是劣等商品，因为当收入上升，其购买量由 Y_1 下跌至 Y_2，如图 4.20 所示。

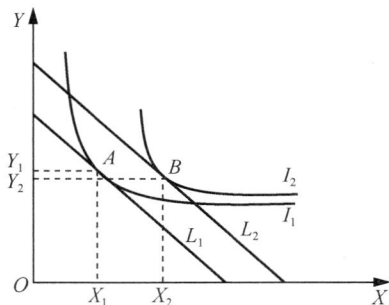

图 4.20　收入对劣等商品需求的影响

2. 正常商品

（1）正常商品的含义

正常商品是指随着收入增加而需求量上升或随着收入减少而需求量降低的商品。这里的收入是指实际购买力，而不是名义价格的变化。正常商品的价格与需求量成反方向运动关系，劣等商品是随着实际收入增加而需求量减少的商品。但对于大多数劣等商品来说，依然是价格下降，需求量上升，因为它们之间的正向需求替代效应大于它们之间的负向需求收入效应。

（2）正常商品的效应分析

正常商品的收入效应指当商品价格发生变化时，人们的实际收入将呈反方向变化，人们对该商品的需求量与实际收入呈同方向变化。

正常商品的替代效应指当某商品的价格发生变化时，由于需求规律的影响，人们将增加或减少其他商品的需求量（同价格变化的方向相同）来替代对该商品的需求量。正常商品的效应分析如图 4.21 所示。

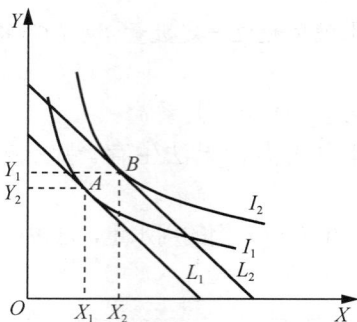

图 4.21 收入对正常商品需求的影响

3. 吉芬商品

吉芬商品（Giffen goods）是一种特殊的低档商品。作为低档商品，吉芬商品的替代效应与价格呈反方向变动。吉芬商品的特殊性就在于，它的收入效应的作用很大，以至于超过了替代效应的作用，从而使总效应与价格呈同方向变动，这也就是吉芬商品的需求曲线呈现出向右上方倾斜的特殊情况的原因。

吉芬商品是以经济学家吉芬的名字命名的一种特殊商品。随着价格的上升，市场对其需求量增加。吉芬商品首先必须是劣等物品，并且是可以被替代的，在静态的价格需求曲线上，随着价格和需求同升同降的商品。当 Y 商品的价格上升，预算线由 L_2 变为 L_1，最优选择点由 B 点变化为 A 点，这时 Y 商品的需求量由 Y_2 增加到 Y_1。即商品自身价格上升，需求量增加，如图 4.22 所示。

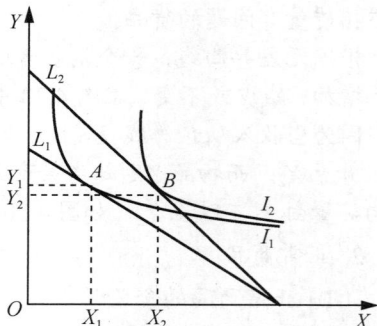

图 4.22 商品价格对吉芬商品需求的影响

但是吉芬商品与其说是一种商品，不如说是一种现象，到底什么才是吉芬商品，正确的吉芬商品例子如下：对于过去的西方人来说，土豆是一种廉价的主食，当土豆和其他食物（比如肉类）的价格恒定的时候，穷人消费土豆的量是一定的，但是一旦土豆价格下降，由于土豆变便宜了，所以花费比原来更少的钱就可以买到和原来一样多的土豆，穷人的生活一般来说是没有什么结余的，由于土豆降价了，他们就没必要买原来一样多的土豆，这个时候他们很可能会选择减少土豆的需求量，凑钱去购买比土豆昂贵的替代品（例如，原来一天只吃十个土豆正好吃饱，现在土豆降价了，只买八个，剩下的钱，正好可以买一块肉回家，当然买十个土豆也能剩下些钱，但肯定比八个土豆情况下买的少，而且一样正好吃饱肚子，又不会因为吃十个土豆再吃肉而吃撑），由于静态下需求曲线是可逆的，在这个瞬间，土豆要是价格反弹，那么穷人马上回到原来的消费结构上去。这才是真正意义上的吉芬商品。

但是土豆的这种价格同需求的同方向移动现象并不是一直存在的，确切地说，应该是需求曲线的某一段产生了向上的现象，也就是说当土豆价格高到一定程度，需求又开始下降，因为这个时候穷人连土豆都吃不起了。所以吉芬商品并不是指其需求曲线永远向上，而是需求曲线带有这种反常现象的商品。

（资料来源：http://wiki.mbalib.com）

■■■■■■■■■■■■■■■■■■■■■■ 小结与练习 ■■■■■■■■■■■■■■■■■■■■

小结

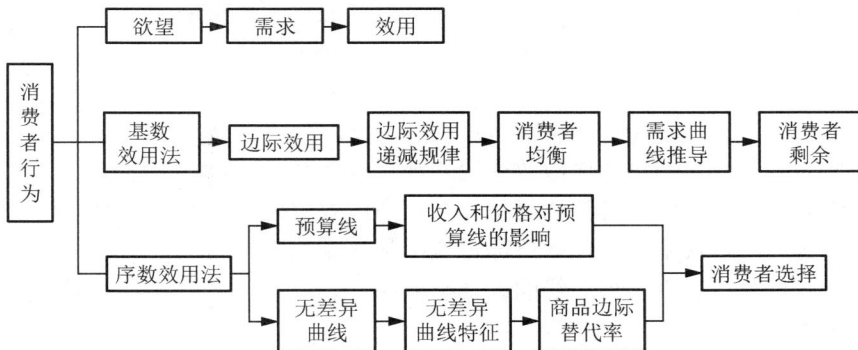

练习

一、单项选择题

1. 预算线的位置和斜率取决于（　　　）。
   A. 消费者的收入　　　　　　　　B. 消费者的收入和商品价格
   C. 消费者的偏好　　　　　　　　D. 消费者的偏好、收入和商品的价格
2. 无差异曲线的形状取决于（　　　）。
   A. 消费者的偏好和收入　　　　　B. 消费者的收入和商品的价格
   C. 消费者的偏好、收入和商品的价格 D. 消费者的偏好
3. 总效用曲线达到最高点时（　　　）。
   A. 边际效用曲线达到最高点　　　B. 边际效用为零
   C. 边际效用为正　　　　　　　　D. 边际效用为负
4. 无差异曲线的斜率被称为（　　　）。

A. 边际替代率　　　　　　　　　　B. 边际技术替代率

C. 边际转换率　　　　　　　　　　D. 边际效用

5. 消费者收入增加可能会使（　　）。

　　A. 无差异曲线向右移动　　　　　B. 预算线的斜率变小

　　C. 预算线的斜率变大　　　　　　D. 需求量增加

6. 消费者剩余是（　　）。

　　A. 消费者获得的总效用

　　B. 消费者消费不完的商品

　　C. 消费者购买商品所得到的总效用与支付的货币的总效用之差

　　D. 消费者支付的货币的总效用

7. 消费者预算线发生平移时，连接消费者均衡点的曲线称为（　　）。

　　A. 收入-消费曲线　　　　　　　　B. 价格-消费曲线

　　C. 需求曲线　　　　　　　　　　D. 恩格尔曲线

二、问答题

1. 简要说明基数效用论和序数效用论的观点有什么不同。

2. 基数效用论认为消费者的均衡是什么？序数效用论认为消费者的均衡是什么？

3. 什么是边际替代率？为什么边际替代率是递减的？

4. 什么是预算线？影响预算线的因素有哪些？

三、计算题

1. 假定小张只买牛奶和点心：

（1）4 月份小张赚了 100 元，牛奶为每盒 2 元，点心每份 4 元。画出小张的预算线。

（2）假定 5 月份牛奶和点心的价格都上升了 10%，而小张的月薪也增加了 10%。画出小张的新预算线。与 4 月份的预算线相比，5 月份的预算线会如何？

2. 假定主队篮球的门票需求可表示为 $P=50-0.00166Q$。P 表示每个座位的价格，Q 代表每场比赛卖出的票数，体育馆的容量是 25 000 个座位。求当价格为 15 元时卖出的门票数量，以及此时的消费者剩余。

第5章
生产者行为理论与实践

教学目标

知识目标：

● 能够掌握生产要素的内容，熟悉规模效益的内涵，掌握生产函数和边际收益递减规律，明确成本的含义及分类等。

能力目标：

● 能够运用边际收益递减规律，初步解释生产者的生产行为，并能够准确分析生产者实现利润最大化的原则。

引导案例

"徽商"使兰溪繁荣

明清时的兰溪素有"七省通衢"之称，后来还有"小上海"的美誉。在这个开放的商埠里，有30多个码头，沿江20里停满了成片的木排和竹筏。在各地前来兰溪的商人中，徽商就占了1/3。由于徽商善于经商、能吃苦、进取心强，兰溪当地的一些老字号开始聘请他们当中的一些人掌管店铺，其中，坊间最著名的要数清朝乾隆年间的"祝裕龙布店"。作为当年金华、衢州等地最大的布店，老板祝丹山首次委托徽商经营、管理布店。此后，徽商掌舵的祝裕龙布店一直延续了七代，全盛时资金达百万银两，繁荣了近200年。那么，一个企业要维持良好的生产经营，需要哪些生产要素呢？

案例点评：

从上述案例中可以看出，一个企业要维持良好的生产经营，需要的生产要素无非是生产中所使用到的各种资源，比如老板及伙计和工人的劳动；经营布店所需要的资金；生产布匹所需要的厂房、原材料和机器设备以及老板引进的各种人才等。

◆ 基本知识点

5.1　生产及生产要素

我们来分析家庭和个人如何做出消费决策，消费者在消费决策时总是想方设法实现效用最大化，实现消费者均衡。那么生产者呢？生产者在进行各种决策时，其主要的依据和目的是什么呢？那就是利润最大化。本章我们将分析厂商如何实现利润最大化。

5.1.1　生产

所谓生产，就是指一切能够创造或增加效用的人类活动，是对各种生产要素进行组合以制成产品的行为，即把投入变成产出的过程。例如，煮饭就可以看作一种简单的生产过程。它需要投入米、水、电能、劳动力等生产因素，经过一定的操作程序，将大米加工成米饭这一产品。所以，从这个意义上来说，生产就是各种生产要素组合并制成产品的过程，产品是各种生产要素组合的结果。

生产者又称厂商，是指能够做出统一生产决策的单个经济单位。厂商可以是个人企业、合伙企业或公司。不管什么形式的厂商组织，都被假定是追求最大利润，即假定厂商买进生产要素从事生产经营是为了使总收入（产销量与其价格的乘积）与总成本（投入的生产要素与其价格的乘积）之间的差额达到最大。这就要求：要么是既定产量情况下成本最小，要么是成本既定情况下产量最大。这里，一方面涉及生产要素与产量之间的物质技术关系，另一方面涉及生产要素价格构成的成本问题。

5.1.2　生产要素

生产要素是指生产中使用的各种资源。传统的生产要素包括劳动（L）、资本（K）、土地（N），后来比较普遍的观点是把企业家的才能（E）也列为生产要素，有些观点甚至认为企业家才能才是利润的真正来源。从我们导入现象的资料分析企业的生产和经营，企业家才能的确是一个十分重要的生产要素。

劳动是指人类在生产过程中提供的体力和智力的总和。土地不仅指土地本身，还包括地上和地下的一切自然资源，如森林、江河湖海和矿藏等。资本可表现为实物形态或货币形态，实物形态又称为资本品或投资品，如厂房、机器设备、动力燃料、原材料等；资本的货币形态通常称为货币资本，即以货币形式存在，并以投资增值为目的的货币。企业家才能是企业家组织建立和经营管理企业的能力。通过对生产要素的运用，厂商可以提供各种实物产品，如房屋、食品、机器、日用品等，也可以提供各种无形产品，如理发、医疗、教育、旅游服务等。

在当前的知识经济时代，有人提出，知识也应列入生产要素的范畴。生产要素在知识经济时代又可以分成两类：外生性生产要素和内生性生产要素，其中三种传统（劳动、土地、资本）的生产要素被称为是外生性的生产要素，而知识（也有观点认为是技术）和企业家才能则属于内生性的生产要素。在我国当前强调经济增长方式转变的市场环境下，内生性的要素在经济中的地位越来越重要。

5.1.3　短期和长期

微观经济学在研究生产时将生产中生产要素的投入分为固定投入和可变投入两种。固定投入是指一定时期内数量不随产量变化而变化的投入，如产房、设备等。可变投入是指一定时期内数量随产量变化而变化的投入，如原材料、劳动等。根据这一划分，在具体分析生产者行为时，生产理论分为短期生产理论和长期生产理论。

所谓短期和长期，在这里并不是指一个具体的时间跨度，而是指厂商通过调整生产规模即调整全部生产要素的投入数量来实现调整产量的目的所需要的时间长度。

生产上的短期（short run）是指有一种或多种生产要素是固定投入，厂商来不及调整生产规模以调整产量，而只能在既定生产规模内通过调整可变投入调整产量。在短期内，固定投入的数量不变，变动的只是使用强度。短期生产函数主要研究产出量与投入的变动要素之间的关系，以确定单一可变要素的最佳投入量。

生产上的长期（long run）是指所有要素都是可变投入，企业不存在固定投入。在长期中，由于生产规模发生变化，包括短期固定投入在内的所有投入都是可变的。长期生产函数主要研究产出量与所有投入要素之间的数量关系，以确定多种要素之间的最优化组合及对生产规模大小进行经济性分析。

例如，某产品的市场需求由于某种原因一下子扩大，短期内，厂商可以通过让工人加班加点等方式提高现有设备生产率，扩大生产规模，满足增长的市场需求。

短期与长期之间并没有特定的区分标准（例如，以一年为界），要视具体情况而定。一般来说，重工业的固定投入较大，由短期到长期的过渡远远慢于轻工业；而租用设备的企业，由短期到长期的过渡又远远快于需要自制大型专用设备的企业。例如，对一个汽水摊而言，长期可能仅意味着一两天；而在化工业或汽车制造业中则意味着五年，甚至更长的时间。

5.1.4　生产函数

在西方经济学中，厂商被假定为是合乎理性的经纪人，厂商提供产品的最终目的在于追求最大利润，这是所有厂商做出决策的基础（在现实观察中，我们可能会看到许多厂商不追求最大利润的例子，但从长远看，这一假设是合理的）。

厂商进行生产的过程就是从生产要素的投入到产品的产出的过程。为了达到追求最大利润的目的，厂商必须做出三个基本的决策：①供给多少产出（产量）；②如何生产（使用什么样的生产技术）；③每种要素投入的数量是多少。

厂商一旦决定生产多少产品，其所选择的生产方法（技术）就决定了厂商的要素投入需求。如一家家电企业决定这个月的液晶电视的产量是 5000 台，在现有的生产技术条件下，企业知道需要多少生产工人，用多少电，购买多少原材料和半成品，要动用几条生产线。类似的，当企业的生产技术既定时，任何一组要素的投入数量都决定能够生产出来的产量。显然，改变生产技术将改变投入量和产出量之间的关系。同样是 100 名工人，手工打磨的劳斯莱斯一年的产量只有几百辆，然而其被宝马兼并后，用现代化的生产线一年可以生产上万辆。在这里我们看到生产过程中生产要素的投入量和产品的产出量之间的关系是可变的，这种变化当然取决于企业所掌握的生产技术水平。

然而，除了生产技术以外，还有其他因素也会影响投入与产出之间的关系。我们已经知道，企业在生产的过程中涉及的四种生产要素是相互作用的，不是某一种要素独立完成了生产过程，这四种要素的配合情况也会影响我们生产的技术效率。例如，我们可以设想一下让两个司机在晚上同时开一辆出租车，司机是劳动力，出租车则是资本要素。两个司机开一辆车固然提高了安全性，但显然从效率来讲是失败的，因为多了一个人的投入没有得到更多的产出。这就是我们在生产函数里所要研究的问题，即在不考虑技术进步的情况下，各种要素的投入比例在生产过程中如何配合，以求实现生产的技术效率。

生产函数（production function）表示在一定时期内，在技术水平不变的情况下，生产中所用的各种生产要素的数量与所能生产的最大产量之间的数量关系。假定以 Q 代表总产量，L、K、N、E 分别代表劳动、资本、土地、企业家才能，则生产函数的一般形式为 $Q=f(L, K, N, E)$。一般来说，在分析生产要素与产量的关系时，以土地为代表的自然资源是既定的，企业家才能难以估算。因此，生产函数又可以简化为 $Q=f(K, L)$，它代表在一定技术水平下，生产 Q 的产量，需要一定数量劳动与资本的组合。同样，在劳动与资本的数量与组合为已知时，也就可以推算出最大的产量。

由于生产上有短期和长期之分，我们也将生产函数分为短期生产函数和长期生产函数。在短期内，假设资本数量不变，只有劳动可随产量变化，则生产函数可表示为 $Q=f(L)$，这种生产函数可称为短期生产函数。在长期，资本和劳动都可变，则生产函数可表示为 $Q=f(K, L)$，这种生产函数可称为长期生产函数。任何一个生产者为追求利润最大化，都要考虑如何以最低成本的生产要素组合及最优要素组合来进行生产。那么怎样的要素组合是优化的？我们从简单的短期生产函数开始分析。

1. 短期生产函数

短期生产函数是指在资本投入不变的情况下，产出量与劳动投入之间的关系。

（1）总产量、平均产量、边际产量

从企业的生产函数出发，我们能够列出三个重要的产量概念：总产量、平均产量和边际产量。

总产量（total product，TP）是指企业在一个既定时期内生产的产品的总量。

平均产量（average product，AP）是指平均每单位生产要素投入所生产的产量。如果用 Q 表示生产要素的投入量，平均产量可用公式表示为

$$AP = TP/Q \tag{5-1}$$

边际产量（marginal product，MP）是指在其他投入保持不变的情况下，由于新增一单位的投入而生产出来的产量或产出。如果用 ΔTP 表示总产量的变化量，用 ΔQ 表示某种生产要素的变化量，则边际产量可用公式表示为

$$MP = \Delta TP / \Delta Q \tag{5-2}$$

假定劳动和资本是生产某种产品所需要的两种生产要素，其中，劳动是可变的，资本是固定的，则短期生产函数可以表示为 $Q = f(L)$。

表 5.1 给出了一种可变投入（劳动）的生产函数所表示的投入和产量之间的关系。

表 5.1　一种可变投入（劳动）的生产

劳动投入（L）	资本投入（K）	总产量（TP）	平均产量（AP）	边际产量（MP）	生产阶段
0	10	0	0	0	
1	10	6	6	6	I
2	10	13	6.5	7	
3	10	21	7	8	
4	10	28	7	7	
5	10	34	6.8	6	II
6	10	38	6.3	4	
7	10	38	5.4	0	III
8	10	37	4.6	−1	

在表 5.1 中，劳动的平均产量（average product of labor，AP_L）是指每单位劳动投入所带来的产出，由总产量 TP 除以总劳动投入 L 得出，即

$$AP_L = TP/L \tag{5-3}$$

劳动的边际产量（marginal product of labor，MP_L）是指增加或减少一单位劳动所带来的总产量的变化。用公式表示为

$$MP_L = \Delta TP / \Delta L \tag{5-4}$$

根据表 5.1 可以作出如图 5.1 所示的总产量曲线 TP_L、平均产量曲线 AP_L 和边际产量曲线 MP_L。

在图 5.1 中，纵轴 P_L 表示产量，横轴 L 表示劳动量。在图 5.1 中可以看到，总产量曲线 TP_L、平均产量曲线 AP_L 和边际产量曲线 MP_L 具有以下特点：

1）三条曲线都呈倒 U 形，即随着劳动量 L 的上升，总产量、平均产量和边际产量都是先上升后下降。其中，总产量的极大值在 $L=7$ 时得到，极大值为 $TP_L=38$。平均产量的极大值在 $L=4$ 时得到，极大值为 $AP_L=7$。边际产量的极大值在 $L=3$ 时得到，极大值为 $MP_L=8$。

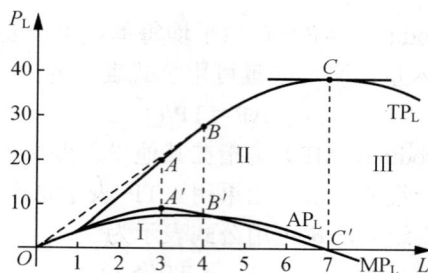

图 5.1　总产量、平均产量和边际产量

2）边际产量曲线与平均产量曲线有着密切的关系。边际产量曲线与平均产量曲线相交于平均产量曲线的最高点 B'。在 B' 点的左边，即在平均产量的递增阶段，边际产量大于平均产量。在 B' 点的右边，即在平均产量的递减阶段，边际产量小于平均产量。例如，一家印刷厂只有一名雇员，他每天能生产 6 单位的产量。因而最初的劳动平均产出为 6；现在，一名效率更高的雇员被聘入公司，他每天能生产出 7 单位的产量，其劳动的边际产量为 7，这高于平均产出 1，而两名雇员共能完成 13 单位的产量，新的平均产出上升至6.5。类似地，当边际产出小于平均产出时，平均产出将下降。在上面的例子中，假设这两名雇员受雇的先后次序恰好相反，第一名雇员的平均产出为 7，第二名雇员的边际产出为 6，边际产出 6 小于平均产出 7，则新的平均产出下降至 6.5。再如，某人六门考试的平均分是 86 分，如果下一门考试的成绩是 75 分，其平均成绩就会下降，但是不会下降到75 分，实际上只是下降到 84.4 分。而如果其下一门考试得了 95 分，此人平均成绩就会升高到 87.3 分。

因为在平均产出的上升阶段，边际产出曲线处于平均产出曲线之上，在平均产出的下降阶段，边际产出曲线处于平均产出曲线之下。因此，在平均产出达到极大值时，边际产出一定等于平均产出，即①当 $MP_L > AP_L$ 时，则 AP_L 递增；②当 $MP_L < AP_L$ 时，则 AP_L 递减；③当 AP_L 达到最高点时，$AP_L = MP_L$。

3）边际产量曲线与总产量曲线也有着明显的对应关系。当边际量等于 0 时，即边际产量曲线与横轴相交于 C' 点时，总产量取最大值；边际产量大于 0 时，总产量处于递增阶段；边际产量小于 0 时，总产量处于递减阶段。

（2）边际收益递减规律

西方经济学家常说，边际收益递减规律（law of diminishing return）是一个非常重要的规律，它像圣经一样经常被应用又常常被曲解。那么，边际收益递减规律究竟是怎么样一个规律呢？

根据西方经济学厂商行为理论，在技术水平和其他生产要素投入量不变的条件下，连续增加一种生产要素的投入量，起初该生产要素的边际产量逐渐递增，但是当该要素投入量超过一定临界值后，其边际产量就会逐渐递减，甚至变为负数，这就是著名的"边际收益递减规律"（law of diminishing marginal revenue，或译为"边际报酬递减规律"，又名"边际产量递减规律"）。例如，在图 5.1 中，起初相对于可变投入（劳动）而言，由于不变投入（资本）相对过多，增加劳动量会使劳动的边际产量增加，劳动的边际产量处于递增阶段，这时总产量、边际产量随劳动量的增加而增加；当 $L=3$ 时，劳动和资本的配合比例最佳，劳动的边际产量达到最大；当 $L=4$ 时，由于不变投入（资本）有限，如果继续增加可变投入（劳动），会出现人浮于事的现象，一部分员工的工作会变得缺乏效率，劳动的边际产出下降，总产量虽然增大，但却以递减的比率上升；当 $L=7$ 时，劳动的边际产量为 0，总产量大，此时如果再增加劳动投入，当劳动的边际产量为负值，总产量不仅不会增加，反而会递减，特别要注意的是：

1）不要把劳动投入增加时的边际收益递减规律与劳动质量可能性变化混淆（如有人认为，首先被雇用的员工素质最高，最后被雇用的员工素质最低），在我们对生产的分析中，假设所有的劳动者素质是等同的。边际收益递减是由于其他固定投入品（如机器）的使用限制造成的，并非由于员工素质的下降所致。

2）边际收益递减规律发生于技术条件给定的场合。一段时间以后，发明和其他技术的改进可能会使图 5.2 中的总产量曲线整个上移，在同样的投入下生产出更多的产品。

起初，总产量曲线为 O_1，但技术改进后，总产量曲线开始上移，先至 O_2，最后至 O_3。在此过程中，劳动投入增加，产出也增加，似乎不存在着边际收益递减问题。但在每一条总产量曲线上，在投入超过 6 以后，都呈现出劳动边际收益递减规律。

边际收益递减规律普遍存在，在农业生产中变现得最为突出。例如，给某一块农田施肥，开始时，随着肥料的增加，土壤结构得到改善，产量会逐渐提高；但如果不断地施加肥料，以至于超过了农田的需要，就会使农田的产量不仅不会增加，反而会下降。

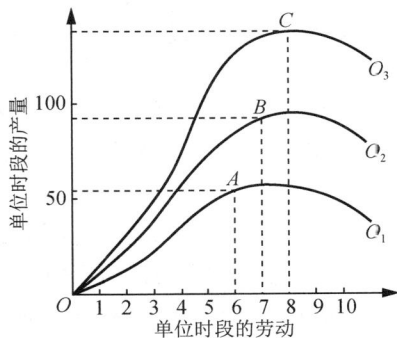

图 5.2　技术改进的效应

边际收益递减规律的原因是：在任何产品的生产过程中，可变生产要素投入量和固定生产要素投入量之间都有一个最佳的组合比例。开始时，由于可变要素的投入量为零，而不变要素的投入量所能达到的最大生产能力远远没有得到充分地利用，所以最先增加的可变要素投入量可以使边际量递增，可变要素投入量继续增加到某一值时，可变要素的边际产量将达到最大值，此时可变生产要素投入量和固定生产要素的投入量组合就达到最佳组合比例。此后，可变要素投入量的继续增加只会使生产要素的组合越来越偏离最佳组合比例，可变要素的边际产量便呈现递减的趋势了。

（3）一种生产要素（劳动）的合理投入区域

生产要素既然存在着边际收益递减规律，那么追求利润最大化的生产者如何选择要素投入量来进行生产呢？

为确定一种生产要素的合理投入量，根据总产量、平均产量、边际产量曲线的特点，可将产量的变化划分为三个区域，即平均收益递增阶段、平均收益递减阶段、负边际收益阶段，如图 5.1 所示。

第 I 阶段，边际产量从零上升到最高点，生产函数在第 I 阶段，随着劳动要素投入的不断增加，平均产量不断增加，边际产量大于平均产量，即 $MP_L > AP_L$。在这一阶段，和不变投入（资本）相比，可变投入（劳动）不足，一部分固定生产要素没有被充分利用，因此，相对于变动的生产要素而言，每增加一个单位的可变投入（劳动）都可以提高平均产量。换句话说，追求利润最大化的生产者不会将生产停留在这一阶段的任何产量上，他必须要增加可变投入（劳动），扩大生产。虽然对一种特定的生产要素来说，收益最好时边际产量最大，但对全部投入的生产要素而言，收益最好时平均产量最大，所以生产要素投入在达到平均产量最高点以前不应停止投入。

第 II 阶段，边际产量从最高点下降至零。在此阶段，平均产量从最高点开始递减，边际产量亦递减但却大于零，因此，增加可变投入（劳动）仍可增加总产量。此外，在这一阶段，由于增加可变投入（劳动）使边际产量以递减趋势增加，因而边际产量小于平均产量。

第 III 阶段，边际产量小于零，并继续下降。在此阶段，平均产量从最高点开始递减，边际产量亦递减但却大于零，因此，增加可变投入（劳动）可以提高总产量。这种情况表明在这一阶段，相对于不变投入（资本）而言，可变投入（劳动）太多，出现人浮于事的现象，因此，减少可变投入（劳动）将有利可图。当然理性生产者也不会将生产停留在这一阶段的任何产量上，他必然要减少可变投入（劳动），以提高生产效率。

从以上分析中可以看出，对于理性的生产者而言，生产函数在第 I、III 阶段都是不合理的生产阶段。因为第 I 阶段只要增加生产要素的投入，就可以增加产出，所以生产要素的投入不应停留在这一阶段，而生产函数第 III 阶段则因为随着生产要素投入的增加，产出不仅没有增加，反而减少，所以生产要素的投入也不应达到第 III 阶段，只有生产函数的第 II 阶段，才是生产要素投入的合理阶段，生产要素投入量究竟应该在这一阶段的哪一点，还需要引入生产要素与产品的价格，结合成本与收益进行分析。

2. 长期生产函数

上面讨论了只有一种可变投入（劳动）的生产，但实际上从长期来看，生产中的一切投入要素都是可变的，下面将进一步分析两种生产要素都可变条件下的长期生产函数。投入的比例和组合实际上是不同的，带来的产出量也是不同的。理性的生产者会选择最优投入组合进行生产，确定最优投入组合需要运用等产量线和等成本线。

（1）等产量线

1）等产量线的概念。等产量线是指一定的技术条件下，生产等量产品的两种生产要素所有可能的组合所形成的曲线。假设劳动 L 和资本 K 是生产某种产品需要投入的各种生产要素，它们之间可以相互替代，表 5.2 表示了两种可变投入下的生产。

表 5.2　劳动 L 和资本 K 投入

产量资本投入 ＼ 劳动投入	1	2	3	4	5
1	20	40	55	65	75
2	40	60	75	85	90
3	55	75	90	100	105
4	65	85	100	110	115
5	75	90	105	115	120

根据表 5.2 可以做出如图 5.3 所示的等产量线 Q_1，Q_1 上的每一点都表示同一产量 55 单位可以由不同的两种生产要素 K 和 L 进行组合。在 A 点，1 单位劳动与 3 单位资本结合得到 55 单位产量，而在 B 点，3 单位劳动与 1 单位资本的结合得到同样的产量。等产量 Q_2 代表的是产量为 75 单位时劳动与资本的各种组合，它位于 Q_1 右上方，因为要生产出更高的产量，必须投入更多的劳动和资本。等产量线 Q_3 表示的是产量为 90 单位时劳动和资本的各种组合，点 E 对应着 2 单位劳动和 5 单位资本的投入，而点 F 则对应着 3 单位劳动和 3 单位资本的投入。

2）等产量线的特征如下：①等产量线是一条向右下方倾斜的曲线，其斜率为负值，这说明为了生产相同的产量，两种投入的生产要素之间是有替代关系的，增加一种生产要素的投入，必须减少另外一种生产要素的投入，两种生产要素同时增加，资源既定时无法实现；两种生产要素同时减少，又不能保持相等的产量水平。②等产量线上任何一点代表一种生产要素投入的组合，虽然组合的方式各不相同，但功效相同，都是生产相等的产量。③在同一平面图上，可以有无数条等产量线，同一条等产量线代表相同的产量水平，不同的等产量线代表不同的产量水平，离原点越远的等产量线所代表的产量水平越高，离原点越

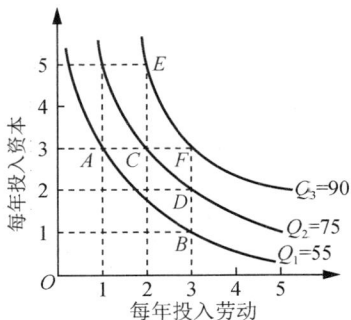

图 5.3　两种可变投入下的生产

近的等产量线所代表的产量水平越低，任意两条产量线都不会相交。④等产量线是一条凸向原点的曲线。这一点可用边际替代率来说明。⑤等产量线给出各厂商进行生产决策的可进行空间——为得到特定的产出，厂商可以使用的投入品组合。对于企业经理人员，有着十分重要的意义。如果劳动力成本提高了，企业就可以采用劳动节约型技术，也就是说，可以用资本代替劳动装配线，可以用机器代替人工以实现自动化，土地稀少的时候可以用资本代替土地。如果资本相对较为昂贵，企业也可以用劳动代替资本。总之，大部分商品和服务都可以采用不用的技术和方法来生产，所以企业都要做出的关键决策之一就是采用什么技术，以达到成本最小，利润最大。

（2）等成本线

生产者的目标是利润最大化，为实现这个目标，生产者要么在产量既定时使成本最小，要么在成本既定时使产量最大，也就是说，生产者不能任意选择产量最高的要素投入组合，他必须考虑成本，进而考虑要素价格。

等成本线表示在要素价格既定时，用一定的成本所构成两种生产要素之间的各种不同组合的轨迹，假设劳动 L 和资本 K 是生产某种产品所需要的两种要素，C 代表既定的成本水平，P_L、P_K 分别代表劳动和资本的价格，L、K 分别代表劳动和资本的投入量，那么，等成本线可以写成 $C = P_L \cdot L + P_K \cdot K$。

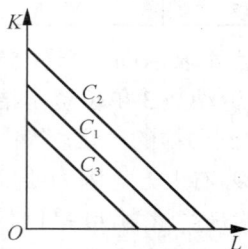

图 5.4　等成本线

如图 5.4 所示，等成本线和消费者行为中的预算线非常相似，图中每一条等成本线都代表一定价格下的生产总成本。如果生产要素价格不变，成本增加，等成本线向右上方平行移动；成本减少，等成本线向左下方平行移动。图 5.4 中，C_1 是原来的等成本线，当投入价格不变而成本增加时，C_1 将移动到 C_2；当成本减少时，C_1 将移动到 C_3。

等成本线的性质是等成本线的斜率的绝对值等于两种投入要素的价格之比，即

$$\frac{OK}{OL} = \frac{P_L}{P_K} \tag{5-5}$$

证明如下：

当 $L=0$ 时，等成本线中 K 为 OK，成本 $C_K = OK \cdot P_K$；

当 $K=0$ 时，等成本线中 L 为 OL，成本 $C_L = OL \cdot P_L$；

因为同一条等成本线上任何一点成本相等，即 $C_K = C_L$；

所以 $OK \cdot P_K = OL \cdot P_L$，即 $OK/OL = P_L/P_K$。

（3）最优化要素组合

在成本既定的条件下，如何选择最优的投入组合以生产最高的产量？或者，在既定的产量目标下，如何选择最优的投入组合，使生产成本最低？

根据等产量线与等成本线的定义，显然，既定等成本线与尽可能高的等产量线的切点表示在既定成本下的产量最大化，既定等产量与尽可能低的等成本线的切点表示在既定产量下的成本最小化。

首先分析产量一定、成本最小的情形，图 5.5 将等产量线和等成本线结合在一张图形上。图 5.5 中，C_1、C_2、C_3 代表三条不同的成本线，但等产量线 Q 只能和一条等成本线相切。图 5.5 中 Q 和 C_3 相交，和 C_2 相切，和 C_1 既不相交也不相切。从图 5.5 中可以看出，生产者只能选择等成本线 C_2；C_3 可以达到 Q 的产量水平却不符合经济原则。可见，用成本 C_2 生产既定产量 Q，既是可行的又是最经济的。

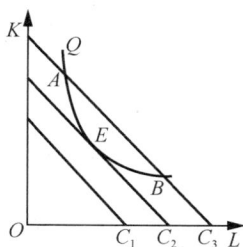

图 5.5　产量一定、成本最小的均衡

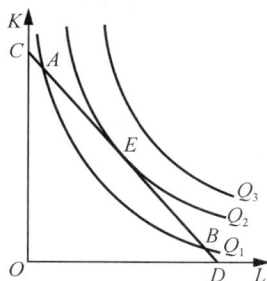

图 5.6　成本一定、产量最大的均衡

再来分析成本一定、产量最大的情形。如图 5.6 所示，Q_1、Q_2、Q_3 代表三条不同的等产量线，由于成本既定，所以只有一条等成本线。假定 CD 代表生产者在一定条件下的等成本线，CD 可以和许多等产量线相交，但只能和一条等产量线相切。图 5.6 中 CD 和 Q_1 相交，和 Q_2 相切，和 Q_3 既不相交也不相切。从图 5.6 中可以看出，生产者只能选择等产量线 Q_2，其原因在于，在既定成本约束下，生产者不可能达到 Q_3 的产量水平，虽然可以达到 Q_1 的产量水平，但这种生产不能使产量最大。因此，用既定成本 CD 生产产量 Q_2，既是可行的又是最经济的。

在图 5.5 和图 5.6 中，等产量线与等成本线的切点 E 叫做生产者均衡点，是生产者成本最小或产量最大的投入组合点。在生产者均衡点上，生产者实现利润最大化。与消费者均衡点一样，如果其他条件不发生变化，生产者愿意保持这种状态。

3. 生产的规模报酬

规模报酬是指在其他条件不变的情况下，企业内部各种生产要素按相同比例变化时所带来的产量变化。规模报酬是要说明，当生产要素同时增加了一倍，那么产量会有何变化？是增加一倍，增加多于一倍，还是增加少于一倍？这就出现了总产量变动的三种情形。

1）规模报酬递增。如果投入增加一倍，而产出的增加超过一倍，则称规模报酬递增。这种现象的出现或许是因为更大规模的生产使得劳动的分工更专业化，能充分利用大规模的厂房和先进的设备，汽车装配业是规模报酬递增的一个典型例子。

规模报酬递增是公共政策中的一个重要议题，如果某个产业存在规模报酬递增，那么一个大企业生产（以相对低的成本）比许许多多小企业（以相对高的成本）生产来的经济，但因为大企业可能会控制价格，因而需要考虑管理。例如，电力供应上就存在着规模报酬递增效应，这也是我们电力公司都是大型的、受管理的原因。

2）规模报酬不变。如果投入增加一倍，产出也增加一倍，则称规模报酬不变。此时，企业的经营规模不影响它的要素生产率，不管企业是大是小，企业投入的平均生产率和边际生产率都保持不变。此时，进行一种特定生产的企业很容易被"复制"，两个相同的企业得出的产量是原来的两倍。

3）规模报酬递减。产量增加的比例小于生产要素增加的比例，称为规模报酬递减。这种情形适用于一些大型企业。组织的复杂性和规模过于庞大带来了管理上的困难，这就降低了劳动和资本的生产率。工人与经理人员之间的交流变得困难，工作场所会变得更混乱无序，因此，规模报酬递减往往与任务协调的困难、维持管理者与工人之间有效交流的困难相关，或者是因为在一个大规模的企业中，人们难以施展他们的创业才能。

随着生产规模从小到大，企业一般会先后经历规模报酬递增、不变、递减三个阶段。由于大规模生产带来的生产效率和收益的提高，称为规模经济；由于规模太大引起生产效率和收益的下降，成为规模不经济；可以使收益达到最大值的规模，成为经济规模。

规模报酬在不同的企业和行业间有很大的差异。在其他条件相同的情况下，规模报酬越显著，一般来说该行业中企业的规模则越大。制造行业与服务行业相比规模报酬递增的可能性较大，因为生产制造需要较大的资本设备的投资，而服务行业更偏向劳动密集型。小型企业也能像大型企业那样有效地提供服务。

小案例

中国台湾企业家王永庆经营台湾塑料工业股份有限公司（简称台塑）的成功经验提供了一个典型的规模报酬案例。

台塑是王永庆成功经营的第一个大企业，这个企业生产 PVC 塑胶粉。开始时，该企业规模较小，月生产量仅为 100 吨，尽管产量低，但是仍然供大于求，台湾省内的需求仅为每月 20 吨。产量低，平均成本无法实现最低，价格居高不下，台湾仅有的 20 吨市场需求也被日本产品占领。如果扩大产量，产品销路又成问题。但王永庆知道，企业困难的关键在于产量上不去，平均成本降不下来。如果只考虑需求，减少产量，平均成本更高，更缺乏市场竞争力，因此，增大产量使平均成本降到最低是转败为胜的关键。于是，他决定把产量扩大到平均成本最低的月产 1200 吨，这时平均成本达到最低。而且，由于当时我国台湾省是世界烧碱的主要生产基地之一，生产烧碱中被弃之不用的氯气可用于生产 PVC。这样，在实现最低成本时，其货币成本还低于世界其他国家，有了这种优势可以打入世界市场，最终王永庆成功了。

王永庆的成功说明，在确定企业规模时，一定要达到平均成本最低的产量，即实现规模经济。其实我国汽车等行业价格较高就在于企业规模小，没有实现平均成本最低的产量。世界汽车公司的最低规模在 400 万辆/年以上，说明在这个规模时，平均成本才能最低。但我国最大的上海汽车制造厂产量也不过 20 万辆/年，这就难以实现规模经济，更别说走向世界了，能保住国内市场已属不易。

5.2 有关生产成本分析

无论是规模较大的公司还是规模较小的商店，它们的生产经营活动都会引起成本变化。厂商要做出切合实际的商业决策，需要知道生产产品的成本。萨缪尔森认为，成本是许多企业的核心，而迈克尔·波特则把成本领先作为组织竞争的重要战略。而且，企业要实现利润最大化的目标，必须全面考虑如何衡量总成本（total cost，TC）和总收入（total revenue，TR）的关系。

5.2.1 成本的含义及分类

1. 成本的含义

成本是指生产者对在生产中所需要的各种要素购买和使用的支付。在经济学中，生产要素包括劳动、土地、资本和企业家才能，所以成本包括资本、地租、利息和企业家才能的报酬。

2. 成本的分类

在短期内，由于生产要素不能全部根据生产规模变动进行调整，产品成本变动的特点是一部分费用可变、一部分费用相对不变。在短期成本分析中，主要研究由于产量变动所引起的总成本、平均成本和可变成本的变动规律，以及由此决定的企业生产经营规模的确定问题。

（1）总成本

总成本（TC）是指生产一定产量所需要的成本总额，它随产量的上升而上升。在短期内，总成本等于总固定成本加总可变成本；在长期中，总成本就是总变动成本。

（2）固定成本

固定成本（fixed cost，FC）又称不变成本，是指不随产量的变动而变动的成本。固定成本是一个常量，即使企业停产，也必须支付。固定成本包括借用资金的利息、租用厂房和设备的租金、固定资产的折旧费、停工期间无法解雇的雇员的薪金及保险费等。需要指出的是，在长期内厂商可以根据产量的要求调整全部的生产要素投入量，甚至进入或退出一个行业。在长期内，市场上所有的成本都是可变的。由此推论，但凡提及固定成本的生产一律属于短期生产的范畴。

（3）可变成本

可变成本（variable cost，VC）是指随着产出（产量）水平变动而变动的开支，包括原材料、工资和燃料，也包括不属于固定成本的所有成本。

在短期内，总成本等于固定成本与可变成本之和。总成本、固定成本和可变成本曲线如图 5.7 所示。

在图 5.7 中，FC 曲线是与横轴平行的一条直线，这是因为在短期内，固定成本不会随产量的变动而变动。VC 曲线是一条从原点出发且向右上方倾斜的曲线，表

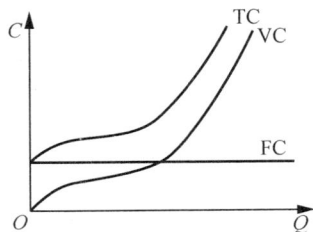

图 5.7 总成本、固定成本和可变成本曲线

示随产量的增加而增加，先以递减的速率增加，后以递增的速率增加。TC 曲线是产量为零时，固定成本的高度，它随产量变动向右上方倾斜，与 VC 的形状相加，与 VC 曲线之间的距离是 FC。

（4）边际成本

边际成本（marginal cost，MC）是成本概念中最重要的概念，它是指增加一单位产出所增加的成本。用公式表示为

$$边际成本 = \frac{总成本变动量}{产量变动量}$$

即

$$MC = \frac{\Delta TC}{\Delta Q} \tag{5-6}$$

例如，一个企业生产 100 张硬盘的总成本为 1000 元，如果生产 101 张硬盘的总成本为 1015 元，那么生产第 101 张硬盘的边际成本为 15 元。

边际成本曲线的变动取决于可变成本，因为所增加的成本只是可变成本，它的变动规律是：开始时，边际成本随产量的增加而减少；当产量增加到一定程度时，就随产量的增加而增加，短期边际成本曲线 SMC 是一条先下降后上升的"U"形曲线。

（5）平均成本

平均成本（average cost，AC）是厂商在短期内平均生产一单位产品所消耗的全部成本。用公式表示为

$$平均成本 = \frac{总成本}{产量} \tag{5-7}$$

即

$$AC = \frac{TC}{Q}$$

（6）平均可变成本

平均可变成本（average variable cost，AVC）是指厂商在短期内平均生产一单位产品所消耗的变动成本。用公式表示为

$$平均可变成本 = \frac{总可变成本}{产量} \tag{5-8}$$

即

$$AVC = \frac{TVC}{Q}$$

（7）平均固定成本

平均固定成本（average fixed cost，AFC）是厂商在短期内平均生产每一单位产品所消耗的固定成本。用公式表示为

$$平均固定成本 = \frac{总固定成本}{产量} \qquad (5\text{-}9)$$

即

$$AFC = \frac{TFC}{Q}$$

从表 5.4 第七列中，我们可以看到，AFC 在开始时很大，随着产量增加，AFC 越来越小。因为，有限的 FC 为越来越多的产量所分摊。

（8）会计成本与机会成本

会计成本（accounting cost）是指厂商在生产过程中按市场价格直接支付的一切费用，这些费用一般均可以通过会计账目反映出来。

机会成本（opportunity cost）是指生产者利用一定的资源获得某种收入时所放弃的在其他可能的用途中所能够获得最大的收入。

小案例

机会成本是人们进行选择时一种非常有用的工具。

王先生是某医院的牙科医生，年薪 8 万元。他的一个同事辞职后自己开了一家私人诊所，一年下来收入翻了一番，达到了 16 万元，王先生也想开一家私人诊所，这一选择是否对呢？通常经济学家会算这一笔账：第一，一个牙科医生开一家私人诊所一年收入 16 万元是否合算，要看他放弃了什么，或者说机会成本有多高。显然，在上述例子中，他首先放弃了 8 万元的年薪；第二，假定他自己拥有街面房屋，不用向外租赁。但该房屋只要出租，一年的租金是 6 万元（月租金 5000 元），这实际上也是开私人诊所所放弃的收入，应该计入机会成本；第三，开诊所购买医疗器械、日常用品需要资金，假定需要 20 万元，而且这 20 万元是自有资金，不用支付利息，但这笔钱倘若存在银行旦，年利率 3%，一年就有 6000 元利息，这又是一笔放弃的收入；第四，在医院工作，除薪水外，还可以享受公费医疗、住房公积金、养老保险等集体福利，假定这些集体福利一年有 1.5 万元，这些也是一笔放弃的收入。以上放弃的四笔收入共计 16.1 万元。得到 16 万元，机会成本是 16.1 万元，亏了 1000。如果考虑开私人诊所要花更多的精力用于经营和管理以及承担风险的因素，放弃的东西还要更多一些，因此经济学家得出的结论可能还是"商海无边，回头是岸"。

机会成本不同于会计成本，它不是做出某项选择时实际支付的费用或损失，而是一种观念上的成本或损失，是用来衡量做出某种选择所必须放弃的次优选择的价值。机会成本为社会进行资源配置提供了一个技术手段，通过机会成本分析，可以对定量资源的不同经营方向的投资效果进行比较择优，以实现资源利用最大化。运用机会成本这个工具，人们进行选择和决策会变得更加明智。机会成本往往无法用货币数额精确地计算，它只是告诉我们无论选择什么都要付出代价，选择实际上是权衡目标与代价，并做出判断，确定这种选择是否值得，尽量减少企业投资决策的风险性。

（9）显性成本和隐性成本

企业的成本可以分为显性成本（explicit cost）和隐性成本（implicit cost）两部分。

企业生产的显性成本是指厂商在生产要素上购买或租用所需要的生产要素的实际支出。例如，某厂商雇用了一定数量的工人，从银行取得了一定数量的贷款，并租用了一定数量的土地，为此，这个厂商就需要为工人支付工资，向银行支付利息，向土地出租者支付地租，这些支出便构成了该厂商的显性成本。从机会成本的角度讲，这些支出的价格必须等于这些相同生产要素使用在其他最好用途时所能得到的收入；否则，这个企业就不能购买或租用到这些生产要素，并保持对它们的使用权。

企业生产的隐性成本是指厂商自己所拥有的用于该企业生产过程的那些生产要素的总价格。例如，为了进行生产，一个厂商动用了自己的资金和土地，并亲自管理企业。经济学家指出，既然借用他人的资本需付利息，租用他人的土地需付地租，聘用他人来管理企业需付薪金，那么，同样道理，当厂商使用了自有生产要素时，也应该得到报酬。所不同的是，现在厂商是自己向自己支付利息、地租和薪金，所以，这笔价值就应该计入成本之中。由于这笔成本支出不如显性成本那么明显，故被称为隐性成本。隐性成本也必须从机会成本的角度按照企业自有生产要素在其他最佳用途中所能得到的收入来支付；否则，厂商会把自有生产要素转移出本企业，以获得更高的报酬。

5.2.2 有关成本间的换算关系

1. 固定成本、可变成本、总成本及边际成本

根据固定成本、可变成本、总成本及边际成本含义可得：$TC = FC + VC$，$MC = \Delta TC / \Delta Q$，如表 5.3 所示。

表 5.3 固定成本、可变成本、总成本及边际成本

产量（Q）	总成本（TC）	固定成本（FC）	可变成本（VC）	边际成本（MC）
0	2	2	0	—
1	3	2	1	1
2	3.8	2	1.8	0.8
3	4.4	2	2.4	0.6
4	4.8	2	2.8	0.4
5	5.2	2	3.2	0.4
6	5.8	2	3.8	0.6

表 5.3 说明了各种不同产量时的总成本。观察第一列和第二列，我们看到，TC 随着 Q 的上升而上升。这是因为生产某一商品的更多产量必须使用更多劳动和其他投入，增加的生产要素引起货币成本的增加。

在表 5.3 中，第三列为固定成本。由于 FC 是无论生产量如何都必须支付的，因此，

其数值为 2，保持不变。

在表 5.3 中，第四列为可变成本。根据定义，当 Q 为 0 时，VC 的起始值为 0。它是 TC 中随着产量增加而增加的部分。实际上，在任何两种产量之间，TC 的增加量就是 VC 的增加量，因为 FC 的数值一直不变。

表 5.3 的第五列中的 MC 数值来自于第二列中的 TC 减去前一单位的 TC。

除了可以从 TC 列中得到 MC 之外，我们还可以从表 5.3 中第四列的第一个 VC 数值与下一行中的 VC 相减而得到 MC。这是因为可变成本的增加永远和总成本的增加完全相同，唯一不同之处在于 VC 根据定义必须从 0 开始，而不是从 FC 水平开始。

2. 平均成本、平均可变成本、平均固定成本

因 TC＝FC＋VC，故可得 AC＝AFC＋AVC。

在表 5.4 第六列中，当产量仅为 1 个单位时，平均成本必然等于总成本，即 3/1＝3（元）。当产量为 2 时，平均成本为 3.8/2＝1.9（元）。应该注意，在开始时，平均成本越来越低，当产量为 7 时，AC 降到最低点，此后缓慢上升。

表 5.4　平均成本、平均可变成本、平均固定成本

产量	总成本	固定成本	可变成本	边际成本	平均总成本	平均固定成本	平均可变成本
0	2	2	0	—	—	—	—
1	3	2	1	1	3	2	1
2	3.8	2	1.8	0.8	1.9	1	0.9
3	4.4	2	2.4	0.6	1.47	0.67	0.8
4	4.8	2	2.8	0.4	1.2	0.5	0.7
5	5.2	2	3.2	0.4	1.04	0.4	0.64
6	5.8	2	3.8	0.6	0.966	0.333	0.633
7	6.6	2	4.6	0.8	0.943	0.286	0.657
8	7.6	2	5.6	1	0.95	0.25	0.7
9	8.8	2	6.8	1.2	0.98	0.22	0.76
10	10.2	2	8.2	1.4	1.02	0.2	0.82
11	11.8	2	9.8	1.6	1.07	0.18	0.89
12	13.6	2	11.6	1.8	1.14	0.17	0.97
13	15.6	2	13.6	2	1.2	0.15	1.05
14	17.8	2	15.8	2.2	1.27	0.14	1.13

5.3　企业收益与利润

和成本类似，收益也是企业经常用到的重要指标之一。它也有很多形式，不同形式

有不同的含义和作用。这里我们介绍几种相对重要的收益。

5.3.1 总收益、平均收益和边际收益

我们考察一个特定企业：苏军家庭奶牛场。苏军奶牛场生产牛奶量为 Q，并以市场价格 P 出售每一单位牛奶。奶牛场的总收益是 $P \times Q$。例如，如果一升牛奶卖 6 元，而且出售了 1000 升，那么，奶牛场的总收益就是 6000 元。

由于苏军的奶牛场与全国牛奶市场相比是微不足道的，所以，它接受市场给定的价格。这意味着，实际上牛奶的价格并不取决于苏军牛奶场生产并销售的牛奶数量。如果苏军使奶牛场生产的牛奶数量翻了一番，牛奶价格仍然是相同的，而且，其总收益也翻了一番。因此，总收益与产量同比例变动。苏军家庭奶牛场的收益情况，如表 5.5 所示。

表 5.5　苏军家庭奶牛场的收益

数量/升 （Q）	价格/元 （P）	总收益/元 （TR＝$P \times Q$）	平均收益/元 （AR＝TR/Q）	边际收益/元 （MR＝ΔTR/ΔQ）
1	6	6	6	—
2	6	12	6	6
3	6	18	6	6
4	6	24	6	6
5	6	30	6	6
6	6	36	6	6
7	6	42	6	6
8	6	48	6	6

表 5.5 中，前两列表示奶牛场生产的牛奶数量以及出售全部牛奶时的价格，第三列是奶牛场的总收益。

正如我们在 5.2 节中分析成本时，运用平均成本与边际成本的概念一样，当分析收益时，也要运用平均收益与边际收益的概念。为了说明这两个概念，我们要考虑以下两个问题：奶牛场生产普通的一升牛奶能得到多少利益？奶牛场额外生产一升牛奶能得到多少额外收益？表 5.5 中的后两列回答了这两个问题。

表 5.5 中的第四列表示平均收益，平均收益等于总收益除以产量。平均收益告诉我们企业从销售的一单位产量中平均得到了多少收益。在表 5.5 中，平均收益等于 6 元，即一升牛奶的价格。这说明了一个一般性的结论，这个结论不仅适用于竞争企业，而且也适用于其他企业，即总收益等于价格乘以产量（$P \times Q$），而平均收益等于总收益（$P \times Q$）除以产量（Q）。因此，在商品价格不变的前提下，对企业来说，平均收益等于销售商品的价格。

第五列表示边际收益，边际收益是每多销售一单位产量所引起的总收益变动量。在表 5.5 中，边际收益等于 6 元，即一升牛奶的价格。这说明了一个只适用于完全竞争市场中的结论，即总收益等于 $P \times Q$，而对完全竞争市场中的企业来说，P 是固定的。因此，

当 Q 增加一单位时，总收益增加 P 元。对完全竞争企业来说，边际收益等于销售商品的价格。当然，如果商品的价格是变动的，边际收益和平均收益未必等于销售商品的价格。

5.3.2　成本、收益与利润

某私营业主小王用自己的 20 万元资金办了一个服装厂，会计拿来会计报表，小王的经济学家朋友看了报表后制作了一张经济报表，如表 5.6 所示。

表 5.6　某服装厂的经济报表　　　　　　　　　　　单位：万元

会 计 报 表		经济学家的报表	
销售收益	100	销售收益	100
设备折旧	10	设备折旧	10
厂房租金	11	厂房租金	11
原材料	40	原材料	40
电力等	6	电力等	6
工人工资	25	工人工资	25
贷款利息	5	贷款利息	5
		业主应得的工资	3
		自有资金的利息	1
总成本	97	总成本	101
利润	3	利润	-1

从表 5.6 可以看出，经济学家与会计师计算的成本与利润不同，为什么？

1. 经济利润与会计利润

由于经济学家和会计师用不同的方法衡量利润。经济学家衡量企业的经济利润（economic profit），等于企业的总收益减去生产所销售物品与劳务的所有机会成本。会计师衡量企业的会计利润（accounting profit），等于企业的总收益减去企业的显性成本。

图 5.8 概括了这种差别，需要注意的是，由于会计师忽略了隐性成本，所以，会计利润往往大于经济利润。从经济学家的观点看，要使企业有利可图，总收益必须弥补全部机会成本，包括显性成本与隐性成本。

我们可以用公式表示利润与成本的关系，即

经济利润＝总收益－经济成本

　　　　＝总收益－（显性成本＋隐性成本）

　　　　＝总收益－显性成本－隐性成本

　　　　＝会计利润－隐性成本

　　　　＝会计利润－正常利润

　　　　＝超额利润

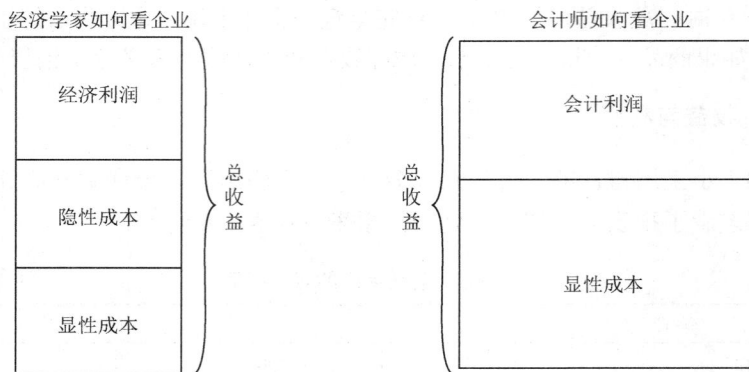

图 5.8 经济学家与会计师看企业的差别

2. 利润的图形衡量

利润等于总收益（TR）减去总成本（TC），即

$$利润 = TR - TC$$

在上式右边除以 Q 并乘以 Q，可以把上式改写为

$$利润 = (TR/Q - TC/Q) \times Q$$

TR/Q 是平均收益，它也等于价格 P，而 TC/Q 等于平均总成本 ATC。因此，得到

$$利润 = (P - ATC) \times Q \tag{5-10}$$

这种表述企业利润的方法使我们可以用图形来衡量利润，如图 5.9 所示。图 5.9（a）中阴影部分面积显示了一个盈利企业的（正）利润的大小。图 5.9（b）中的阴影部分面积显示了一个亏损企业的（负）利润的大小。

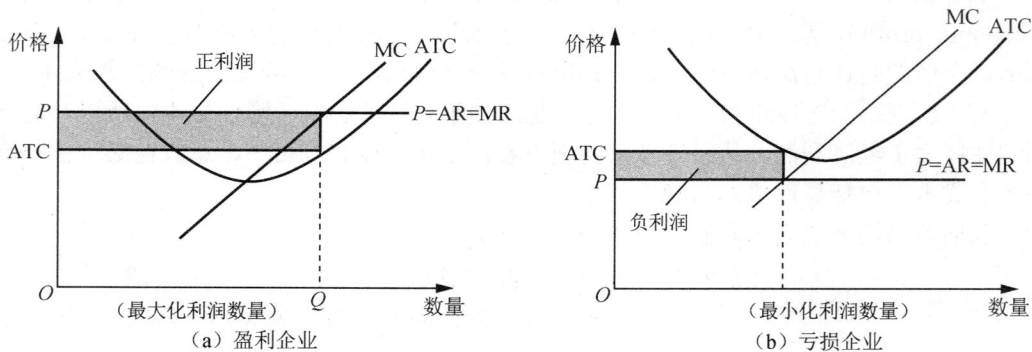

图 5.9 盈利企业与亏损企业

5.3.3 企业利润最大化原则

为更好地理解企业利润最大化原则，我们以中途载客决策中的边际分析为例。林涛是

北京开往天津的一辆长途巴士的车主兼司机，巴士出站后，还有 2 个空位，当车开到京津高速公路的收费站时，有一人出 40 元要求上车前往天津（北京到天津的汽车票价是 60 元），如果允许中途载客，林涛是否会允许该客人上车？如果出现了另外一种情况，车开到京津高速公路的收费站时，有一家三口愿意出 180 元要求搭车前往天津，按照规定，车不得超员，如超员一人，罚款 200 元。在这种情况下，林涛应不应该让这一家人上车？

在短期内，完全竞争厂商只能通过对产量的调整来实现最大利润。厂商实现最大利润所要遵循的原则可以表述为：在其他条件不变的情况下，厂商应该选择最优的产量，使得最后一单位产品所带来的边际收益等于所付出的边际成本。或者简单地说，厂商实现最大利润的均衡条件是边际收益等于边际成本，即 MR＝MC。

为什么只有当 MR＝MC 时，厂商才能实现最大的利润呢？下面利用图 5.10 加以说明。

图 5.10 中的横轴代表产量 Q，纵轴代表价格 P。厂商经营活动中的生产成本状况用前面所论述的边际成本曲线 MC 和平均成本曲线 AC 来表示，厂商的销售收益状况用厂商所面临的水平形状的需求曲线 D 来表示。根据 MR＝MC 的均衡条件，MC 曲线和 MR 曲线（即曲线 D）的交点 E 便是厂商实现最大利润的均衡点，相应的最优产量为 Q_e。

如果厂商选择的产量是在小于 Q_e 的产量范围内，如图 5.10 中的 Q_1，那么，厂商的生产

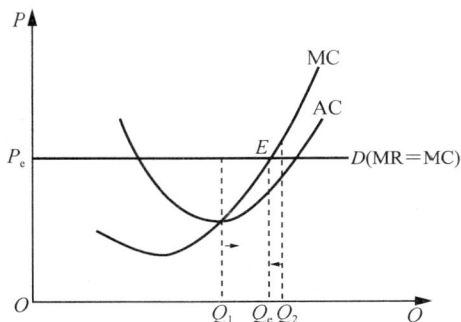

图 5.10　MR＝MC 时实现最大利润

便处于 MR＞MC 的阶段。这表明厂商此时每增加一单位产量所得到的收益增量大于所付出的成本增量。权衡得失，厂商会在这一阶段上继续增加产量，以增加利润。由图 5.10 中还可以看出，只要厂商沿着箭头方向扩大产量，边际收益 MR 始终保持不变，边际成本 MC 是递增的。随着产量的不断增加，MR＞MC 的状况会逐步地转化为 MR＝MC 的状况。而在这一过程中，厂商会得到由扩大产量所带来的全部的经济上的收益，获得所能得到的最大利润。

相反，如果厂商选择的产量是在大于 Q_e 的产量范围内，如图 5.10 中的 Q_2，于是，厂商便处于 MR＜MC 的阶段。这意味着厂商此时每增加一单位产量所得到的收益增量小于所付出的成本增量。在这一阶段上，厂商会不断地减少产量，以增加利润。由图 5.10 中还可以看出，只要厂商沿着箭头方向缩减产量，边际收益 MR 和边际成本 MC 之间的差额就会逐步缩小，直至实现 MR＝MC。而在这一过程中，厂商也得到了所能得到的最大利润。

由此可见，不管是增加产量还是减少产量，厂商都是在寻找一个最优的产量点。只要厂商实现了这一最优的产量点，它便必然能够从产量的调整过程中，既得到可能的利润增加的全部收益，又避免可能的利润减少的全部损失。这个最优的产量点只能是 MR＝MC 的均衡产量点。所以，MR＝MC 是厂商实现最大利润的均衡条件。

这里需要强调的一点是，尽管在对图 5.10 的分析中，我们说厂商在 MR＝MC 的均衡点上获得了最大的利润，但这并不是说在任何情况下，只要厂商实现了 MR＝MC 的均衡条件，厂商就一定能获得利润。对 MR＝MC 的均衡状态的全面理解应该是：在 MR＝MC 的均衡点上，厂商可能是盈利的，也可能是亏损的。如果厂商是盈利的，那么这时的利润就一定是相对最大的利润；如果厂商是亏损的，那么这时的亏损就一定是相对最小的亏损。总之，当厂商实现 MR＝MC 的均衡条件时，不管是盈利还是亏损，厂商都处在最好的结果之中。这也就是 MR＝MC 的利润最大化的均衡条件，有时也被称为利润最大或亏损最小的均衡条件的原因。

最后需要指出的是，虽然上述 MR＝MC 的利润最大化的均衡条件是以完全竞争厂商短期内的产量调整为例进行分析而得到的，但是这一利润最大化的均衡条件，对于完全竞争市场条件和不完全竞争市场的厂商的短期生产和长期生产的分析，都是适用的。

◆ **基本技能训练**

1．动手作图，并注意比较不同的成本曲线。
2．正确填制各种成本核算表。
3．讨论：企业短期内亏损要立即停产吗？
4．讨论：餐厅有人排队就该扩大规模吗？
5．讨论：一个和尚挑水喝，两个和尚抬水喝，三个和尚没水喝的经济学原理。

◆ **信息传递**

麦当劳的利润最大化

纵观国内外企业，要生存与发展首先是以利润最大化为中心，失去这一原则企业将会失去竞争优势，最终会走向衰退的道路。从长期战略管理的角度来看，企业的发展，则不一定会在短期内追求利润的最大化。例如，麦当劳 1990 年进入深圳，在中国开设第一家店时，对中国国情的实际情况做了非常详细的考察，总部在做决策时，分析到虽然深圳当时人均收入排行中国前列，但是依然和世界上大多数国家的收入相差悬殊。当时，美国的人均年收入为 33 105 美元，深圳存在高收入高消费的情况，而且不同阶层的收入差距很大，深圳最低工资标准为特区内 595 元/月，特区外 460 元/月，相对来说，月薪平均 3000 元左右。而深圳企业职工的月平均工资为 2215 元，一般 3000 元就可以勉强解决一个人生活在深圳的温饱问题了。深圳白领的月薪平均数为 4445 元，通过统计数据，折合 CPI 指数，当年的美国人民实际购买力相当于深圳市民的 30 倍左右。然而，在麦当劳的总部，经过细致的讨论，最终决定进军中国，麦当劳做出的决定是：首先，在中国深圳给麦当劳快餐食品的定价，必须是让大多数深圳市民都可以接受的价格。这必然会使在中国的分公司面临亏损，这里涉及很多细节上的问题，其中原材料的采购作为生产要素的一类，生产要素和各种产品的产出价值之间存在固定的搭配比例，这样就可以根据产品在中国所出售的价格，得到原材料的价格，使得短期亏损最小，麦当劳当然是把这看成是短期利润最大的重要根据。其次，麦当劳又把公司的长期利润最大化集中在企业的市场拓展上，这样，企业在短期和长期战略上建立了理论基础，而理论的本质是始终以利润最大化为公司发展的前提条件，企业的短期资金亏损只是一种表象，本质是为长期利润最大化做铺垫。麦当劳在中国发展的成功经验是值得我们借鉴的，其中重要的一点是利用了各个生产要素与生产的各种产品的同比例关系。

========== 小结与练习 ==========

小结

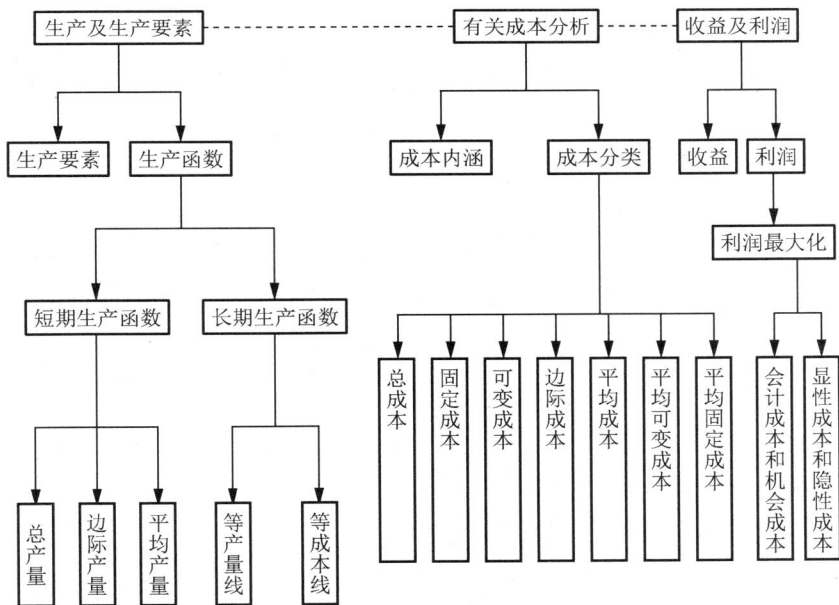

练习

一、单项选择题

1. 下列说法中错误的是（　　　）。

   A. 只要总产量减少，边际产量一定是负数

B. 只要边际产量减少，总产量也一定减少

C. 随着某种生产要素投入的增加，边际产量和平均产量增加到一定程度将趋于下降，其中边际产量的下降一定先于平均产量

D. 边际产量一定在平均产量曲线的最高点与之相交

2. 下列说法正确的是（　　）。

A. 生产要素的边际技术替代率递减是规模报酬递减规律造成的

B. 生产要素的边际技术替代率递减是边际报酬递减规律造成的

C. 规模报酬递减是边际报酬递减规律造成的

D. 边际报酬递减是规模报酬递减造成的

3. 规模报酬是在（　　）情况下发生的。

A. 按比例连续增加各种生产要素

B. 不按比例连续增加各种生产要素

C. 连续地投入某种生产要素而保持生产要素不变

D. 上述都正确

4. 在从原点出发的直线与 TC 的切点上，AC（　　）。

　　A. 是最小的　　　　B. 等于 MC　　　C. 等于 AVC＋AFC　　D. 上述都正确

5. 下列说法中正确的是（　　）。

A. 在产量的某一变化范围内，只要边际成本曲线位于平均成本曲线的上方，平均成本曲线一定向下倾斜

B. 边际成本曲线在达到一定产量水平后趋于上升，是由边际报酬递减规律造成的

C. 长期平均成本曲线在达到一定产量水平后趋于上升是由于边际报酬递减规律所造成的

D. 在边际成本曲线上，与平均成本曲线交点以上的部分构成商品的供给曲线

6. 会计成本忽略了厂商的（　　）。

　　A. 可变成本　　　　B. 沉没成本　　　C. 机会成本　　　　D. 不变成本

7. 生产函数衡量了（　　）。

A. 投入品价格对厂商产出水平的影响

B. 给定一定量的投入所得到的产出水平

C. 在每一价格水平上厂商的最优产出水平

D. 以上都是

8. 等产量曲线上的各点代表了（　　）。

A. 为生产相同产量，投入要素的组合比例是固定不变的

B. 为生产相同产量，投入要素的价格是不变的

C. 生产相同产量的投入要素的各种组合比例

D. 为生产相同产量，成本支出是相同的

9. 等产量线的特征是（　　）。
　　A. 凸向原点　　　B. 不能相交　　　C. 具有负斜率　　D. 以上都正确

10. 生产扩展类似于消费者行为理论中的（　　）。
　　A. 价格-消费曲线　B. 恩格尔曲线　　C. 收入消费曲线　D. 预算线

11. 一条等成本线描述了（　　）。
　　A. 不同产出价格下的产量
　　B. 投入品价格变动时成本相同的两种投入品的数量
　　C. 给定支出水平下企业能够采购的两种投入品的组合
　　D. 对企业具有同等效用的投入组合

12. 等产量线和等成本线有一个共同点：这两条线上的任何一点都代表（　　）。
　　A. 总产出水平　　　　　　　　　B. 以美元计的总成本
　　C. 投入品数量的组合　　　　　　D. 投入品价格的组合

二、判断题

1. 随着某一生产要素投入量的增加，边际产量和平均产量增加到一定程度后将同时下降。　　　　　　　　　　　　　　　　　　　　　　　　　　（　　）

2. 生产要素的价格一旦确定，等成本线的斜率也随之确定。　　　（　　）

3. 等产量线的形状取决于技术水平。　　　　　　　　　　　　　（　　）

4. 如果边际报酬递减规律不成立，则世界粮食的生产可以在花盆中进行。（　　）

5. 等成本线平行向外移动说明用于生产的成本增加了。　　　　　（　　）

6. 等产量线与等成本线相交，说明要保持原有的产出水平不变，应当减少成本开支。
　　　　　　　　　　　　　　　　　　　　　　　　　　　　　　（　　）

7. 如果一个人选择上大学而不是参加工作，则此人所付出的机会成本是其在学习期间所交的学费。　　　　　　　　　　　　　　　　　　　　　　（　　）

8. 从原点出发，与总成本曲线相切的这一点的平均成本最小。　　（　　）

9. 长期中所有成本都是可变成本。　　　　　　　　　　　　　　（　　）

10. 由于固定成本不随产量的变化而变化，因而 AFC 也不随产出变化而变化。（　　）

11. 若等产量线的形状为直角形，则生产这种产品的技术为互补技术。　（　　）

12. 企业总是选择最优投入组合，使得所有投入的边际产出为零。　（　　）

13. 如果产量减少到零，短期内总成本也将为零。　　　　　　　（　　）

三、问答题

试说明厂商实现利润最大化的原则。

第 6 章

收入分配理论与实践

知识目标：

● 掌握各种生产要素收入的具体形式，理解均衡工资、均衡利率和地租的形成，尤其能够理解劳动供给曲线向后弯曲的原因。掌握洛伦兹曲线的由来及其经济学含义，知道什么是基尼系数和社会收入分配政策。掌握公共物品的概念，了解公共选择的相关理论。

能力目标：

● 通过本章节相关知识的学习，能够理解和解释各种生产要素收入之间的差别，能够理解和解释与工资、利率和地租相关的社会经济现象，能够理解社会收入分配之间的差距及政府实施的相关政策和制度等。

工薪阶层的困惑

　　小王是上海某外资企业的白领，工作不错，深受老总的器重，被很多同学羡慕，他自己一直以来也信心满满。不过他唯一的心事就是房子，虽说已经工作了几年，一年十几万的薪酬，收入相对还算不错，但想在寸土寸金的上海买房，还非易事。他很想在上海有一个自己的房子、自己的家，因此这也就成了他的心事。他一直关注楼市，希望能找个有利的机会在自己能承受的价位上买个小户型的房子。可从 2009 年 7 月份开始，房价再一次迅速上涨，短短几天的时间一个 70 平方米左右的房子就涨了10 万多元钱。眼看自己攒的首付款离购房预期的差距越来越大，小王十分沮丧。他一直想不明白，为什么自己辛苦一年的收入却不如房主几天的收入，因此困惑不已。

案例点评：

在不同社会中，由于生产方式的不同，不同生产要素所带来的回报有所不同。在该案例中，小王将自己的劳动收入（工资）与资本要素收入（房产投资回报）相比较，自然会存在巨大的差距。尤其在我国这样一个人口众多的发展中国家，劳动力相对容易获得，劳动要素收入相对较低；然而，与此相反的是我国正处于上升时期，各类企业都面临着不同程度的资金紧张或不易获得的问题，使用资金的成本相对较高，资本要素收入自然也较高。那么房主投资回报高于小王的劳动收入所得自然就不难理解。当然，一种经济现象往往不仅仅受某一种单一因素影响，除了生产要素收入之间的差别，小王的困惑还可以有其他的解释，在这里不再讨论。本章收入分配理论与实践的知识内容就是要阐明不同生产要素收入是如何决定的，不同生产要素收入多少、如何分配、为什么要这样分配等一系列问题。

◆ 基本知识点

6.1　生产要素收入

在前面的章节里，我们介绍了传统生产要素主要有劳动、土地和资本。各种生产要素的所有者通过市场寻找到它的使用者，并通过出让其使用权，获得相应的回报。生产要素所有者按照市场价格获得收入，这个过程就是收入分配的过程，从而实现收入分配市场化。

6.1.1　劳动与工资

劳动是组织生产的主要要素之一。劳动者通过出让劳动，从而获得报酬。工资是劳动力所提供的劳务的报酬，也是劳动这种生产要素的价格。那么工资高低是由什么决定的呢？

工资率是衡量单位劳动收入的最主要形式。工资率的高低主要由劳动需求和劳动供给决定，当市场上劳动需求与劳动供给达到均衡时所决定的工资率，就是市场所决定的均衡工资。

劳动需求来自企业或厂商，企业在决定使用劳动数量多少时，主要受企业最佳规模的影响。企业获得最大利润时需要使用的劳动数量，即是企业对劳动需求的数量。

劳动的提供者即劳动者，其决定提供劳动的多少时，主要受两种因素的影响：一是劳动者自身生理的界限。正常情况下，一个人一天 24 小时不仅用来工作，还要留出必要的时间休息、吃饭、娱乐和社交等，这部分时间我们称其为闲暇。劳动者不能一天 24 小时都用来工作，闲暇实质是维持劳动者再生产的必要条件。二是工资率的高低。一般

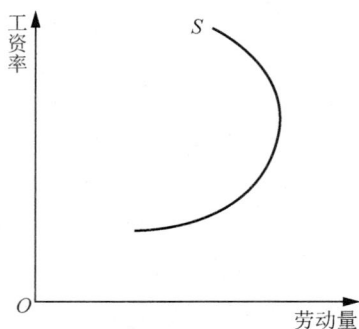

图 6.1　劳工供给曲线

来说，工资率提高，劳动供给增加；反之，工资率下降，劳动供给下降，劳动供给曲线呈向上倾斜状态。由于劳动者还要留出一定的闲暇时间，因此并不是在任何情况下涨工资都能刺激劳动者不断提供劳动的，劳动供给不能随工资率的不断上升而一直提高。现实经济生活中，劳动供给曲线最初随工资率上涨而上升，当达到某一点时劳动供给将会下降，劳动者将会增加闲暇时间，因此劳动供给曲线也可能是向后弯曲的，如图 6.1 所示。

　　当劳动者的收入水平比较低时，提高工资，会使其觉得闲着不划算，如果增加劳动就可以获得比以往更多的收入，这些收入可以用来购买该劳动者以前买不起的消费品，满足其以前一些无法实现的愿望，于是高额的工资回报将促使他提供更多的劳动，相对使得闲暇的代价变得昂贵了。因此，在这一工资水平上，提高工资将会使劳动供给增加，劳动供给曲线处于上升的状态。此时，劳动供给量与工资水平呈同方向变化。根据边际效用递减规律，随着工资水平的提高，劳动收入带给劳动者的效用水平越来越低；由于劳动时间增加了，闲暇的时间减少，使得闲暇的效用水平不断增加，当工资水平提高到某一时点时，劳动收入效用将小于闲暇的效用水平，那么劳动者将会减少劳动的供给，而增加闲暇时间。此时，如果继续增加工资，劳动供给与工资水平将呈反方向变化。这就是我们看到的向后弯曲的劳动供给曲线。在现实经济生活中，对于工资水平已经很高的员工，如果单纯地增加工资来刺激其工作，其效果不见得明显，最好采用物质与精神双重激励的措施，才能适应企业管理的需求。

　　在劳动力市场上，所有企业对劳动的需求加总，即为市场上的劳动需求；所有劳动者提供的劳动加总，即为市场上的劳动供给。劳动需求曲线和劳动供给曲线的交点为劳动力市场的均衡点，该点对应的工资水平即为均衡工资，是劳动的均衡价格。

　　当劳动需求不变时，劳动供给减少，即劳动供给曲线向左平移，如图 6.2 所示，供给曲线从 S_1 移动到 S_2，均衡工资从 W_1 上升到 W_2，劳动量从 L_1 减少到 L_2。

　　当劳动供给不变时，劳动需求增加，即劳动需求曲线向右平移，如图 6.3 所示，供给曲线从 D_1 移动到 D_2，均衡工资从 W_1 上升到 W_2，劳动量从 L_1 增加到 L_2。

　　由于劳动者所接受的教育程度不同、所属的行业不同、职业不同、工作特点不同、劳动强度和劳动难易程度不同，这些差别都将影响均衡工资水平。

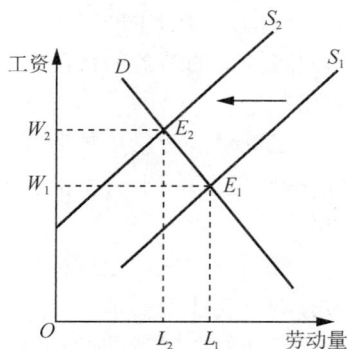

图 6.2　劳动供给曲线平移

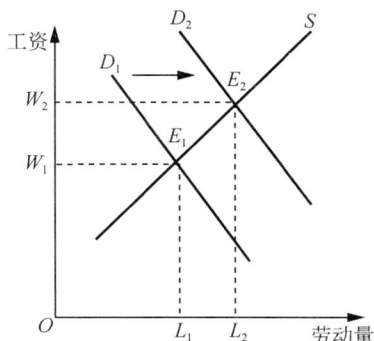

图 6.3　劳动需求曲线平移

6.1.2　资本与利息

关于资本的定义，在经济学领域一直备受争议，其内涵非常丰富和广泛，在这里不予讨论。大多数人的理解为资本是用于再生产的财富。它的具体表现形式主要有两种：一是资本品，如机器、建筑物等实物形式；二是货币资本，以货币资金的形式用于再生产。人们在使用资本时，一般会将其获得的报酬与其存在银行所获得利息收入进行比较，如果投资的回报高于其存在银行的所得，那么他就会用这部分资金投资；反之，则作为存款存入银行，由银行放贷给厂商，厂商将其用于购买机器设备等，从而进入再生产领域。

利息是资本所有者在某一时期将资金放贷出去所获得的报酬，或者说是其在某一时期出让资金的使用权所获得的报酬。单位资本在单位时间内所取得的利息收入，称为利息率或利率，它是单位时间内使用单位资本的价格。在市场经济条件下，市场利率由资本的供求决定。

资本的需求是一定时期内厂商在不同利率水平下所需要的资本总额。在预期利润率一定的情况下，利率高，对资本的需求量减少；利率低，对资本的需求量增加。因此，资本的需求曲线是向右下方倾斜的曲线，即资本的需求与利率呈反方向变化。

资本的供给是资本所有者在各个不同利率水平上愿意并且能够提供的资本额度。出让资本的使用权，会给资本供给者带来一定的损失风险，因此资本供给者要求一定的风险回报，即利息收入。当利率高时，资本供给者受利息收入的吸引就会减少当前消费，将更多的资本借出；相反，当利率低时，资本供给者就会减少资本的供给。因此，资本的供给曲线是一条向右上方倾斜的曲线，即资本的供给与利率呈同方向变化。

当资本的需求与资本的供给相等时，即达到均衡，该点所决定的利率为均衡利率。如图 6.4 所示，横轴表示资

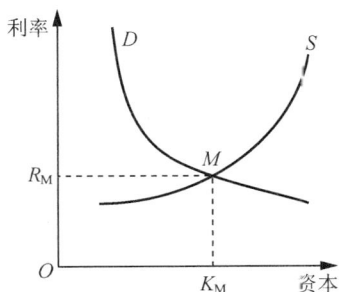

图 6.4　均衡利率

本的数量，纵轴表示利率。资本需求曲线与资本供给曲线的交点 M 为均衡点，该点所对应的利率 R_M 为均衡利率。在均衡利率水平上，资本的需求与资本的供给相等，市场达到均衡。

均衡利率并不表示现实经济生活中所有利率都处于同一水平，它只代表资本市场平均利率水平或资本回报率。在现实经济生活中，不仅不同行业的贷款利率不同，甚至同一行业的不同项目贷款或同一项目的不同企业贷款利率水平都有所不同，这主要取决于债务人的信用情况和贷款期限。债务人的信用级别越高，违约的可能性越小，风险越小，利率越低；相反，违约的可能性越大，风险越大，利率越高。从期限上看，长期贷款的利率水平要高于短期贷款的利率水平。期限越长，债务人偿还债务不确定性的可能性越大，该笔贷款的风险就越高，要求的风险补偿越高，即利率水平越高；相反，短期贷款的利率水平就较低。

6.1.3 土地与地租

地租是土地及土地上的自然资源在生产中使用所获得的回报，是厂商在一定时期内使用土地及土地上的自然资源进行生产所支付的代价。地租同样由其供给与需求决定。

1. 均衡地租

土地的需求取决于土地的边际生产力，土地的边际生产力是递减的，所以，土地的需求曲线是一条向右下方倾斜的直线。土地的供给是固定的，因为在每个地区某个时期可以利用的土地总是有一定的限度的，基本变化不大。因此，土地供给曲线是一条与横轴垂直的直线。

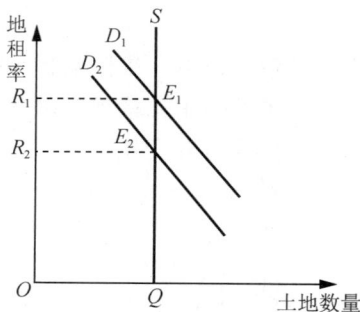

图 6.5　均衡地租曲线

均衡地租曲线如图 6.5 所示，横轴表示土地数量，纵轴表示单位土地的地租水平，即地租率。S 曲线为土地供给曲线，D_1、D_2 曲线为土地需求曲线。土地需求曲线 D_1 与供给曲线相交于点 E_1，相应的地租水平为 R_1。如果社会对土地的需求减少，需求曲线从 D_1 移至 D_2，则地租水平下降为 R_2。由此可见，土地供给固定时，地租的高低取决于对土地的需求，与需求同方向变化。所以，一个国家或地区，随着经济发展、人口增加，对土地的需求也将增加，土地价格也有增长的趋势。

2. 级差地租

级差地租是与绝对地租相对应的一个概念。在市场经济条件下，无论是优等土地还是劣等土地，使用者都要为此付费，这种使用任何一种品级的土地都要支付的地租，被称为绝对地租。

由于土地肥沃程度，藏有的矿藏丰富程度，所处的交通地段等不同，其获得的经济回报不同，由此造成了同样面积大小的土地获得的租金回报不同。经济学上把这种由于土地肥沃程度和地理位置不同而引起的地租称为级差地租。

从生产的过程看，对土地的使用一般都是从优至劣依次使用。相对优质的土地可以给生产者带来更高的生产效率和更大的利润回报，因此土地使用者首先选择使用优等的土地。随着生产的不断进行，对土地的需求会不断增加，为了继续获得利润，接下来土地使用者只能选择相对较次的土地。在土地供给不变的情况下，由于优等土地与劣等土地相比可以获得更高的利润回报，土地使用者就会争相租用优等土地，优等土地的价格也会相应上升，由此从劣等土地到优等土地就形成了不同级别水平的地租，即级差地租。

级差地租是使用高等级土地而支付的高于绝对地租的地租，随着新土地的开发和使用，级差地租有逐步上升的趋势。

3. 准地租和经济地租

短期内使用固定生产要素所获得的收入，在经济学上被称为准租金。例如，现实生活中，厂房、大型机器设备等短时间内很难转移他用，使用的领域比较固定，无论租金如何变动，供给总是不变。这类资源的租金，即为准租金。与此类似，在短期内使用固定土地进行生产获得的收入，被称为准地租。

在长期内，一切生产要素都是可以变化的，某些土地使用者，为了把土地留在原有的用途上，必须支付超过它们转移到其他用途上所获得的最大报酬，超出的部分即为经济地租。

6.1.4 企业家才能与利润

1. 利润的含义

利润（profit）指企业销售产品的收入扣除成本价格和税金以后的余额，即企业一定期间内获得的经营成果。从生产要素角度讲，它是企业家才能的报酬，即企业家才能这个生产要素所得到的收入。

2. 正常利润与超额利润

利润分为正常利润与超额利润，正常利润就是常说的企业家才能的价格，也是企业家才能这种生产要素所得到的收入。它包含在成本之中，其性质与工资相类似，也是由企业家才能的需求与供给所决定的。企业家才能是指企业家在一个生产过程中发现市场机会，并安排生产要素进行生产以获利的才能。从正常利润理论上讲是厂商继续从事某种生产经营活动所必需的最低限度利润水平，亦即总收益等于总成本时的利润水平。

超额利润是指其他条件保持社会平均水平而获得超过市场平均正常利润的那部分

利润，又称为纯粹利润。当某一厂商通过领先采用新技术，拥有某种市场权力等方式，而使其成本低于其他厂商或其产品价格高于其他厂商时，它便可能获得高于正常水平的利润，即获得超额利润。

3. 超额利润获取途径

（1）创新获取超额利润

经济学上，创新概念的起源为美籍经济学家熊彼特在 1912 年出版的《经济发展概论》。熊彼特在其著作中提出，创新是指把一种新的生产要素和生产条件的"新结合"引入生产体系。它包括五种情况：引入一种新产品，引入一种新的生产方法，开辟一个新的市场，获得原材料或半成品的一种新的供应来源。熊彼特的创新概念包含的范围很广，如涉及技术性变化的创新及非技术性变化的组织创新。创新意味着改变，创新意味着付出，因为惯性作用，没有外力是不可能有改变的，这个外力就是创新者的付出；创新意味着风险，一分耕耘一分收获，而创新的付出却可能收获一份失败的回报，当然失败是成功之母，所以这种创新是社会积极鼓励的，这种创新人才是应得到社会、企业重用并应得到相应的报酬的。

（2）垄断获取超额利润

一方面，通过建立自己的特色品牌、商誉拥有竞争优势，这种情况下垄断获取超额利润，这应是社会所崇尚的。市场经济需要这种"垄断"，它能规范市场竞争，加速经济发展，这种超额利润的获得是应该提倡的。另一方面，如果靠各种不正当手段，甚至欺行霸市、强买强卖、坑蒙拐骗等获取超额利润，是社会或企业应该摒弃的，而且需要法规强烈制裁。

6.2　洛伦兹曲线与基尼系数

各种生产要素的收入，最终将转化为个人收入。不同阶层的人，占据财富的多少，主要受国家的收入分配政策和分配制度影响。为了研究国民收入在国民之间的分配问题，美国统计学家（或说奥地利统计学家）M.O.洛伦兹（Max Otto Lorenz）在 1907 年（或说 1905年）提出了著名的洛伦兹曲线。意大利经济学家基尼在此基础上定义了基尼系数。

6.2.1　洛伦兹曲线

洛伦兹曲线研究的是国民收入在国民之间的分配问题，它是美国统计学家洛伦兹提出的。洛伦兹曲线先将一国人口按收入由低到高排队，然后考虑任意百分比人口对应所得到的收入百分比，将这样的人口累计百分比和收入累计百分比的对应关系描绘在图形上，即得到洛伦兹曲线。洛伦兹曲线用以比较和分析一个国家在不同时代或者不同国家在同一时代的财富不平等，作为一个总结收入和财富分配信息的便利的图形方法，该曲线得到广泛应用，洛伦兹曲线如图 6.6 所示，图中横轴 *OH* 表示人口（按收入由低到高分组）的累计百分比，纵轴 *OM* 表示收入的累计百分比，弧线 *OL* 为洛伦兹曲线。

假定一个国家在一定时期内，总人口一定，生产所带来的财富总额一定，将总人口按收入由低到高分为五等份，画在坐标轴的横轴上；各组人口占有社会财富的百分比进行累计，列在坐标轴的纵轴上。连接收入 100% 点与人口 100% 点，形成一个矩形，将累计人口百分比与占有社会财富累计百分比决定的点用平滑曲线连接，该曲线即为洛伦兹曲线。原点 *O* 与点 *L* 的连线为绝对平等线，表 6.1 表示的是某个国家某一时期收入分配资料，图 6.6 表示的是与表 6.1 相对应的洛伦兹曲线。

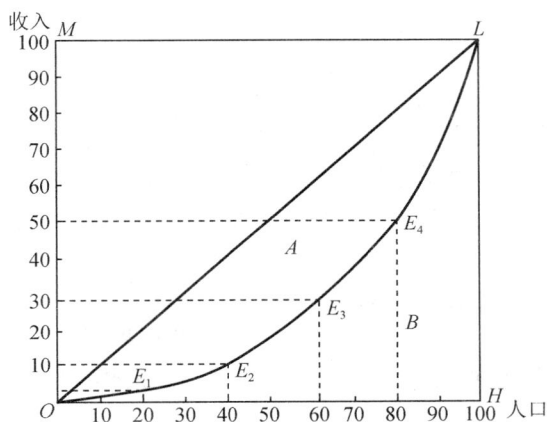

图 6.6　洛伦兹曲线

表 6.1　某个国家某一时期收入分配资料

人口累计/%	收入累计/%
20	5
40	10
60	30
80	50
100	100

洛伦兹曲线反映了收入分配的不平等程度。弯曲程度越大，收入分配程度越不平等；反之，收入分配越趋近于平等。特别的是，如果所有收入都集中在某一个人手中，而其余人口均一无所有，收入分配达到完全不平等，洛伦兹曲线成为折线 *OHL*；另一方面，如果任一人口百分比等于其收入百分比，从而人口累计百分比等于收入累计百分比，则收入分配就是完全平等的，洛伦兹曲线成为通过原点的 45° 线 *OL*，即绝对平等线。

6.2.2　基尼系数

意大利经济学家基尼在洛伦兹曲线基础上定义了基尼系数，基尼系数是一个衡量分配不平等程度的指标。如图 6.6 所示，洛伦兹曲线与 45°线之间的部分 A 叫做"不平等面积"，当收入分配达到完全不平等时，洛伦兹曲线成为折线 OHL，OHL 与 45°线之间的面积（A＋B）叫做"完全不平等面积"。不平等面积与完全不平等面积之比，称为基尼系数，是衡量一国贫富差距的标准。基尼系数计算公式为

$$G = \frac{A}{A+B} \tag{6-1}$$

当 A 等于 0 时，基尼系数为 0，表明收入分配处于绝对平均状态；当 B 等于 0 时，基尼系数为 1，表明收入分配处于绝对不平均状态。显然，基尼系数不会大于 1，也不会小于 0。其数值越小，表明收入分配越平均；反之，则越不平均。经济学家根据一些国家经济发展的经验，认为基尼系数高低同经济发展的水平相关。

基尼系数是国际比较通行的衡量一国居民贫富差距的标准。按照国际衡量贫富差距的标准，基尼系数在 0.2 以下，表示居民之间收入分配"高度平均"，在 0.2～0.3 之间为"比较合理"；同时，国际上通常把 0.4 作为收入分配贫富差距的"警戒线"，认为 0.4～0.6 为"差距偏大"，0.6 以上为"高度不平均"。有数据表明，美国 20 世纪 90 年代的基尼系数大约为 0.4，北欧福利型国家的基尼系数较小，某些发展中国家的基尼系数较大，反映了社会两极分化严重。

6.3　社会收入分配政策

一个国家社会收入分配政策的实施，关系到该国组织生产的效率性和人民占有社会财富的公平性。经济学界争论的焦点在于一个国家是坚持效率优先的收入分配政策，还是坚持公平优先的分配政策。

6.3.1　收入分配中的效率和公平

一些经济学家认为，应该保持人民收入水平的差距性，这样才能使生产更加有效率。由于不同的人所具有的劳动能力不同，必然造成工资收入的差别；不同地区对资金需求的紧张程度不同，资本所有者所获得利息收入水平也必然存在差别；土地的肥沃程度存在差别，不同地块的经济价值也有所不同，那么租金收入也不可能是绝对公平的。无论是工资收入，还是利息收入，或地租收入，如果一味地强调公平，就会打击人们提供劳动、资金和土地参与生产的积极性，从而降低生产的效率性，阻碍生产力的发展和人们生活水平的提高。

另外一些经济学家认为，应当控制和缩小人们的收入差距，保持收入的基本均等。

原因在于：平等是天赋人权，竞争引起的收入差距是对这种权利的侵犯。这些学者认为人们由于出身的不公平，必然造成参与市场竞争过程中的不公平。有些人可能生活在闭塞的农村，有些人可能继承了祖上的大笔遗产，受教育机会的不均等和就业过程中存在的性别歧视、年龄歧视、毕业院校歧视、种族歧视、容貌歧视等因素都会影响市场竞争中的公平性，从而造成收入的不平等。因此，他们认为保持收入差距，并不一定能起到促进效率的作用。相反，如果收入差距过大，还会引起人们对收入分配不公平的不满，甚至会引起个别人对社会的仇视。例如，在某些国家和地区存在的仇富现象。如此看来，收入分配差距过大不仅起不到促进竞争提高效率的作用，还有可能引发各种社会问题，破坏良好的经济秩序，降低整个社会经济运行的效率。

要效率还是要公平，这是社会收入分配制度中必须要明确的一个问题，这也正反映了社会收入分配中平等与效率之间的矛盾关系。如上所述，在市场经济中，效率发挥作用就是建立在收入不平等的基础上的，有经济利益的差别，才会产生竞争，有竞争才会有进步。但是这种差别和竞争也确实未必是公平合理的，收入差距过大，也会产生不利于社会效率的影响。因此，很多经济学家提出要兼顾公平与效率。那么如何处理收入分配中的效率和公平之间的关系呢？具体处理方法如下：

1）要在效率优先的原则下兼顾公平。效率是提高社会生产力、增加社会产品的条件，是促进公平的物质基础。因此，从长期来看，经济社会应把保持和提高效率放在首位。在一个经济落后、产品匮乏的经济社会里，所谓公平是一句空话，没有任何意义。从人类历史的发展来看，在生产力十分低下的原始社会，虽然产品在社会成员之间的分配是完全平等的，但显然这不是人类社会要追求的目标。随着生产力的发展，剩余产品的出现，社会才出现收入分配的差距。差距带来效率的提高，在效率提高的过程中，收入差距有一个逐步扩大的过程，而后又开始逐步缩小，平等逐步得到推进。20 世纪中叶，西方国家开始普遍实行的福利制度，从某种角度来说，是生产力迅速发展与社会分配制度发生矛盾的产物。当然，效率优先不等于说可以让收入差距越来越大，而是应该在效率优先的原则下尽可能考虑平等的要求，把差距控制在一个适当的限度之内。

2）公平和效率的重点地位可以相互转换。在一个社会经济发展的某个阶段，社会收入分配政策中体现的公平性与效率性，应当有主有次，明确解决问题中以哪一个为重点。在经济发展的不同阶段，二者之间的重要性也应该有所转换，协调好两者之间的关系。在经济发展还不发达的时期，就应以效率优先兼顾公平，保证生产力的快速发展和人民生活水平的不断提高。当社会经济发展到一定阶段，社会财富比较丰富的情况下，还是要重视社会收入分配的公平性，这是社会稳定的基础，也是人类社会追求的最终目标。此种情况下，收入分配政策要注意缩小收入差距，可以通过各种政策和途径改善落后地区的经济发展状况，力求各阶层受教育机会均等、就业机会均等，以及参与市场竞争过程中竞争的公平性。例如，我国在 20 世纪 50 年代至 70 年代末，搞平均主义收入分配，企业和经济组织之间"无偿平调"，劳动者之间干好干坏一个样，"吃大锅饭"，结果极大地伤害了人们的积极性，严重阻碍了生产力的发展。针对这一问题，20 世纪 80 年代初，我国收入分配领域改革的重点是反平均主义。邓小平同志提出要"让一部分地区、一部分人先富起来"，同时指出"要先富带后富，最终实现共同富裕"。最近一些年所实施的九年义务教育政策、工业反哺农业政策，以及对新疆、西藏、宁夏等少数民族地区进行的大量投入等，这都说明了我国政府在社会收入分配中对公平性的重视，这为我国部分经济发展落后地区的快速发展创造了良好的条件。西方国家在 20 世纪 50 年代前后由于经济和社会矛盾尖锐，突出强调了平等要求，大力推行福利政策。20 世纪 70 年代以后，各国普遍感到福利计划影响了积极效率，纷纷开始抨击福利制度的弊端，提出福利制度改革计划。

　　3）以较小的替代成本寻求公平与效率的结合点。公平与效率之间的替代需要付出代价。当我们拉开收入差距时，实际上牺牲了平等；当缩小收入差距、限制公共福利时，势必会影响效率。兼顾两者要求我们以尽可能小的不平等来换取尽可能高的效率，或者以尽可能小的效率损失换取尽可能大的平等。

6.3.2　社会收入分配的政策措施

　　在经济学中，收入分配标准主要有三种：一是贡献标准，即按生产要素的价格进行分配；二是需要标准，即按社会成员对生活必需品的需要进行分配；三是平等标准，即按公平的准则进行分配。

　　第一个标准有利于提高经济效益，但会引起社会的不平等；第二、三个标准有利于社会平等，但却有损于经济效率。于是引出经济学家中的永恒的矛盾：公平与效率问题。在市场经济国家中，分配原则是效率优先的，收入不公问题主要通过经济政策来解决。

　　要协调公平与效率之间的矛盾，就应该设法以尽可能小的不公平换取尽可能高的效率或者牺牲尽可能小的效率换取尽可能大的公平。在社会收入分配过程中，在强调按生产要素贡献比率分配社会产品和收入的同时，还要尽可能做到兼顾公平。为此，在社会收入分配政策上可以采取以下主要措施。

　　1. 实行税收调节政策

　　实行税收调节政策的目的是通过税收手段来缩小收入差距，实行税收调节政策的主要手段是征收个人所得税，个人所得税通过征收累进税来调节社会成员收入分配的不公平状况。

　　2. 社会福利政策

　　社会福利政策的特点是通过给穷人补助来实行收入分配的平等化。西方国家社会福利政策的主要内容包括：①各种形式的社会保障与社会保险；②向贫困者提供就业机会与培训；③医疗保险和医疗援助等。

3. 增加教育费用支出

增加教育费用支出，一方面可以使低收入者获得赚取较高收入的能力，有助于缩小社会的收入差距，有利于公平的实现；另一方面也可以使全社会受益，提高整个社会的劳动生产率，也有利于经济效率的提高。

4. 改善住房条件

改善住房条件的主要措施有：以低房租向穷人出租国家兴建的住宅；对私人出秙的房屋实行房租限制；资助无房者建房，如提供低利息率的长期贷款，或低价出售国家建造的住宅；实行住房房租补贴等。这种政策的实施既可改善穷人的住房条件，也有利于实现收入分配平等化。

6.4　公共物品分析

社会收入分配不单单指个人收入分配，还应包括政府对社会财富的占有，政府可以通过政府转移支付、政府购买、政府投资等多种形式实现社会收入的再分配、收入再调整。提供公共物品实质就是政府对公共物品的购买，提供公共物品是占用了社会财富。

6.4.1　公共物品的概念

社会资源分为两种：一种是私人物品，另一种是公共物品。私人物品是指具有竞争性和排他性的物品或劳务。所谓竞争性，是指一个物品或劳务如果被某一个人消费了，就不能被另外的人消费，他的消费处于竞争状态。所谓排他性，是指一个物品或劳务只能通过购买而获得消费，没有购买的人就被排除在外。

公共物品是与私人物品相对的一个概念。所谓公共物品，是指某一个人在使用某种物品与劳务时，不能排除其他人使用该物品与劳务。公共物品具有非竞争性和非排他性。例如国防，一个国家的所有人都能享受到国防设施的保护，它既不具有竞争性也不具有排他性；除此之外还有公路、教育、电视广播、公共卫生、灯塔和桥梁等，都属于公共物品。

公共物品具有非竞争性，在消费过程中，不仅购买者可以享受它，其他成员也可以享受，并且多一个人消费并不会增加其成本，但如果排除其他人消费却要花费较高的成本，而且是非常困难的。公共物品又分为纯公共物品和准公共物品。纯公共物品既具有非竞争性，也具有非排他性。例如，国防、义务教育等。准公共物品是只具有非竞争性或只具有排他性的物品。例如，高速公路、桥梁等。

6.4.2　公共物品的供给

从需求的角度讲，谁都想拥有某种公共物品，但由于不能排除他人使用，每一个人都不想自己付费而其他人免费使用。这就出现一种状态：对于公共物品的需求很大，而供给很少，甚至为零。对于公共物品，大家都知道它具有非竞争性或非排他性，基于此，消费时没有人愿意花钱，这就是"搭便车"现象。所谓"搭便车"就是指不需要购买就能消费某种物品的行为。如果一个人不需要付费就能消费某种物品，那么一个理性经济人就不会为此付费。然而，提供公共物品是需要成本的，这就形成了公共物品的供需矛盾。社会需要公共物品，又没有人提供，因此政府要责无旁贷地承担起提供公共物品的职责。政府提供公共物品的经费主要来源于各种税收，这样政府提供的公共物品每一位成员都有权利享用。

政府提供公共物品并不等于政府生产全部公共物品，单纯由政府生产和经营公共物品，由于多种原因往往缺乏效率。因此，政府的职能应该是提供公共物品，而不是生产公共物品。特别是对准公共物品，政府常常通过预算或政策安排给企业甚至私人企业进行生产，还有政府也可能通过对生产公共物品的企业进行补贴的方式来鼓励公共物品的生产。公共物品提供的方式主要有如下几种。

1. 政府提供

政府直接向公民提供各种公共物品，这是现实生活中最普遍的方式。如国防、安全、公共道路、给排水等。

2. 政府与私营机构签订合同

国家与企业签订经营公共物品，这是最普通、范围最大的一种形式。适应这一形式的公共物品成本，主要是具有规模经济的自然垄断性产品，如大部分基础设施。例如，国家允许私人企业以建设（build）—经营（operate）—转让（transfer），即 BOT 的方式参与公共基础设施及服务的提供，即政府允许私人企业投资建设公共基础设施，并通过若干年的特许独家经营，等到收回自己的投资并获得利润后，再由政府接收该公共基础设施（如广西的马江至梧州高速公路）。

3. 政府授予私营机构经营权

政府将现有的公共基础设施以授予经营权的方式，委托给私人公司经营，如自来水公司、供电等。此外，还有很多的公共服务项目也是由这种方式经营的，如政府将城市卫生管理、绿地维护、市政设施维护等委托私人管理。

4. 政府给提供公共物品的私营机构提供补贴

政府提供财政补贴主要体现补助津贴、优惠贷款、减免税收等。所涉及的主要领域是科学技术、基础研究、教育、卫生保健、住房、图书馆、博物馆等。

5. 私人提供

以广播节目为例，广播节目是公共物品，既无竞争性，也无排他性，但却有私人提供，如私人电台或者私人办的节目。在我国的官办电台里，一些节目也承包给私人。提供广播节目的私人，如私人电台或承包官办电台的节目的个人或者企业，虽然不能从广播节目的消费者中收取费用，但却可以向广告发布者收取广告费。一些海上灯塔也是有私人经营的，经营者虽然没有办法向使用灯塔的船只收费，但却可以向港口收费，因为如果港口不交费，灯塔经营者就关闭灯塔，从而船只也就不能来这个港口了，这与广告商愿意交付广告费是同样的道理。

需要注意的是，公共物品的生产不同于私人物品的生产，不能完全用经济效益指标来衡量，如公共卫生、教育、社会治安等项目，社会效益与生态效益的重要性也是进行投资决策必须要考虑的问题。

◆ 基本技能训练

1. 讨论最低工资标准的限制，是否有利于提高人民的收入水平。

2. 在发达国家、发展中国家和不发达国家中，劳动收入、资本收入和土地收入有哪些差别？为什么会存在这些差别？

3. 请搜集相关资料，说明发达国家、发展中国家和不发达国家的贫富差距情况。

4. 根据我国经济发展的史实，说明我国是如何处理收入分配中的公平和效率之间的关系的。

5. 请说明公共物品与私人物品提供过程中，成本与收益有何不同。

◆ 信息传递

中国的基尼系数

中国的基尼系数如何呢？据国家统计局的数据，1978年中国的基尼系数为0.317，自2000年开始越过0.4的警戒线，并逐年上升，2004年超过了0.465。此后，国家统计局竟然不再公布国内的基尼系数，此后的基尼系数大都是经济学者的估计。中国社科院一份报告称，2006年中国的基尼系数已经达到了0.496。2015年，我国的基尼系数为0.462，降至13年来最低点。

（资料来源：http://finance.ifeng.com/opinion/fhzl/20110310/3623503.shtml）

======== 小结与练习 ========

小结

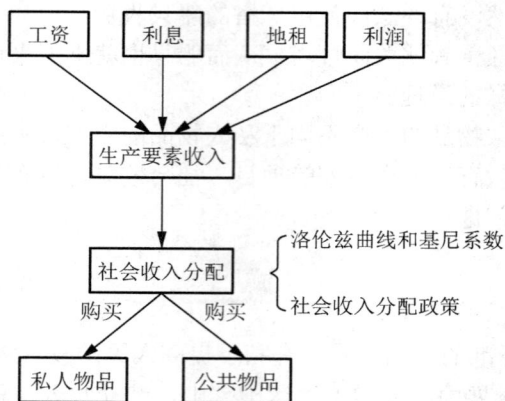

练习

一、单项选择题

1. 随着工资水平的提高（　　　）。

    A. 劳动供给量会一直增加

    B. 劳动的供给量先增加，但工资提高到一定水平后，劳动的供给不仅不会增加反而减少

    C. 劳动的供给量增加到一定程度后就不会增加也不会减少了

    D. 劳动的供给量变化无定数

2. 地租不断上升的原因是（　　　）。

    A. 土地的供给与需求共同增加

    B. 土地的供给不断减少，而需求不变

    C. 土地的需求日益增加，而供给不变

    D. 土地的供给与需求共同减少

3. 劳动供给曲线是（　　　）。

    A. 一条垂直于横轴的直线　　　　　　B. 一条向右上方倾斜的直线

  C. 一条向后弯曲的曲线   D. 一条平行于横轴的直线

 4. 土地的供给曲线是（   ）。

  A. 一条垂直于横轴的直线   B. 一条向右上方倾斜的直线

  C. 一条向后弯曲的曲线   D. 一条向右下方倾斜的直线

 5. 下面不属于公共物品的是（   ）。

  A. 高速公路   B. 路灯   C. 出租汽车   D. 无线电视

二、问答题

 1. 劳动供给曲线为什么向后弯曲？

 2. 什么是洛伦兹曲线和基尼系数？基尼系数的计算公式是什么？

 3. 社会收入分配政策措施有哪些？

 4. 在市场经济条件下，为什么不能完全依靠私人来提供公共物品？

第7章
国民收入理论与实践

教学目标

知识目标：

● 理解国民收入定义、国民收入决定理论、国民收入乘数原理及国民收入分配，掌握不同角度的国民收入核算方法，人均国民收入的定义及世界主要国家间的对比情况。

能力目标：

● 在掌握国民收入相关理论的基础上，能够运用理论知识分析并解决现实宏观经济问题。

引导案例

"双刃剑"

　　一把"双刃剑"乘数反映了国民经济各部门之间存在着密切的联系。比如，建筑业增加投资 100 万元，它不仅会使本部门收入增加，而且会在其他部门引起连锁反应，从而使这些部门的支出与收入也增加，在边际消费倾向为 80% 时，在乘数的作用下最终使国民收入增加 5 倍，即增加 500 万元。为什么会有这种倍数关系，让我们举一例来说明。例如，你花了 50 元去买 10 斤苹果，这样卖水果的小贩收到 50 元后，留下 20%（50×20%＝10 元）去储蓄，拿其余的 80%（50×80%＝40 元）去购买其他商品，这 40 元又会成为其他人的收益。假如这个小贩把 40 元用去购买蔬菜，这又使菜农收益增加了 40 元。菜农再留下 20%（40×20%＝8 元）去储蓄，其余 80%（40×80%＝32 元）去买大米，这样，卖大米的农户又会增加 32 元的收益。如此连续循环下去，社会最后的收益上升到 250 元，其计算方法为

$$50+50×80\%+50×80\%×80\%\cdots=50×（1+80\%+80\%×80\%+\cdots=50×[1/（1-80\%）]=250（元）。$$

250 元是最初需求增加量 50 元的 5 倍，这就是乘数效应的结果。但乘数的作用是双重的，如果上述例子的相反会使国民收入减少 250 元。即当自发总需求增加时，所引起的国民收入的增加要大于最初自发总需求的增加；当自发总需求减少时，所引起的国民收入的减少也要大于最初自发总需求的减少。所以，经济学家形象地把乘数称为一把"双刃剑"。

案例点评：

消费需求、投资需求、出口需求是拉动国民经济增长的三驾马车，国民消费需求不足是抑制我国经济协调增长的主要矛盾。而国民经济发展中的乘数理论又是一把"双刃剑"，无论影响经济发展的消费、投资增加或减少都会影响国民收入的倍数变化。因此，在国民经济运行中更应合理把握这支"双刃剑"。

（资料来源：http://baike.baidu.com/view/988408.htm）

◆ **基本知识点**

7.1　宏观经济主要变量及其衡量

宏观经济研究是通过借助于各个宏观经济变量、宏观经济变量之间的内在联系决定了国民经济的发展方向。宏观经济变量是衡量社会资源是否得到有效利用的显示器。因此，宏观经济变量的研究具有重要的理论价值与现实意义。

7.1.1　国民生产总值

1. 国民生产总值的含义

国民生产总值（gross national product，GNP）即广义的国民收入，是指在一定时期内（年或季），一个国家（地区）所有常住机构单位创造的商品和劳务价值的总和，即收入初次分配的最终结果。

理解国民生产总值需注意几个关键点：一是国民生产总值是市场价值的总和；二是国民生产总值是最终产品的价值总和；三是国民生产总值是流量而非存量；四是计入国民生产总值的项目排除了自给自足的非市场性的交易项目。

国民生产总值（GNP）的核算方法有以下三种：

1）生产法。该方法是从各部门的总产值（收入）中减去中间产品和劳务消耗，得出增加值，而各部门增加值的总和就是国民生产总值。

按生产法核算国内生产总值，可以分为下列部门：农林渔业；矿业；建筑业；制造业；运输业；邮电和公用事业；电、煤气、自来水业；批发、零售商业；金融、保险、不动产；服务业；政府服务和政府企业。把以上部门生产的国内生产总值加总，再与国外要素净收入相加，考虑统计误差项，就得到用生产法计算的 GNP 了。

计算公式为

$$GNP = Q_1 \times P_1 + Q_2 \times P_2 + Q_3 \times P_3 + \cdots + Q_n \times P_n \qquad (7\text{-}1)$$

2）支出法。支出法又称最终产品法，即个人消费支出加上政府消费支出、国内资产形成总额（包括固定资本形成和库存净增或净减）及出口与进口的差额。

用支出法核算 GNP，就是从产品的使用去向出发，把一年内全社会购买的各项最终产品的支出加总而计算出的该年内生产的最终产品的市场价值。

在核算实践中，全社会的购买支出具体表现为一定地区一定时间内个人消费、企业投资、政府购买以及净出口这几方面支出的总和。

① 消费支出。消费支出 C（consumption expenditure）是居民个人购买耐用消费品、非耐用消费品、劳务的支出。建造住宅的支出不包括在内。

② 投资支出。投资支出 I（investment）是增加或更换资本资产（包括厂房、住宅、机械设备、存货）的支出。企业和家庭都有投资支出。

③ 政府对物品与劳务的购买。政府对物品与劳务的购买 G（government expenditure）是指各级政府购买物品和劳务的支出。政府还有一部分支出——转移支付、公债利息不包括在内。原因是这些活动没有相应的物品或劳务的交换发生。

④ 净出口。净出口 X-M（exports-imports）是指一国商品与服务进出口的差额。进口是指一国从国外买入的商品与服务总额，表示收入流到国外，应从本国总购买中减去；出口是指一国卖与国外的商品与服务总额，表示收入从外国流入，应加进本国总购买之中，净出口代表国外购买本国商品与服务的净支出，应计入总支出。计算公式为

$$GNP = C + I + G + (X - M) \qquad (7\text{-}2)$$

3）收入法。收入法又称分配法，是将国民生产总值看作各种生产要素（资本、土地、劳动）所创造的增加价值总额。因此，它要以工资、利息、租金、利润、资本消耗、间接税净额（即间接税扣除政府补贴）等形式，在各种生产要素中间进行分配。这样，将全国各部门（物质生产部门和非物质生产部门）的上述各个项目加以汇总，即可计算出国民生产总值。

2. 实际 GNP 与名义 GNP

国民生产总值以货币作为衡量尺度，随着市场价格的变化，这种货币尺度就会产生计量偏差。为了解决货币尺度的计量偏差问题，需要以某一年的价格作为不变的基期价格，来计算不同年度的国民生产总值。

实际 GNP（real gross national product，RGNP）是以基期不变价格乘以最终商品与劳务的数量，计算得出的国民生产总值。

名义 GNP（nominal gross national product，NGNP）是以现行价格乘以最终商品与劳务的数量，计算得出的国民生产总值，它既反映了总产出的变动，又反映了市场价格的变动。

名义 GNP 增长率等于实际 GNP 增长率与通货膨胀率的加总，因此，即使总产出不变，仅价格水平上升，名义 GNP 仍然会上升。在价格上涨的情况下，国民生产总值的上升只是一种假象，所以使用国民生产总值这个指标时，还必须通过价格指数调整，公式如下

$$实际GNP = \frac{名义GNP}{GNP价格指数}$$　（7-3）

为了使若干年的国民生产总值具有横向与纵向的相对可比性，名义 GNP 需要经过价格指数换算为实际 GNP。不同时期的国民生产总值的差异既可能是由于商品和劳务的实物数量的区别，也可能是由于价格水平的变化。

名义 GNP 与实际 GNP 为了能够对不同时期的国民生产总值进行有效的比较，我们选择某一年的价格水平作为标准，各年的国民生产总值都按照这一价格水平来计算。这个特定的年份就是所谓的基年，这一年的价格水平就是所谓的不变价格。

用不变价格计算的国民生产总值叫做实际国民生产总值，用当年价格计算的国民生产总值叫做名义国民生产总值。

需要指出的是，在实际国民生产总值的核算中，各个国家一般每过几年就重新确定一个基年。例如，当我们把 2010 年作为基年时，该年的名义国民生产总值和实际国民生产总值就会相等。假定价格水平一直处于上升过程，那么在 2010 年以前，名义国民生产总值就会小于实际国民生产总值；在 2010 年以后，名义国民生产总值就会大于实际国民生产总值。

3. GNP 与人均 GNP

人均国民收入（national income per capita，NIPC）是一国在一定时期内（通常为一年）按人口平均的国民收入占有量，反映国民收入总量与人口数量的对比关系，与人均国民生产总值（GNP）相等，与人均国内生产总值（GDP）大致相当。人均国民收入水平是衡量一国经济实力和人民富裕程度的一个重要指标，它与人口增长成反比，与国民收入增长成正比。人均国民总收入和人均收入是两个不同的概念，人均国民总收入既包括企业所得与政府所得，也包括居民个人所得；而人均收入只包括居民个人所得。

按照人均国民总收入水平，世界银行对世界各国经济发展水平进行分组，通常把世界各国分成四组，即低收入国家、中等偏下收入国家、中等偏上收入国家和高收入国家。但是，上述标准不是一成不变的，而是随着经济的发展不断进行调整。按世界银行公布的数据，2014 年的最新收入分组标准如表 7.1 所示。

表 7.1　世界银行 2014 年最新收入分组标准数据

人均国民收入分组	划分标准/美元
低收入国家	1005 以下
中等偏下收入国家	1006～3975
中等偏上收入国家	3976～12 275
高收入国家	12275 以上

国民总收入（GNI）以本国货币计算，为便于经济体之间的比较分析，通常会按照官方汇率转换为美元。但如有理由认定官方汇率大幅偏离了国际交易中实际应用的汇率，则可采用替代汇率。为平衡价格与汇率的波动，世界银行采用了一种特殊的换算方法——图表集法。这种方法采用一种转换系数求出给定年及此前两年汇率的平均值，根据该国 G5 国家（法国、德国、日本、英国和美国）之间的在 2000 年期间的通胀率差异进行调整。自 2001 年起，涉及面扩展到欧元区、日本、英国和美国。

2010～2014 年世界各国（或地区）人均国民总收入排名如表 7.2 所示。

表 7.2 2010～2014 年世界各国（或地区）人均国民总收入排名

单位：美元

国家（或地区）名称	2010 年	2011 年	2012 年	2013 年	2014 年
挪威	88 430	90 270	99 100	104 260	103 050
卡塔尔	66 430	71 340	79 380	87 150	90 420
澳大利亚	46 490	50 060	59 760	65 410	64 680
瑞典	53 810	56 020	58 600	61 750	61 600
丹麦	60 820	61 490	60 680	61 740	61 310
美国	48 950	50 450	52 540	54 070	55 200
新加坡	44 790	48 330	51 390	54 580	55 150
加拿大	44 450	47 090	51 020	52 570	51 690
荷兰	53 320	53 130	51 760	51 060	51 210
德国	44 780	46 410	46 700	47 250	47 640
冰岛	36 710	37 720	40 700	46 650	47 640
比利时	47 200	47 130	46 900	46 340	47 030
爱尔兰	44 100	42 450	41 460	43 080	44 660
阿联酋	33 690	34 400	38 360	42 420	43 480
法国	43 800	44 220	43 180	43 550	43 080
英国	40 470	40 090	40 600	41 590	42 690
日本	41 980	45 190	47 830	46 330	42 000
中国香港特别行政区	33 620	35 690	36 320	38 520	40 320
以色列	29 480	31 170	32 160	33 930	34 990
意大利	37 700	37 690	36 020	35 430	34 280
韩国	21 320	22 620	24 640	25 870	27 090
塞浦路斯	30 690	31 490	28 890	27 520	26 370
希腊	27 580	24 980	23 690	22 610	22 090
葡萄牙	22 930	22 630	21 150	21 310	21 320

续表

国家（或地区）名称	2010 年	2011 年	2012 年	2013 年	2014 年
巴哈马	21 680	21 310	21 460	21 210	21 010
爱沙尼亚	14 570	15 830	16 800	17 970	18 530
乌拉圭	10 400	12 010	13 910	15 640	16 360
拉脱维亚	12 720	13 090	13 910	15 280	15 660
立陶宛	12 350	13 020	13 940	15 100	15 380
智利	10 720	12 270	14 280	15 230	14 900
阿根廷	10 820	12 190	13 470	14 590	14 560
圣基茨和尼维斯	12 650	13 020	13 080	13 760	14 540
塞舌尔	10 190	11 060	12 170	13 430	13 990
波兰	12 630	12 840	13 190	13 440	13 730
匈牙利	13 050	13 020	12 830	13 260	13 470
安提瓜和巴布达	12 620	12 370	12 850	13 050	13 360
赤道几内亚	13 590	13 400	14 020	14 320	13 340
俄罗斯	9 980	10 820	12 730	13 810	13 210
克罗地亚	13 740	14 050	13 460	13 470	13 020
委内瑞拉	11 520	11 760	12 460	11 730	12 820
巴西	9 810	11 210	12 390	12 550	11 760
哈萨克斯坦	7 440	8 190	9 780	11 560	11 670
帕劳	8 900	9 530	9 920	10 000	11 110
巴拿马	8 050	8 110	9 030	10 700	10 970
土耳其	9 980	10 510	10 810	10 980	10 850
马来西亚	8 150	8 840	9 820	10 420	10 660
墨西哥	8 780	8 970	9 680	9 880	9 980
黎巴嫩	8 440	9 080	9 450	9 670	9 880
哥斯达黎加	6 910	7 750	8 750	9 450	9 750
毛里求斯	7 970	8 320	9 010	9 570	9 710
罗马尼亚	8 430	8 520	8 570	9 050	9 370
加蓬	8 330	8 650	9 500	9 670	9 320
土库曼斯坦	4 070	4 660	5 410	6 880	8 020
利比亚	12 710	4 800	11 090	10 610	7 920
博茨瓦纳	5 700	6 840	7 640	8 080	7 880
格林纳达	7 050	7 180	7 160	7 490	7 850

续表

国家（或地区）名称	2010 年	2011 年	2012 年	2013 年	2014 年
哥伦比亚	5 480	6 100	7 020	7 610	7 780
阿塞拜疆	5 370	5 530	6 290	7 350	7 590
保加利亚	6 630	6 870	7 070	7 280	7 420
中国	4 300	5 000	5 870	6 740	7 380
白俄罗斯	5 990	6 130	6 400	6 780	7 340
马尔代夫	6 090	6 770	6 790	6 850	7 290
黑山	6 870	7 200	6 940	7 250	7 240
圣卢西亚	6 580	6 910	6 920	7 060	7 090
多米尼克	6 810	6 970	6 820	6 860	7 070
南非	6 240	7 050	7 640	7 410	6 800
圣文森特和格林纳丁斯	6 030	6 070	6 340	6 540	6 560
秘鲁	4 390	4 890	5 680	6 270	6 410
伊拉克	4 400	4 870	6 180	7 000	6 410
厄瓜多尔	4 390	4 870	5 360	5 760	6 040
多米尼加	5 110	5 310	5 560	5 770	5 950
塞尔维亚	5 850	5 910	5 700	6 050	5 820
纳米比亚	4 380	5 020	5 530	5 850	5 820
泰国	4 320	4 620	5 210	5 360	5 410
阿尔及利亚	4 350	4 460	5 010	5 330	5 340
安哥拉	3 850	4 010	4 520	5 170	5 300
约旦	4 120	4 370	4 660	4 940	5 160
马其顿	4 630	4 730	4 680	4 900	5 070
波斯尼亚和黑塞哥维那	4 680	4 680	4 600	4 780	4 770
斐济	3 650	3 710	4 020	4 370	4 540
阿尔巴尼亚	4 360	4 390	4 370	4 510	4 460
蒙古	2 000	2 610	3 690	4 390	4 320
汤加	3 470	3 790	4 220	4 310	4 280
巴拉圭	2 820	3 120	3 280	3 980	4 150
萨摩亚	3 220	3 590	3 860	3 960	4 050
圭亚那	2 780	3 050	3 440	3 750	3 970
亚美尼亚	3 370	3 430	3 700	3 800	3 810
萨尔瓦多	3 350	3 490	3 600	3 720	3 780

续表

国家（或地区）名称	2010 年	2011 年	2012 年	2013 年	2014 年
格鲁吉亚	2 680	2 850	3 290	3 560	3 720
印度尼西亚	2 540	3 020	3 600	3 760	3 650
乌克兰	2 990	3 110	3 500	3 760	3 560
佛得角	3 430	3 570	3 520	3 590	3 520
菲律宾	2 740	2 620	2 960	3 270	3 440
危地马拉	2 750	2 900	3 130	3 340	3 440
斯里兰卡	2 260	2 580	2 910	3 180	3 400
埃及	2 510	2 730	2 980	3 140	3 280
东帝汶	3 000	4 080	3 940	4 250	3 120
摩洛哥	2 870	2 940	2 910	3 030	3 020
尼日利亚	1 460	1 710	2 460	2 690	2 950
玻利维亚	1 760	1 960	2 220	2 550	2 830
斯威士兰	2 600	2 750	2 860	2 760	2 700
刚果（布）	2 210	2 200	2 480	2 590	2 680
摩尔多瓦	1 820	1 980	2 150	2 470	2 550
不丹	1 990	2 180	2 320	2 330	2 390
基里巴斯	1 980	2 050	2 560	2 880	2 280
洪都拉斯	1 890	2 050	2 040	2 120	2 190
乌兹别克斯坦	1 300	1 510	1 730	1 940	2 090
越南	1 270	1 390	1 560	1 740	1 890
所罗门群岛	910	1 120	1 520	1 830	1 830
尼加拉瓜	1 460	1 570	1 660	1 750	1 830
赞比亚	1 380	1 470	1 730	1 780	1 760
苏丹	1 210	1 430	1 670	1 690	1 740
加纳	1 250	1 420	1 580	1 770	1 620
印度	1 290	1 440	1 530	1 560	1 610
老挝	980	1 090	1 270	1 450	1 600
圣多美和普林西比	1 140	1 240	1 310	1 470	1 570
科特迪瓦	1 290	1 220	1 340	1 450	1 550
巴基斯坦	1 060	1 140	1 250	1 360	1 410
喀麦隆	1 170	1 200	1 220	1 290	1 350
莱索托	1 160	1 370	1 460	1 590	1 350

续表

国家（或地区）名称	2010 年	2011 年	2012 年	2013 年	2014 年
肯尼亚	990	1 020	1 080	1 160	1 280
缅甸	—	—	—	—	1 270
毛里塔尼亚	1 130	1 200	1 280	1 320	1 260
吉尔吉斯斯坦	850	880	1 040	1 220	1 250
孟加拉国	780	870	950	1 010	1 080
塔吉克斯坦	730	780	880	990	1 060
塞内加尔	1 040	1 030	1 030	1 050	1 050
乍得	920	900	980	1 000	1 010
柬埔寨	740	810	880	950	1 010
南苏丹	1 080	920	830	940	960
坦桑尼亚	690	720	760	840	930
津巴布韦	560	730	820	860	860
科摩罗	790	810	810	840	840
海地	660	710	760	810	830
贝宁	710	720	750	790	810
尼泊尔	540	610	690	720	730
塞拉利昂	470	500	530	680	720
马里	660	670	660	690	720
布基纳法索	610	610	640	660	710
阿富汗	510	570	690	690	680
乌干达	510	550	590	600	660
卢旺达	520	560	610	630	650
莫桑比克	460	490	540	610	630
多哥	460	470	490	530	580
几内亚比绍	560	610	590	590	570
埃塞俄比亚	380	390	420	470	550
厄立特里亚	310	390	450	490	530
几内亚	400	410	440	460	480
冈比亚	580	510	520	500	450
马达加斯加	420	420	430	440	440
尼日尔	370	370	400	410	430

续表

国家（或地区）名称	2010 年	2011 年	2012 年	2013 年	2014 年
刚果（金）	320	330	370	400	410
利比里亚	270	330	370	390	400
中非	480	490	490	320	330
布隆迪	200	220	240	260	270
马拉维	350	360	320	270	250

数据来源：国际货币基金组织。

根据表 7.2 中数据，发展中国家的人均国民收入水平远远落后于发达国家，事实上，人口因素是造成上述结果的主要原因。第二次世界大战后，发展中国家经济发展速度快于发达国家，人口增长速度则大大超过发达国家，从而，发达国家与发展中国家人均国民生产总值的水平差距不断地被拉大。为了提高人均国民收入水平，在大力发展经济、增加生产的基础上，一定要合理地调控人口增长率与人口结构比例。制约人均国民收入水平的决定性因素是每一就业人口平均提供的国民收入额，其次则是就业人口占劳动适龄人口的比例及适龄劳动人口占总人口的比例。后两者的比例增大，有利于提高人均国民收入水平，但是与提高每一在业人口的人均国民收入额相比，这种增加作用则是非常有限的。

4. GNP 与 GDP

国民生产总值（GNP）即广义的国民收入，是指一个国家（地区）所有常住机构单位在一定时期内（年或季）收入初次分配的最终成果。不考虑生产要素的归属地，GNP 遵循国民原则，核算本国国民创造的收入。国民生产总值反映一国的经济发展水平，按照可比价格计算得出的国民生产总值就是经济增长率。

国内生产总值（gross domestic product，GDP）是指在一定时期内（一个季度或一年），一个国家或地区的经济中所生产出的全部最终产品和劳务的价值，被公认为是衡量国家经济状况的最佳指标。GDP 遵循国土原则，核算在一定时期，本国国土领域内的产品和劳务的最终价值。

国民生产总值（GNP）与国内生产总值（GDP）都是核算经济总量产出的宏观指标，但是二者也有区别：一是核算统计口径不同，GNP 包括物质生产部门与非物质生产部门，而 GDP 仅包括物质生产部门；二是价值构成不同，GDP 强调社会生产创造价值增值的过程，而 GNP 强调国民获得的总收入。

一个国家常驻机构单位从事生产活动所创造的增加值（国内生产总值）在初次分配过程中主要分配给这个国家的常驻机构单位，但也有一部分以劳动者报酬和财产收入等形式分配给该国的非常驻机构单位。同时，国外生产单位所创造的增加值也有一部分以劳动者报酬和财产收入等形式分配给该国的常驻机构单位，从而产生了国民生产总值概念，它等于国内生产总值加上来自国外的劳动报酬和财产收入减去支付给国外的劳动者报酬和财产收入。

GNP 与 GDP 的关系如式（7-4），其中 A 表示外国居民在本国的产出和劳务，B 表示本国居民在国外的产出和劳务，公式为

$$GNP = GDP - A + B \qquad (7\text{-}4)$$

GNP 作为综合经济指标的主要优点在于：①它仅计算产品生产与劳务提供过程中的价值增值部分，省略了重复计算的过程；②它不仅计入了物质生产部门的增加值，而且也计入了所有服务部门的增加值。因此，GNP 有效地反映了现代产业结构的变动，以及教育、科学技术、金融等第三产业的发展状况。

7.1.2 其他经济变量

1. 国民生产净值

国民生产净值（net national product，NNP）是指在一定时期内，国民经济各个部门生产的最终产品和劳务价值的净值，在数量统计口径上，NNP 包括国内生产净值（net domestic product，NDP）和国外净收入（net income from abroad，NIFA）。

在实物形态上，国民生产净值（NNP）是社会总产品扣除已消耗的生产资料和用于扩大再生产资料的剩余部分。在价值形态上，国民生产净值（NNP）等于国民生产总值（GNP）扣除资本折旧（depreciation，D）。

国民生产净值（NNP）的计算公式为

$$NNP = NDP + NIFA \qquad (7\text{-}5)$$
$$NNP = GNP - D \qquad (7\text{-}6)$$

2. 国民收入

国民收入（national income，NI）的概念有广义与狭义之分，通常所说的国民收入是指"广义上的概念"，它是反映一国国民经济发展水平的综合指标，即国民生产总值（GNP）或国内生产总值（GDP）。在经济社会中，国民收入（NI）反映的主体是整个社会的积累与消费的关系。

狭义的国民收入是指按生产要素报酬计算的国民收入。在此所讲的国民收入特指狭义的国民收入，在统计数量上，NI 等于国民生产净值（NNP）减去间接税和企业转移支付，再加上政府补贴，也等于各种生产要素报酬的加总。

3. 个人收入

个人收入（personal income，PI）是指个人从各种途径所获取的收入总和，包括工资、租金收入、股利与股息及社会福利等。个人收入（PI）是预测未来消费者购买力的

评估指标，PI 提高预示经济形势向好，相应地，社会总支出就会增加；反之，PI 下降就会压缩社会总支出。

在数量统计上，个人收入（PI）等于国民收入（NI）扣除应当作为生产要素报酬支付的部分，再加上个人获得的非生产要素报酬收入。个人收入的计算公式为

$$PI = NI - CNR - CT - SE + TP + PR \qquad (7\text{-}7)$$

式中，PI 代表个人收入；NI 代表国民收入；CNR 代表企业的未分配利润；CT 代表企业所得税；SE 代表社会保险费；TP 代表转移支付；PR 代表个人的股息与红利收入。

4. 个人可支配收入

个人可支配收入（disposable personal income，DPI）是指在一定时期内（通常为一年），一国所有人（包括私人非营利机构）获得的可用于个人消费和储蓄的收入。

在数量统计上，个人可支配收入（DPI）等于个人收入（NI）扣除各种应税支出和非应税支出后的余额，DPI 是个人消费支出的决定性因素，因而，常被用来衡量一国国民的富裕程度。个人可支配收入（DPI）与个人收入（PI）的关系，计算公式为

$$DPI = PI - PT - NPT + TP \qquad (7\text{-}8)$$

式中，DPI 代表个人可支配收入；PI 代表个人收入；PT 代表应税支出；NPT 代表非应税支出；TP 代表转移支付。

7.2　国民经济循环流程

宏观经济学通常采用简化的模型来反映国民经济的运行过程，这个模型就是分析国民收入决定因素的有效工具。本节分别研究两部门经济、三部门经济及四部门经济的国民收入循环流程。

7.2.1　两部门经济的国民收入循环流程

两部门经济是假设不存在对外贸易与政府行为，因此，整个国民经济仅包括居民与企业的经济行为。一方面，居民既是最终产品的消费者，又是生产要素的供给者；另一方面，企业既是生产要素的消费者，又是最终产品的供给者。国民收入循环过程就是：居民向企业提供生产要素，同时居民获得生产要素收入；企业向居民提供最终产品，同时获得产品销售收入。从总支出的角度看，将企业库存视为存货投资 I，因此，国内生产总值 Y 等于消费 C 加上投资 I，计算公式为

$$Y = C + I \qquad (7\text{-}9)$$

从总收入的角度看，总收入的一部分用于消费 C，其余用于储蓄 S，国内生产总值 Y 等于消费 C 加上储蓄 S，计算公式为

$$Y = C + S \qquad (7\text{-}10)$$

因此，储蓄-投资恒等式为

$$S=I \qquad (7\text{-}11)$$

两部门经济的国民收入循环流程如图 7.1 所示。

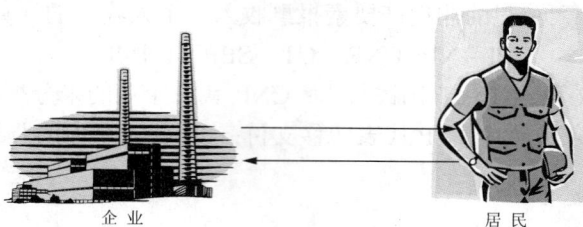

图 7.1　两部门经济的国民收入循环流程

7.2.2　三部门经济的国民收入循环流程

三部门是指包括国内消费者和生产厂商以及政府的经济社会，因此，包括税收 T 和政府支出 G。投资 I、政府支出 G、税收 T 变动对国民收入的乘数小于封闭经济，这是由于收入的增加部分被进口所分担。从总支出的角度看，将企业库存视为存货投资 I，因此，国内生产总值 Y 等于消费 C 加上投资 I 和政府支出 G，即

$$Y=C+I+G \qquad (7\text{-}12)$$

从总收入的角度看，总收入 Y 的一部分用于消费 C 和纳税 T，其余用于储蓄 S，国内生产总值 Y 等于消费 C 加上储蓄 S 和税收 T，即

$$Y=C+T+S \qquad (7\text{-}13)$$

因此，储蓄-投资恒等式为

$$S+（T-G）=I \qquad (7\text{-}14)$$

三部门经济的国民收入循环流程如图 7.2 所示。

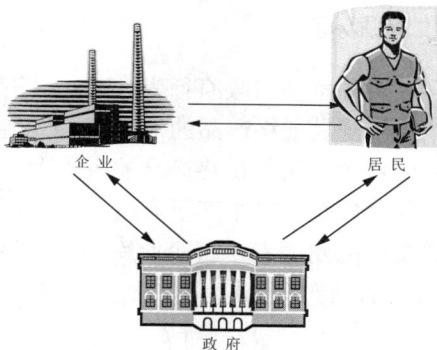

图 7.2　三部门经济的国民收入循环流程

7.2.3　四部门经济的国民收入循环流程

四部门是指包括国内消费者、生产厂商、政府以及国外市场的经济社会，因此，还包括对外贸易（$X-M$）。从总支出的角度看，将企业库存视为存货投资 I，因此，国内生产总值 Y 等于消费 C 加上投资 I、政府支出 G 及净出口（$X-M$），即

$$Y=C+I+G+（X-M）\tag{7-15}$$

从总收入的角度看，总收入 Y 的一部分用于消费 C、对外转移支付 K_r 及纳税 T，其余用于储蓄 S，国内生产总值 Y 等于消费 C 加上储蓄 S、税收 T 及对外转移支付 K_r，即

$$Y=C+T+S+K_r\tag{7-16}$$

因此，储蓄-投资恒等式为

$$S+（T-G）+（M-X）+K_r=I\tag{7-17}$$

四部门经济的国民收入循环流程如图 7.3 所示。

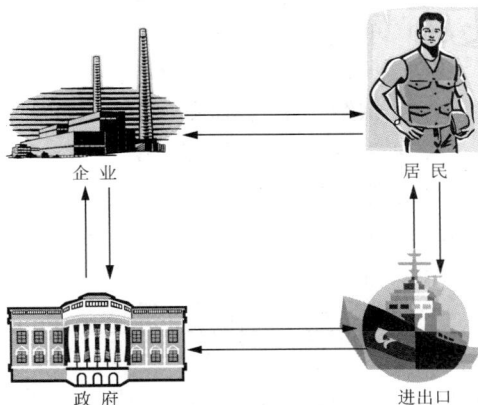

图 7.3　四部门经济的国民收入循环流程

美国经济学家米尔顿·弗里德曼提出持久收入消费理论，即消费支出取决于可预计的持久收入[①]。短期的收入变动并不会影响消费支出，当且仅当收入的变动被确认为持久时，消费支出才会发生调整。理性的消费者为了实现效应最大化，不是根据现期的暂时性收入，而是根据长期中能保持的收入水平即持久收入水平来做出消费决策的。现期的持久收入等于现期收入和前期收入的加权平均数，加权数的大小取决于人们对未来收入的预期，这种预期要根据过去的经验进行修改，称为"适应性预期"。

7.3　简单国民收入的决定

国民收入的决定因素包括社会总产出与社会总需求，总产出与总需求构成了整个国

---

① 持久收入大致可以根据所观察到的若干年收入的数值的加权平均数来计算。

民经济循环的流程。因此，国民收入的决定因素也就是总产出与总需求的决定因素。下面分别从需求与供给的角度来研究国民收入的决定。

7.3.1 均衡国民收入

1. 均衡国民收入的含义

均衡国民收入又称均衡产出，是指与总需求相一致的经济产出，也就是经济社会的总收入等于总支出，或者说是指总需求和总供给相等时的国民收入，如图 7.4 所示。在现实的经济中，四部门经济的国民收入研究更加具有现实意义，物品需求 Z 等于消费 C、投资 I、政府支出 G 以及对外贸易之和（$X-M$），即

$$Z \equiv C+I+G+(X-M) \qquad (7-18)$$

消费 C 与收入 Y 的关系，即

$$C=c_0+c_1(Y-T) \qquad (7-19)$$

由式（7-18）和式（7-19）可以得出

$$Z \equiv c_0+c_1(Y-T)+I+G+(X-M) \qquad (7-20)$$

当物品市场处于均衡时，总供给等于总需求，总收入等于总支出，即

$$Y \equiv c_0+c_1(Y-T)+I+G+(X-M) \qquad (7-21)$$

式中，Y 是总产出；c_0 是自愿消费需求；c_1 是边际消费倾向；T 是税收；I 是投资需求；G 是政府购买；X 是出口需求；M 是进口需求。

对式（7-21）整理后，可以得出下式

$$Y=\frac{c_0+I+G+X-M-c_1T}{1-c_1} \qquad (7-22)$$

式中，（$c_0+I+G+X-M-c_1T$）为自主支出；c_1 为边际消费倾向，$0<c_1<1$，因此，$1/(1-c_1)>1$，这一数值与自主支出相乘为乘数。

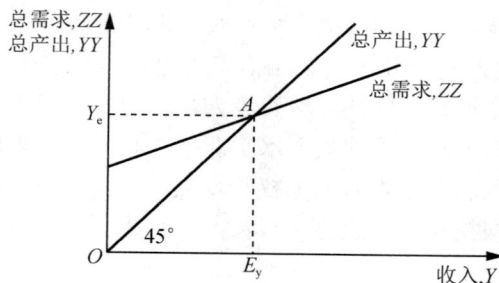

图 7.4 均衡国民收入

从需求角度分析，边际消费倾向是决定经济产出的主要因素，然而贫富程度不同的人口拥有不同的边际消费倾向，所以合理的国民收入分配有利于国民经济的可持续增长。

2. 消费函数

消费函数（function of consumption）是指反映消费支出与影响消费支出的因素之间的函数关系式。根据凯恩斯理论，在影响消费的各种因素中，收入是决定消费的主导因素，收入的变化决定消费的变化。随着收入的增加，消费也会增加，但是消费的增加不及收入的增加多。

消费函数又称消费倾向，表明了收入（Y）与消费（C）两个经济变量之间的关系，其函数关系为

$$C = C（Y）\tag{7-23}$$

平均消费倾向（average propensity to consume，APC）是指在某一收入水平上，消费支出与收入水平的比率，平均消费倾向 APC 也呈递减规律，且 APC 大于边际消费倾向 MPC，用公式表示为

$$APC = C/Y, \quad 0 < APC < 1 \tag{7-24}$$

边际消费倾向（marginal propensity to consume，MPC）是指增加消费和增加收入之间的比率，也就是增加 1 单位的收入中用于增加消费部分的比率，消费是随收入增加而相应增加的，但消费增加的幅度低于收入增加的幅度，即边际消费倾向递减。用公式表示为

$$MPC = \Delta C/\Delta Y, \quad 0 < MPC < 1 \tag{7-25}$$

消费 C 与收入 Y 之间的线性函数关系为

$$C = c_0 + c_1 Y \tag{7-26}$$

式中，c_0 为自愿消费支出，c_1 为边际消费倾向，c_1 与 Y 的乘积表示收入效应引发的消费。因此，整个公式的经济含义是消费等于自愿消费与收入效应引发的消费，消费函数如图 7.5 所示。

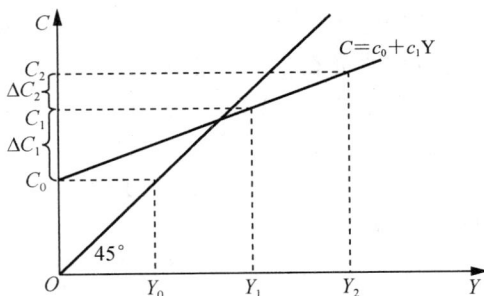

图 7.5 消费函数

3. 储蓄函数

储蓄函数（function of saving）是现代西方经济学的基本分析工具之一，它研究储

蓄与决定储蓄的各种因素之间的依存关系。收入是影响储蓄的主导因素，一般来说，在其他条件保持不变时，储蓄与收入呈正相关关系。

储蓄函数又称储蓄倾向，表明了收入（Y）与储蓄（S）两个经济变量之间的关系，其函数关系为

$$S = S（Y） \tag{7-27}$$

平均储蓄倾向（average propensity to saving，APS）是指在某一收入水平上，储蓄水平与收入水平的比率，平均储蓄倾向 APS 呈递增规律，平均储蓄函数的关系式为

$$APS = S/Y，\ 0 < APS < 1 \tag{7-28}$$

边际储蓄倾向（marginal propensity to save，MPS）是指增加储蓄和增加收入之间的比率，也就是增加 1 单位的收入中用于增加储蓄部分的比率，边际储蓄倾向大于平均储蓄倾向，随着收入的增加，边际储蓄倾向呈递增的趋势，边际储蓄函数的关系式为

$$MPS = \Delta S/\Delta Y，\ 0 < MPS < 1 \tag{7-29}$$

储蓄函数如图 7.6 所示，随着国民收入的提高，储蓄倾向获得进一步提高。

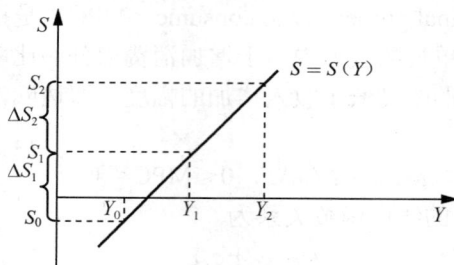

图 7.6　储蓄函数

4. 消费函数与储蓄函数的关系

由于消费（C）与储蓄（S）是互补的，因此，消费函数与储蓄函数之间存在着对应的逻辑关系。边际收入 Y 与边际消费 C、边际储蓄 S 的关系为

$$\Delta Y = \Delta C + \Delta S \tag{7-30}$$

根据式（7-30），可以得出下式

$$\Delta Y/\Delta Y = \Delta C/\Delta Y + \Delta S/\Delta Y = 1 \tag{7-31}$$

因此，边际消费倾向与边际储蓄倾向的关系为

边际消费倾向＝1－边际储蓄倾向

即

$$MPC = 1 - MPS \tag{7-32}$$

同理，平均消费倾向与平均储蓄倾向的关系为

平均消费倾向＝1－平均储蓄倾向

即

$$APC = 1 - APS \qquad (7-33)$$

消费函数与储蓄函数的关系如图 7.7 所示。

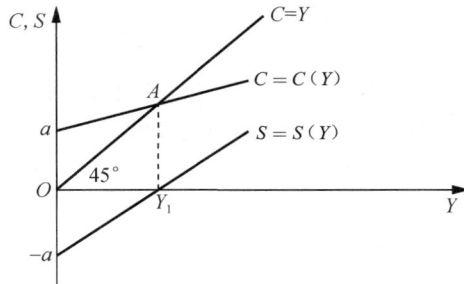

图 7.7　消费函数与储蓄函数的关系

依据图 7.7 的分析，消费函数曲线 $C(Y)$ 与储蓄函数曲线 $S(Y)$ 相互叠加后，就可以得到 45° 的均衡点集合。在均衡点 A 的左侧，消费大于储蓄，储蓄为负，这时宏观经济处于总需求过于旺盛的状态；反之，在均衡点 A 的右侧，消费小于储蓄，储蓄为正，这时宏观经济处于总需求高度萎缩的状态。

7.3.2　国民收入的决定

1. 需求-供给分析

在全球经济一体化的进程中，四部门经济的国民收入研究更加具有现实意义。因此，本节主要分析四部门经济的需求与供给关系。在四部门经济模型中，社会总需求包括消费（C）、投资（I）、政府购买（G）、外贸（$X-M$）。需求-供给分析如图 7-8 所示。

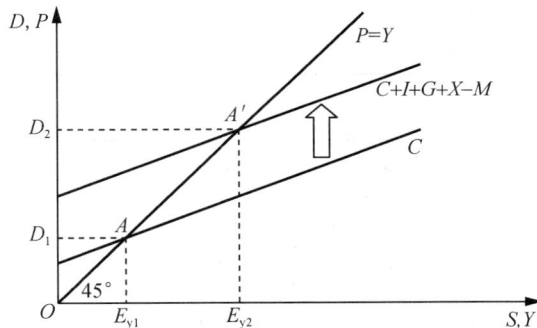

图 7.8　需求-供给分析

在图 7.8 中，横轴代表总供给（S）与总收入（Y），纵轴代表社会总需求（D）与社会总支出（P），45° 线代表总收入（Y）与总支出（P）相互平衡的点集合，即总供给等于总需求的均衡点集合。曲线（$C+I+G+X-M$）是由曲线（C）向上平移单位（$I+G+X-M$）得到的，它与 45° 线的交点 A' 为均衡国民收入。当社会总需求由消费

（C）上升为消费（C）、投资（I）、政府购买（G）、外贸（$X-M$）之和时，均衡国民收入将从 E_{y1} 上升为 E_{y2}。社会总需求上升将拉动社会总支出上升，从而均衡国民收入也必然上升。在均衡点 A' 的左侧，社会总需求（D）大于社会总供给（S），宏观经济处于持续的扩张阶段。在均衡点 A' 的右侧，社会总需求（D）小于社会总供给（S），宏观经济处于持续的收缩阶段。然而，当宏观经济处于非均衡状态时，一国政府就要通过经济政策来调节消费（C）、投资（I）、政府购买（G）、外贸（$X-M$），最终，使得国民收入逐步趋向均衡点。

2. 储蓄-投资分析

在储蓄-投资分析中，仍然着重研究四部门经济的国民收入情况，在此处，忽略对外的转移支付，因此，储蓄-投资恒等式[①]为

$$S+（T-G）+M-X=I \tag{7-34}$$

在图 7.9 中，横轴代表总收入（Y），纵轴代表储蓄（S）与社会总需求（D），曲线 S 代表储蓄曲线，水平曲线 D 代表总需求曲线。当经济处于均衡点 E 时，产出的供给等于社会总需求，即"国民收入刚好等于社会总支出"。在均衡点 E 的左侧，国民经济处于社会总需求大于社会总供给的状况，这将导致宏观经济增长的不可持续性。在均衡点 E 的右侧，国民经济处于社会总需求小于社会总供给的状况，这将导致宏观经济增长处于持续的停滞阶段。当宏观经济处于非均衡状态时，一国政府就要通过经济政策来调节消费（C）、投资（I）、政府购买（G）、外贸（$X-M$）与储蓄（S）的关系，最终使得社会总需求与社会总支出逐步趋向均衡点。

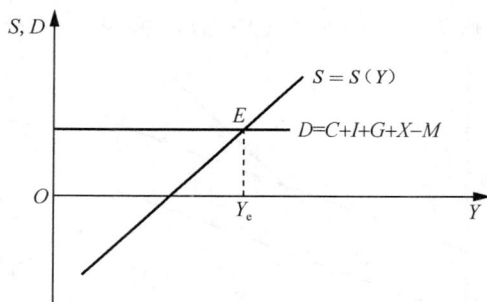

图 7.9　储蓄-投资分析

实质上，储蓄-投资分析与需求-供给分析的结论是一致的，通过上述分析与探讨，社会总需求是影响国民收入变动的主导因素。当社会总供给与社会总需求处于严重偏离状态时，通过调节消费（C）、投资（I）、政府购买（G）、外贸（$X-M$）与储蓄（S）的关系，就可以逐步实现经济的均衡点。

① 储蓄-投资恒等式的推导过程详见 7.2.3 的内容。

7.4　乘　数　效　应

在分析国民收入变动的过程中，消费需求的变动、投资需求的变动、政府需求的变动以及对外贸易需求的变动都会波及国民收入。若国民收入的影响因素发生一个单位的变动，那么国民收入会发生多大幅度的变动呢？

乘数效应是制定宏观政策要考虑的首要因素，某一政策是否具有乘数效应将决定该政策的可操作性。例如，一个促进就业的政策，决策者希望这一政策可以成倍地促进就业增长，但如果没有其他的配套实施政策，最终结果往往不尽如人意，乘数效应很难实现。乘数效应不是一劳永逸，只有相应的配套政策发挥了功效，乘数效应才可能发生内在的功效。

7.4.1　乘数效应的含义

乘数效应（multiplier effect）是一种宏观经济效应，它是指某一经济变量增减所引起的经济总量变化的连锁反应程度。在经济学中，乘数效应也称为支出与收入之比。一般而言，支出变化与总需求的变化是不成比例的。乘数效应是一种宏观经济效应，同时也是一种宏观经济调控手段，其中财政政策乘数用来研究政府支出变化所带来的国民经济影响。

7.4.2　乘数效应的原理

乘数效应的原理是指一个变量的变化以乘数加速度方式引起最终量的变化。下面分别来研究封闭经济与开放经济的乘数效应。

1. 封闭经济中的乘数效应

在封闭经济中，消费乘数为

$$\alpha = \frac{1}{S} = \frac{1}{1-C} \tag{7-35}$$

式中，α 为消费乘数；S 为储蓄倾向；C 为消费倾向。

在封闭经济中，由于进口倾向 M 为 0，所以其消费乘数效应要大于开放经济中的消费乘数效应。

在封闭经济中，投资乘数 β 的大小与消费乘数 α 相一致，这是因为消费（C）、投资（I）、政府支出（G）共同组成了国内总支出。在短期内，消费（C）、投资（I）、政府支出（G）的作用等同于边际消费倾向，乘数效应的大小取决于储蓄（S），这是因为支出倾向与储蓄倾向之和等于 1。然而，在长期内，投资（I）增长对于国民经济增长有着巨大的牵引力，这是因为当投资的产业收入增加时，它会启动新一轮的消费增长和就业增长。

在封闭经济中，政府支出乘数具有显著的效应，当政府投资或公共支出扩大、税收减少时，对国民收入有加倍扩大的作用，从而产生宏观经济的扩张效应；当政府投资或公共支出削减、税收增加时，对国民收入有加倍收缩的作用，从而产生宏观经济的紧缩效应。

2. 开放经济中的乘数效应

在开放经济中，自主性支出扩张对国民经济的扩张效果比封闭条件下小，这是因为在开放经济的支出扩张过程中，一部分支出被边际进口倾向所分散了。

在开放经济中，消费乘数为

$$\alpha = \frac{1}{S+M} = \frac{1}{1-C+M} \tag{7-36}$$

式中，α 为消费乘数；S 为储蓄倾向；M 为进口倾向；C 为消费倾向。

例如，甲国的边际储蓄倾向是 $S=0.04$（即储蓄率为 4%），边际进口倾向是 $M=0.16$，那么甲国的国民收入乘数是多少呢？计算过程为

$$\alpha = 1 \div (S+M) = 1 \div (0.04+0.16) = 5 \tag{7-37}$$

乙国的边际储蓄倾向是 $S=0.83$（即储蓄率为 83%），边际进口倾向是 $M=0.10$，那么乙国的收入乘数是多少呢？计算过程为

$$\alpha = 1 \div (S+M) = 1 \div (0.83+0.10) = 1.075 \tag{7-38}$$

两者相比，差别巨大。乘数效应导致一国经济处于较低水平，而另一国却处于高度发展水平。在现实经济生活中，客观准确地把握乘数的数值是诊断经济和制定政策的关键。当经济增长过快或经济长期处于萧条阶段，在选用某一逆周期的政策之前，经济的决策者必须了解政策的乘数究竟有多大。

7.4.3 乘数效应的双面作用

乘数效应以一个变量的变化以乘数加速度方式引起最终量的增加。它包括正反两个方面作用。当政府投资或公共支出扩大、税收减少时，对国民收入有加倍扩大的作用，从而产生宏观经济的扩张效应。当政府投资或公共支出削减、税收增加时，对国民收入有加倍收缩的作用，从而产生宏观经济的紧缩效应。但乘数发挥作用是要有条件的：一是资源没有充分利用，一旦没有了闲置资源，如厂商想要加大投入，但却没有了人力资源，投资必定会失败，乘数效应也就不能发生了，因此闲置资源是乘数发挥效应的必然条件，否则就会引起需求拉动型通货膨胀，经济就会产生泡沫；二是经济中没有瓶颈部门，否则不但不会发生作用，而且会产生需求拉动型通货膨胀。乘数效应是制定宏观政策要考虑的因素。

◆ **基本技能训练**

1. 讨论：勤俭节约是中华民族的传统美德，那些花光储蓄的"月光族"必然穷困潦倒，而储蓄的人能够过上幸福生活。

2. 结合本章有关内容，思考为什么会出现储蓄悖论。

（提示：国民收入循环流程的研究对象是宏观层面的储蓄-消费关系，消费能够拉动经济增长，经济增长促进国民收入增加；而在个人的储蓄-消费关系中，个人消费与其收入之间是此消彼长的关系。）

◆ **信息传递**

习近平：扩大中等收入群体 完善收入分配制度

中共中央总书记、国家主席、中央军委主席、中央财经领导小组组长习近平 2016 年 5 月 16 日上午主持召开中央财经领导小组第十三次会议，分别研究落实供给侧结构性改革、扩大中等收入群体工作。习近平发表重要讲话强调，推进供给侧结构性改革，是综合研判世界经济形势和我国经济发展新常态作出的重大决策，各地区各部门要重点推进"三去一降一补"，不能因为包袱重而等待、困难多而不作为、有风险而躲避、有阵痛而不前。

会议分别听取了国家发展改革委、国务院国资委、住房城乡建设部推进供给侧结构性改革有关工作方案的汇报，听取了江苏、重庆、河北以及深圳推进供给侧结构性改革情况的汇报，听取了国家发展改革委、财政部、人力资源社会保障部关于扩大中等收入群体工作的汇报。领导小组成员进行了讨论。

1. 深化价格、财税、社保等领域改革

习近平指出，党中央作出推进供给侧结构性改革决策后，各地区各部门认识不断提高，主动开展工作，有关部门出台了一些政策措施，许多地区研究制订了综合性方案和专项方案，成效逐步显现，为推动经济社会发展作出了贡献。同时，有些政策措施需要进一步研究制定，有的地方还没有有力行动起来，有的工作抓得还不精准。

习近平指出，供给侧结构性改革关系全局、关系长远，一定要切实抓好。要深刻理解时代背景，当前我国经济发展中有周期性、总量性问题，但结构性问题最突出，矛盾的主要方面在供给侧。要准确把握基本要求，供给侧结构性改革的根本目的是提高供给质量满足需要，使供给能力更好满足人民日益增长的物质文化需要；主攻方向是减少无效供给，扩大有效供给，提高供给结构对需求结构的适应性，当前重点是推进"三去一降一补"五大任务；本质属性是深化改革，推进国有企业改革，加快政府职能转变，深化价格、财税、金融、社保等领域基础性改革。

习近平强调，要发挥好市场和政府作用，一方面遵循市场规律，善于用市场机制解决问题；另一方面政府要勇于承担责任，各部门各级地方政府都要勇于担当，干好自己该干的事。要突破重点难点，坚持重点论，集中攻关，以点带面。要把工作做细做实，有针对性的制定政策、解疑释惑；具体工作要从实际出发，盯住看，有人管，马上干。要平衡好各方面关系，把握好节奏和力度，注意减少风险隐患。

2. 保障各种要素投入获得回报

习近平强调，扩大中等收入群体，关系全面建成小康社会目标的实现，是转方式调结构的必然要求，是维护社会和谐稳定、国家长治久安的必然要求。扩大中等收入群体，必须坚持有质量有效益的发展，保持宏观经济稳定，为人民群众生活改善打下更为雄厚的基础；必须弘扬勤劳致富精神，激励人们通过劳动创造美好生活；必须完善收入分配制度，坚持按劳分配为主体、多种分配方式并存的制度，把按劳分配和按生产要素分配结合起来，处理好政府、企业、居民三者分配关系；必须强化人力资本，加大人力资本投入力度，着力把教育质量搞上去，建设现代职业教育体系；必须发挥好企业家作用，帮助企业解决困难、化解困惑，保障各种要素投入获得回报；必须加强产权保护，健全现代产权制度，加强对国有资产所有权、经营权、企业法人财产权保护，加强对非公有制经济产权保护，加强知识产权保护，增强人民群众财产安全感。

■ **解读：中等收入群体如何界定**

中国劳动学会副会长苏海南介绍，中等收入群体有很多定义，国际通行的标准是收入处于社会平均收入或收入中位数及其附近区间的劳动者。

我国高度重视扩大中等收入群体。十八届三中全会提出，规范收入分配秩序，完善收入分配调控体制机制和政策体系，增加低收入者收入，扩大中等收入者比重，努力缩小城乡、区域、行业收入分配差距，逐步形成橄榄形分配格局。

形成橄榄形分配格局，关键是让中等收入群体持续扩大。中国（海南）改革发展研究院院长迟福林认为，中等收入群体持续扩大，是释放消费潜力、扩大内需，建设"橄榄形"社会的重要基础。此前，迟福林提出建议，应当把中等收入群体倍增作为国家战略，在收入分配改革总体方案基础上，制定专项国家规划。

2013 年，我国发布《关于深化收入分配制度改革的若干意见》，其中一个重要目标就是中等收入群体持续扩大，"橄榄形"分配结构逐步形成。今年政府工作报告也明确，完善收入分配制度，缩小收入差距，提高中等收入人口比重。

近年来，全社会收入差距逐渐缩小，中等收入群体规模不断扩大，但迈向"橄榄形"分配结构仍有发力空间。苏海南说，扩大中等收入群体的重点和难点是：一方面要使偏低收入者群体进入中等收入群体；另一方面要让现有的中等收入劳动者不因为各种原因重新下掉到低收入群体。

（资料来源：新华社. 2016-5-17. 习近平：不断扩大中等收入群体. 新京报，A05. 要闻.）

绿色 GDP

据世界银行和国内有关研究机构测算，20世纪90年代中期，中国的经济增长有 2/3 是对生态环境透支的基础上实现的。中国的生态环境问题虽然有其自然环境脆弱、气候异常的客观原因，但主要还是人为不合理的经济行为和粗放型资源开发方式导致的。多年计算的平均结果显示，中国经济增长的 GDP 中至少有 18%是靠资源和生态环境的"透支"实现的。

绿色 GDP 是指用以衡量各国扣除自然资产损失后新创造的真实国民财富的总量核算指标，就是从现行统计的 GDP 中，扣除由于环境污染、自然资源退化、教育低下、人口数量失控、管理不善等因素引起的经济损失成本，从而得出真实的财富总量。

（资料来源：中国发展门户网，http://cn.chinagate.cn/）

小结与练习

小结

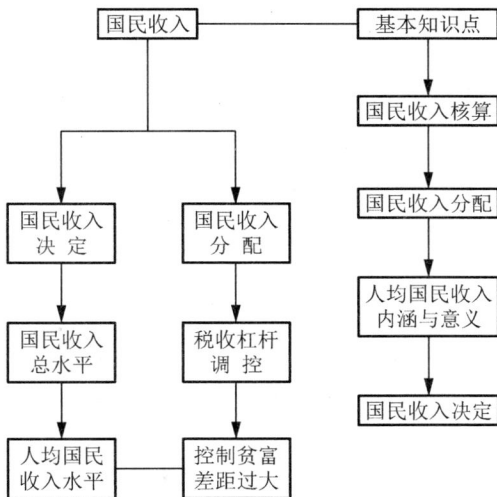

练习

一、单项选择题

1. 国民收入核算的内容不是（   ）。
   A. 物质生产部门劳动者创造出的剩余价值

B. 社会总产值扣除物质消耗后的剩余部分

C. 新创造价值的生产资料和消费资料

D. 商品与劳务的总量乘以货币价格

2. 人均国民收入不是（　　）。

　A. 国民收入总量与人口数量的对比关系

　B. 人均收入的居民个人所得

　C. 与人均国民生产总值相等

　D. 与人均国内生产总值大致相当

3. 世界银行对各国经济发展水平进行分组，分为（　　）。

　A. 低收入国家、中等收入国家、高收入国家

　B. 低收入国家、中等偏下收入国家、高收入国家

　C. 低收入国家、中等偏上收入国家、高收入国家

　D. 低收入国家、中等偏下收入国家、中等偏上收入国家、高收入国家

4. 国民收入分配说法正确的是（　　）。

　A. 初次分配是在全社会范围内进行

　B. 再分配是在物质生产领域内部进行的分配

　C. 财政支出属于再分配

　D. 最终分配兼顾效率与公平

5. 下列关于经济增长说法错误的是（　　）。

　A. 经济增长的因素来源于资本积累和技术进步

　B. 资本积累不能够维持经济的持续增长

　C. 技术进步能够加快经济的增长率

　D. 劳动的边际收益经济增长是递增的

二、问答题

1. 国民收入核算的内容和方法是什么？

2. 为什么说"人均国民收入水平是衡量一国经济实力和人民富裕程度的一个重要指标"？

3. 国民收入的初次分配、再分配和最终分配的相互关系是什么？

4. 储蓄、资本积累和经济产出的内在关系是什么？

5. 均衡产出的经济内涵是什么？

第 8 章
失业、通货膨胀理论与实践

知识目标:

- 对失业、通货膨胀的产生、含义、分类、影响以及相关的理论依据等基本理论知识有一个充分的理解,从而分析失业与通货膨胀之间的关系,进而对思考现实案例做好铺垫。

能力目标:

- 能够通过对有关知识点的掌握,进行失业和通货膨胀现实问题及引导案例的讨论和分析,并给出较合理的解释和回答。

2015 年上半年中国 31 个大城市城镇失业率

中国国家统计局:2015 年上半年中国 31 个大城市城镇失业率为 5.1% 左右,20～24 岁大专以上文化人员失业率为 7.74%,就业形势总体稳定,主要体现在以下几个方面。

(1)失业率波动幅度小

31 个大城市城镇失业率基本保持在 5.1% 左右,波动幅度未超过 0.2%。2015 年 1～3 月,由于受春节假期的影响,失业率呈逐月上升的趋势,3 月份达到了 5.19% 的高点。之后失业率逐月回落,6 月份降到了上半年的最低点 5.06%,与上年同期基本持平。从整个上半年失业率走势看与近几年基本一致,既没有出现大的上升,也未出现大的下降。

(2)企业用工仍在增加

据国家统计局 90 万家企业联网直报统计,2015 年第二季度末,全国规模以上企业就业人员 17 449 万人,比上年同期增加 46 万人,同比增长 0.3%。

(3)城镇新增就业已经完成全年目标任务的 70% 以上

根据人力资源和社会保障部统计,截至 2015 年 6 月末,全国城镇新增就业 718 万人,完成全年目标任务的 71.8%。近年来,大学生就业问题一直是社会关注的焦点。2015 年上半年，20~24 岁大专以上文化人员（主要为近几年毕业大学生）的失业率在波动中呈下降趋势，到 6 月份已降至 7.74%，比 1 月份下降了 1.17 个百分点，比 2014 年同期也下降了 0.7 个百分点。虽然大学生就业情况有所好转，但仍高于总体失业率 2 个多百分点。从 7 月起，新毕业的学生将进入劳动力市场，这部分人的失业率将会转降为升。

（4）部分资源型、装备制造型和压缩产能任务较重地区失业率相对较高

以东北地区为例，2015 年上半年，东北地区的省会城市平均失业率在 7% 左右，比全国平均水平高 2 个百分点左右。这固然与人们的就业观念有关，更与其经济结构比较单一，偏重于资源型、装备制造型有关。华北也有一些省会城市，要么经济结构偏重于资源型，要么压缩产能任务较重，其失业率也比全国平均水平高 1 个百分点左右。

（资料来源：全球经济数据，http://www.qqjjsj.com/zgjjdt/72657.html）

案例点评：

不论失业还是通货膨胀都是伴随着经济周期的高低起伏的过程而产生的现象，现象背后的原因到底是什么？如何解决这些问题？本章旨在通过这些现象探讨并分析失业和通货膨胀的对策。

◆ **基本知识点**

8.1 失 业 理 论

8.1.1 失业和充分就业的含义

衡量失业是一国劳工统计部门的工作，该部门把受调查家庭中的每个成年人（16 岁以上）划分为劳动力人口和非劳动力人口，其中劳动力人口又分为就业者和失业者。

凡在一定年龄范围内愿意工作而没有工作，并正在寻找工作的人都是失业者。如果一个成年人在规定时间内的大部分时间有工作，这个人就被当作就业者。如果一个人不属于前两类中的任何一类，这个人就是非劳动力人口，例如，全日制学生、家庭妇女或退休者。

充分就业并非人人都有工作。失业可以分为由于需求不足而造成的周期性失业，与由于经济中某些难以克服的原因而造成的自然失业，以及隐蔽性失业。消灭了周期性失业时的就业状态就是充分就业，充分就业与自然失业的存在并不矛盾。实现了充分就业时的失业率称为自然失业率，又称充分就业的失业率或长期均衡的失业率。

8.1.2　失业的衡量

失业通过失业率来衡量，一般把劳动力定义为就业者与失业者之和。于是有

$$劳动力人数＝就业者人数＋失业者人数$$

$$失业率＝\frac{失业者人数}{劳动力人数}＝\frac{失业者人数}{就业者人数＋失业者人数} \qquad （8-1）$$

因此，失业率被定义为失业者在劳动力中所占的百分比，即劳动力中没有工作而又在寻找工作的人所占的比例。失业率的波动反映了就业的波动情况。当就业率下降时，由于工人被解雇，失业率上升。一般来说，失业率在经济衰退期间上升，在经济复苏期间下降。1982 年，美国的失业率上升至近 10%，1989 年降到了 5%，1992 年再次上升至近 8%，1995 年又降到 6%以下。

除失业率外，劳动力的参工率也是衡量劳动市场状况的指标。劳动力参工率被定义为劳动力在成年人口中的比例，即

$$劳动力参工率＝\frac{劳动力人数}{成年人口数}＝\frac{就业者人数＋失业者人数}{劳动力人数＋非劳动力人数} \qquad （8-2）$$

例如，1995 年，美国有 1.249 亿人是就业者，740 万人是失业者。劳动力人数为：1.249＋0.074＝1.323（亿），于是失业率是：0.074/1.323＝5.6%。由于成年人口数是 1.986 亿，所以 1995 年美国的劳动力参工率是：1.323/1.986＝66.6%。

8.1.3　失业的分类和原因

经济学将失业归纳为三类，即周期性失业、自然失业和隐蔽性失业。造成这三种失业的原因是不同的。

1. 周期性失业

周期性失业是由于总需求不足而引起的短期失业。它是在对劳动的总需求下降时的情况下产生的，主要是由经济活动的周期性造成的。当经济处于衰退阶段时，随着总支出和产出的下降，失业现象几乎到处存在。它一般出现在经济周期的萧条阶段，故称周期性失业。

凯恩斯所分析的非自愿失业正是这种周期性失业。

2. 自然失业

引起自然失业的原因是多种多样的，按引起失业的原因不同可分为以下类型。

（1）摩擦性失业

由于经济中正常的劳动力流动而引起的失业。在一个动态经济中，各行业、各部门与各地区间劳动需求的变动是经常发生的。这种变动必然导致劳动力的流动，在劳动力

的流动中总有部分工人处于失业状态，这就形成了摩擦性失业。经济中劳动力的流动是正常的，所以这种失业的存在也是正常的。例如，夫妻一方工作调到北京，另一方辞掉工作随之来到北京，该人需要重新择业，则此人处于摩擦性失业状态。

一般还把新加入劳动力队伍正在寻找工作而造成的失业，也归入摩擦性失业的范围之内。例如，刚毕业正在寻找工作的大学生。

（2）求职性失业

工人不满意现有工作，离职去找更理想的工作所造成的失业。这种失业也是劳动力流动的结果，但它又不同于摩擦性失业。因为这种劳动力的流动，不是经济中难以避免的原因所引起的，而是工人自己所造成的，属于自愿失业的性质。失业补助的存在也在一定程度上助长了这种失业。在这种失业中，青年人占的比例相当大，因为青年人往往不满现状，渴望找到更适合于自己的工作。例如，张某在 IBM 工作 3 年后感觉外资企业工作太辛苦，于是辞职重新寻找工作。这个期间张某属于求职性失业状态，直到重新工作才结束此阶段。

（3）结构性失业

由于劳动力市场结构的特点，劳动力的流动不能适应劳动力需求变动所引起的失业。经济结构的变动（如有些部门发展迅速，而有些部门正在收缩；有些地区正在开发，而有些地区已经衰落）要求劳动力的流动能迅速适应这些变动。但由于劳动力有其一时难以改变的技术结构、地区结构和性别结构，很难适应经济结构的这种变动，从而就会出现失业。在这种情况下，往往是"失业与空位"并存，即一方面存在着有工作无人做的"空位"，另一方面又存在着有人无工作的"失业"。如随着经济的发展，我国进行政府结构调整，十大部委撤部转为协会和局级单位，一部分人员处于结构性失业状态。

（4）技术性失业

由于技术进步所引起的失业。在经济增长过程中，技术进步的必然趋势是生产中越来越广泛地采用了资本密集性技术，越来越先进的设备代替了工人的劳动。这样，对劳动力需求的相对缩小就会使失业增加。此外，在经济增长过程中，资本品相对价格的下降和劳动力相对价格的上升加剧了机器取代工人的趋势，从而也就加重了这种失业。在长期中，技术性失业是很重要的，属于这种失业的工人大都是文化技术水平低，不能适应现代化技术要求的工人。例如，2008 年上海地区具备高技术的工人紧缺，而一部分不具备该技术的工人却不能适应上海发展的需要，处于技术性失业状态。

（5）季节性失业

由于某些行业生产的季节性变动所引起的失业。某些行业的生产具有季节性，生产繁忙的季节所需的工人多，生产淡季所需的工人少，这样就会引起具有季节性变动特点的行业的失业。这些行业生产的季节性是自然条件决定的，很难改变。因此，这种失业也是正常的。在农业、建筑业、旅游业中，这种季节性失业最严重，如导游在旅游旺季的时候很忙，淡季的时候处于季节性失业状态。

（6）古典性失业

由于工资刚性所引起的失业。按照古典经济学家的假设，如果工资具有完全的伸缩性，则通过工资的调节能实现人人都有工作。也就是说，如果劳动的需求小于供给，则工资下降，直至全部工人都被雇用为止，从而不会有失业。但由于人类的本性不愿使工资下降，而工会的存在与最低工资法又限制了工资的下降，这就形成工资能升不能降的工资刚性。这种工资刚性的存在，使部分工人无法受雇，从而形成失业。这种失业是古典经济学家提出的，所以称为古典性失业。

3. 隐蔽性失业

隐蔽性失业是指表面上有工作，实际上对生产并没有做出贡献的人，即有"职"无"工"的人。当经济减少就业人员，而产量仍没有下降时，就存在着隐蔽性失业。例如，一个经济中有 3000 万工人，如果减少 600 万工人而国民生产总值并不减少，则经济中存在着20% 的隐蔽性失业。这种失业在发展中国家存在较多。著名发展经济学家阿瑟·刘易斯曾指出，发展中国家的农业部门存在着严重的隐蔽性失业。

8.1.4　失业的影响

1. 失业的有利影响

失业有利于人力资源的重新配置。当人员的素质不适合企业发展的要求时，企业可进行裁员，以便于更好地提高生产效率，重新聘用适合企业发展的人才。尤其是当存在隐蔽性失业时，失业有助于企业剔除对生产未做出贡献的人，从而优化人力资源的配置和管理。

2. 失业的不利影响

（1）个人收入降低，生活水平下降

对于个人来说，如果是自愿失业，则会为其带来闲暇的享受。但如果是非自愿失业，则会使其收入减少，从而生活水平下降。失业威胁着作为经济单位的家庭的稳定。没有收入或收入遭受损失，户主就不能起到应有的作用。家庭的要求和需要得不到满足，家庭关系将因此而受到损害。

（2）失业会造成人力资本的损失

对于组织来说，失业会造成人力资本的损失。组织往往会对员工进行一系列的岗前培训和岗位培训，在实践中打造适合组织发展的人才，而失业会造成组织对人力资本投资的失败，最终导致人力资源的流失和浪费。

（3）影响社会稳定，增加政府福利支出

失业同时威胁着作为社会单位的家庭的稳定。西方学者已经发现，高失业率常常与吸毒、高离婚率以及高犯罪率联系在一起。对社会来说，失业增加了社会福利支出，造成财政困难，同时失业率过高又会影响社会的安宁，带来其他社会问题。从整个经济看，失业在经济上最大的损失就是实际国民收入的减少。美国经济学家阿瑟·奥肯在 20 世纪 60 年代所提出的奥肯定律表明，失业率每增加 1%，则实际国民收入减少 2.5%；反之，失业率每减少 1%，则实际国民收入增加 2.5%。它描述了实际 GDP 的短期变动与失业率之间的反方向变动的关系。奥肯定律得到一个重要结论就是，实际 GDP 必须保持与潜在 GDP 同样快的增长，以防止失业率的上升。

8.2 通货膨胀理论

8.2.1 通货膨胀的含义

西方经济学界对通货膨胀的解释并不完全一致，一般所接受的是这样的定义：通货膨胀是物价水平普遍而持续的一定幅度的上升。例如，弗里德曼说："物价普遍的上涨就叫做通货膨胀。"萨缪尔森则说："通货膨胀的意思是，物品和生产要素的价格普遍上升的时期——面包、汽车、理发的价格上升，工资、租金等也都上升。"在理解通货膨胀时应注意：①物价的上升不是指一种或几种物品的物价上升，而是大多数物品和劳务的价格水平的普遍上升，即物价总水平的上升；②不是指物价水平的一时的上升，而是指一定时期物价水平的持续上升。

8.2.2 通货膨胀的衡量

通货膨胀的程度是通过通货膨胀率来反映的。通货膨胀率被定义为从一个时期到另一个时期一般价格水平变动的百分比。如果以 P_t 表示 t 期的价格水平，P_{t-1} 表示（$t-1$）期的价格水平，π_t 表示 t 期的通货膨胀率，则有

$$\pi_t = \frac{P_t - P_{t-1}}{P_{t-1}} = \frac{\Delta P_t}{P_{t-1}} \tag{8-3}$$

根据上面的论述，式（8-3）中的价格水平 P 可以用 GDP 折算指数、消费价格指数 CPI 和生产者价格指数来表示。

1. GDP 折算指数

例如，一家猪肉生产商，2015 年生产了 1000 千克猪肉，每千克为 16 元，故 2015 年该猪肉生产商所创造的 GDP 为 1000×16＝16 000（元）；2016 年生产了 800 千克猪肉，每千克猪肉价格为 21 元，则 2016 年该猪肉生产商所创造的 GDP 为 800×21＝16 800（元）。试问能否说该猪肉商 2016 年比 2015 年生产水平要高？为社会所做出的贡献大？

很明显，仅仅从最终 GDP 的数据来看是欠佳的，2015 年的产量很明显要比 2016 年产量要高。GDP 的变动由两个因素造成：一是所生产的物品和劳务的数量的变动；二是

所生产的物品和劳务价格的变动。因而，这种用当前市场价格来衡量的 GDP，在宏观经济学中被称为名义 GDP。

为了把宏观经济变量中的价格变动因素剔除，只研究物品和劳务的数量变化，一种常用的方法是用不变价格来衡量经济变量，即用以前某一年（称为基年）的价格为基准，衡量经济变量的数值。在宏观经济学中，用不变价格衡量的 GDP 被称为实际 GDP。

假定某一年的名义 GDP 增加，但该年的实际 GDP 没有变动。直观上容易理解，这时名义 GDP 的增加一定是由于经济中价格增加导致的，这一考虑就引出了 GDP 折算指数的定义。所谓 GDP 在第 t 年的折算指数被定为第 t 年名义 GDP 与同一年实际 GDP 的比值，即

$$GDP折算指数 = \frac{名义GDP}{实际GDP} \tag{8-4}$$

例如，若以 2011 年作为基年，某国 2016 年的名义 GDP 为 300 亿元，该年实际 GDP 为 260 亿元，则 2016 年的 GDP 折算指数为 300/260＝115.4%。这表明，2011～2016 年该国价格水平上涨了 15.4%。

2. 消费价格指数

消费价格指数（consumer price index，CPI），又称零售物价指数或生活费用指数，是衡量各个时期居民个人消费的商品和劳务零售价格变化的指标。构造消费价格指数的基本思想是，人们通过有选择地选取一组固定的物品和劳务，然后比较它们按当时价格购买的支出和按基年价格购买的支出，以此来反映消费品的平均价格水平或生活的费用情况。其具体公式为

$$CPI = \frac{\sum p_t^i q_0^i}{\sum p_0^i q_0^i} \times 100\% \tag{8-5}$$

式中，p_0^i 和 p_t^i 分别为商品 i 在基期和 t 期的价格；q_0^i 为所选择的第 i 种物品（或劳务）在基期的数量。

3. 生产者价格指数

作为衡量生产原材料和中间投入品等价格平均水平的价格指数，生产者价格指数（producer price index，PPI）是对给定的一组商品的成本的度量，也被称为工业品出厂价格指数。它与 CPI 的不同之处在于，它包括原材料和中间产品。如果生产物价指数比预期数值高时，表明有通货膨胀的风险。这时的 PPI 称为表示一般价格水平变化的一个信号，被当作经济周期的指示性指标之一，受到政策制定者的密切关注。

生产者物价指数的主要目的是衡量各种商品在不同的生产阶段的价格变化情形。一般而言，商品的生产分为三个阶段：①原始阶段，商品尚未做任何的加工；②中间阶段，商品尚需做进一步的加工；③完成阶段，商品至此不再做任何加工手续。

8.2.3 通货膨胀的分类

对于通货膨胀，西方学者从不同角度进行了分类。

1. 按照价格上升的速度进行分类

按照价格上升速度，西方经济学者认为存在着三种类型的通货膨胀。

1）温和的通货膨胀。温和的通货膨胀指年通货膨胀率在 10%以内。通货膨胀率在 5%以内的通货膨胀称为爬行的通货膨胀，5%～10%的通货膨胀称为步行的通货膨胀。目前，许多国家都存在着这种温和类型的通货膨胀。有些人还认为这种缓慢而逐步上升的价格对经济和收入的增长有积极的刺激作用。

2）奔腾的通货膨胀。奔腾的通货膨胀指年通货膨胀率为 10%～100%。这时，货币流通速度提高而货币购买力下降，并且均具有较快的速度。西方学者认为，当奔腾的通货膨胀发生以后，由于价格上涨率高，公众预期价格还会进一步上涨，因而采取各种措施来保卫自己，以免受通货膨胀之害，这使通货膨胀更为加剧。

3）超级通货膨胀。超级通货膨胀指通货膨胀率在 100%以上。发生这种通货膨胀时，价格持续猛涨，人们都尽快使货币脱手，从而大大加快货币流通速度。其结果是货币完全失去信任，货币购买力猛降，各种正常的经济联系遭到破坏，致使货币体系和价格体系最后完全崩溃。在严重的情况下，还会出现社会动乱。

2. 按照对价格影响的差别分类

按照对不同商品的价格影响的大小加以区分，存在着两种通货膨胀的类型。

1）平衡的通货膨胀。平衡的通货膨胀即每种商品的价格都按相同比例上升。这里所指的商品价格包括生产要素以及各种劳动的价格，如工资率、租金、利率等。

2）非平衡的通货膨胀。非平衡的通货膨胀即各种商品价格上升的比例不完全相同。例如，甲商品价格的上涨幅度大于乙商品的，或者利率上升的比例大于工资上升的比例等。

3. 按照人们的预期程度加以区分

按照这种方法区分有两种通货膨胀类型：一种为未预期到的通货膨胀，即价格上涨的速度超出人们的预料，或者人们根本没有想到价格会上涨。例如，国际市场原料价格的突然上涨所引起的国内价格的上涨，或者在长时期中价格不变的情况下突然出现的价格上涨。另一种为预期到的通货膨胀。例如，当某一国家的物价水平年复一年地按 5%的速度上升时，人们便会预计到，物价水平将以同一比例继续上升。既然物价按 5%的比例增长成为意料之中的事，则该国居民在日常生活中进行经济核算时会把物价上升的比例考虑在内。因此，预料之中的通货膨胀具有自我维持的特点，有点像物理学上运动中物体的惯性。因此，预期到的通货膨胀有时又被称为惯性的通货膨胀。

8.2.4　通货膨胀产生的原因

1. 作为货币现象的通货膨胀

货币数量论在解释通货膨胀方面的基本思想是，每一次通货膨胀背后都有货币供给的迅速增长。

这种理论认为，通货膨胀总是伴随着货币供给量的增加。当货币供给量明显增加，而且其增加速度超过产量的增加速度时，通货膨胀就发生了。根据弗里德曼在 1964～1977 年对美国、日本、英国和联邦德国（现称德国）的逐年平均单位产量的货币量和消费物价的对比研究，货币增长率的变动和通货膨胀率变动的总趋势完全一致，而且货币增长率的变动总是先于消费物价的变动，即总是货币增长在先，通货膨胀在后。这就说明了货币增长是因，通货膨胀是果。因此，结论为：通货膨胀是一种货币现象，是由于货币量比产量增加得更快而造成的。其他许多因素也可以使通货膨胀率发生暂时的变动，但只有当它们影响到货币增长率时，才会对通货膨胀率产生持久的影响。

2. 需求拉动通货膨胀

需求拉动通货膨胀，又称超额需求通货膨胀，是指总需求超过总供给所引起的一般价格水平的持续显著地上涨。需求拉动通货膨胀理论把通货膨胀解释为"过多的货币追求过少的商品"。需求拉动通货膨胀，可以用图 8.1 来说明。

图 8.1 中，横轴 Y 表示总产量（国民收入），纵轴 P 表示一般价格水平。AD 为总需求曲线，AS 为总供给曲线。总供给曲线 AS 起初呈水平状，这表示，当总产量较低时，总需求的增加不会引起价格水平的上涨。在图 8.1 中，产量从 0 增加到 Y_1，价格水平始终稳定。总需求曲线 AD_1 与总供给曲线 AS 的交点 E_1 决定的价格水平为 P_1，总产量水平为 Y_1。当总产量达到 Y_1 以后，继续增加总需求，就会遇到生产过程

图 8.1　需求拉动通货膨胀

中所谓瓶颈现象，即由于原料、生产设备等不足而使成本提高，从而引起价格水平的上涨。图中总需求曲线 AD 继续提高时，总供给曲线 AS 便开始逐渐向右上方倾斜，价格水平逐步上涨。总需求曲线 AD_2 与总供给曲线 AS 的交点决定的价格水平为 P_2，总产量为 Y_2。当总产量达到充分就业的产量 Y_f 时，整个社会的经济资源全部得到利用。图中总需求曲线 AD_3 同总供给曲线 AS 的交点 E_3 决定的价格水平为 P_3，总产量水平为 Y_f。价格水平从 P_1 上涨到 P_2 和 P_3 的现象被称作瓶颈式的通货膨胀。在达到充分就业的产量 Y_f

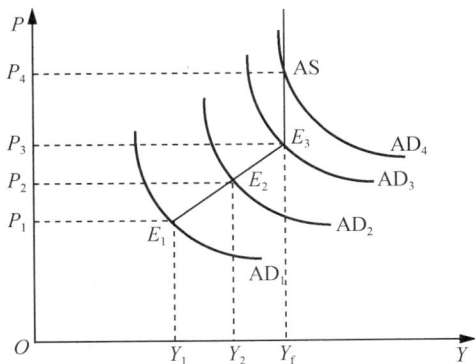

以后，如果总需求继续增加，总供给就不再增加，因而总供给曲线 AS 呈垂直状，这时总需求的增加只会引起价格水平的上涨。例如，图中总需求曲线从 AD₃ 提高到 AD₄ 时，它同总供给曲线的交点所决定的总产量并没有增加。西方经济学家认为，不论总需求的过度增长是来自消费需求、投资需求，或是来自政府需求、国外需求，都会导致需求拉动通货膨胀。需求方面的原因或冲击主要包括财政政策、货币政策、消费习惯的突然改变，国际市场的需求变动等。

3. 成本推动通货膨胀

成本推动通货膨胀，是西方学者企图从供给方面说明为什么会发生一般价格水平上涨的一种理论。成本推动通货膨胀，又称成本通货膨胀或供给通货膨胀，是指在没有超额需求的情况下由于供给方面成本的提高所引起的一般价格水平持续和显著的上涨。

西方学者认为，成本推动通货膨胀主要是由工资的提高造成的。他们把这种成本推动通货膨胀叫做工资推动通货膨胀，以区别于利润提高造成的成本推动通货膨胀。

工资推动通货膨胀是指不完全竞争的劳动市场造成的过高工资所导致的一般价格水平的上涨。据西方学者解释，在完全竞争的劳动市场上，工资率完全取决于劳动的供求，工资的提高不会导致通货膨胀；而在不完全竞争的劳动市场上，由于工会组织的存在，工资不再是竞争的工资，而是工会和雇主集体议价的工资。并且由于工资的增长率超过生产率增长率，工资的提高就导致成本提高，从而导致一般价格水平上涨，这就是所谓工资推动通货膨胀。西方学者进而认为，工资提高和价格上涨之间存在因果关系：工资提高引起价格上涨，价格上涨又引起工资提高。这样，工资提高和价格上涨形成了螺旋式的上升运动，即所谓工资-价格螺旋。

利润推动通货膨胀是指垄断企业和寡头企业利用市场势力谋取过高利润所导致的一般价格水平的上涨。西方学者认为，就像不完全竞争的劳动市场是工资推动通货膨胀的前提一样，不完全竞争的产品市场是利润推动通货膨胀的前提。在完全竞争的产品市场上，价格完全取决于市场的供求，任何企业都不能通过控制产量来改变市场价格；而在不完全竞争的产品市场上，垄断企业和寡头企业为了追求更大的利润，可以操纵价格，把产品价格定得很高，致使价格上涨的速度超过成本增长的速度。

在总需求不变的情况下，包括工资推动通货膨胀和利润推动通货膨胀在内的成本推动通货膨胀，可以用图 8.2 来说明。

图 8.2 中，总需求是既定的，不发生变动，变动只出现在供给方面。当总供给曲线为 AS₁

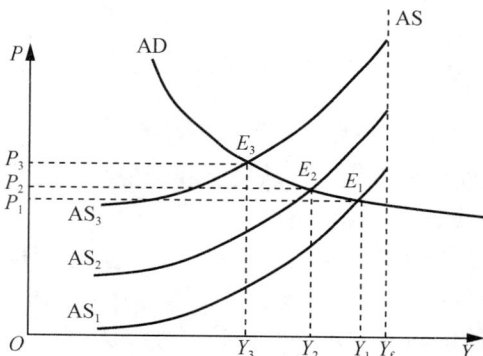

图 8.2　成本推动通货膨胀

时，这一总供给曲线和总需求曲线 AD 的交点 E_1 决定的总产量为 Y_1，价格水平为 P_1。当总供给曲线由于成本提高而移到 AS_2 时，总供给曲线与总需求曲线的交点 E_2 决定的总产量为 Y_2，价格水平为 P_2。这时总产量比以前下降，而价格水平比以前上涨。当总供给曲线由于成本进一步提高而移动到 AS_3 时，总供给曲线和总需求曲线的交点 E_3 决定的总产量为 Y_3，价格水平为 P_3。这时总产量进一步下降，而价格水平进一步上涨。

一些西方学者认为，单纯用需求拉动或成本推动都不足以说明一般价格水平持续上涨，而应当同时从需求和供给两方面以及二者的相互影响说明通货膨胀。于是又有人提出了从供给和需求两个方面及其相互影响说明通货膨胀的理论，即混合通货膨胀理论。

4. 结构性通货膨胀

西方经济学家认为，在没有需求拉动和成本推动的情况下，只是偶遇经济结构因素的变动，也会出现一般价格水平的持续上涨，他们把这种价格水平的上涨叫做结构性通货膨胀。

结构性通货膨胀理论把通货膨胀的起因归结为经济结构本身所具有的特点。据西方学者解释，从生产率提高的速度看，社会结构的特点是，一些部门生产率提高的速度快，另一些部门生产率提高的速度慢；从经济发展的过程看，社会经济结构的特点是，一些部门正在迅速发展，另一些部门渐趋衰落；从同世界市场的关系看，社会经济结构的特点是，一些部门（开放部门）同世界市场的联系十分密切，另一些部门（非开放部门）同世界市场没有密切联系。现代社会经济结构不容易使生产要素从生产率低的部门转移到生产率高的部门，从渐趋衰落的部门转移到正在迅速发展的部门，从非开放部门转移到开放部门，但是，生产率提高慢的部门、正在趋向衰落的部门以及非开放部门在工资和价格问题上都要求"公平"，要求向生产率提高快的部门、正在迅速发展的部门以及开放部门"看齐"，要求"赶上去"，结果导致一般价格水平的上涨。

西方学者通常用生产率提高快慢不同的两个部门说明结构性通货膨胀。由于生产率提高的快慢不同，两个部门的工资增长的快慢也应当有区别。但是，生产率提高慢的部门要求工资增长向生产率提高快的部门看齐，结果使全社会工资增长速度超过生产率增长速度，因而引起通货膨胀。

假定 A、B 分别为生产率提高快慢不同的两个部门，二者的产量相等。部门 A 的生产增长率 $\left(\dfrac{\Delta Y}{Y}\right)A$ 为 3.5%，工资增长率 $\left(\dfrac{\Delta W}{W}\right)A$ 也为 3.5%，这时全社会的一般价格水平不会因部门 A 工资的提高而上涨。但是，当部门 B 的生产增长率 $\left(\dfrac{\Delta Y}{Y}\right)B$ 是 0.5%，而工资增长率 $\left(\dfrac{\Delta W}{W}\right)B$ 因向部门 A 看齐也达到 3.5% 时，这就使全社会的工资增长率超过生产增长率。

全社会的工资增长率为

$$\frac{\Delta W}{W} = \left[\left(\frac{\Delta W}{W}\right)_A + \left(\frac{\Delta W}{W}\right)_B\right] \div 2 = 3.5\% \tag{8-6}$$

全社会的生产增长率为

$$\frac{\Delta Y}{Y} = \left[\left(\frac{\Delta Y}{Y}\right)_A + \left(\frac{\Delta Y}{Y}\right)_B\right] \div 2 = (3.5\% + 0.5\%) \div 2 = 2\% \tag{8-7}$$

这样全社会工资增长率超过生产增长率 1.5%，工资增长率超过生产增长率的百分比就是价格上涨率或通货膨胀率。西方学者认为，上述说明同样适用于在工资问题上渐趋衰落的部门向正在迅速发展的部门看齐、非开放部门向开放部门看齐的情况。

以上从不同角度解释了通货膨胀的起因，通货膨胀往往是各种因素共同作用所引起的，有时某一种因素也许会更加重要，这些原因之间是相互补充的。

8.2.5 通货膨胀产生的经济效应

1. 通货膨胀的再分配效用

通货膨胀的再分配效用如下：

1）在债务人与债权人之间，通货膨胀有利于债务人而不利于债权人。这是因为，债务契约根据签约时的通货膨胀率来确定名义利息率。当发生了未预期到的通货膨胀之后，债务契约无法更改，从而就使实际利息率下降，债务人收益，而债权人受损。这样，就会对贷款，特别是长期贷款带来不利的影响，使债权人不愿意发放贷款。贷款的减少会影响投资，使投资减少。这种不可预期的通货膨胀对住房建设贷款这类长期贷款最不利，从而也就会减少住房投资这类长期投资。

2）在雇主与工人之间，通货膨胀将有利于雇主而不利于工人。这是因为，在不可预期的通货膨胀之下，工资不能迅速地根据通货膨胀率来调整，从而就在名义工资不变或略有增长的情况下使实际工资下降。实际工资的下降就会使利润增加，而利润的增加是有利于刺激投资的。这正是一些经济学家主张以通货膨胀来刺激经济发展的理由。

3）在政府与公众之间，通货膨胀将有利于政府而不利于公众。这是因为，在不可预期的通货膨胀之下，名义工资总会有所增加（尽管并不一定能保持原有的实际工资水平），随着名义工资的提高，达到纳税起征点的人增加了，还有许多人进入了更高的税率登记，这样，政府的税收增加，而公众纳税数额增加，实际收入减少。政府由这种通货膨胀中所得到的税收称为"通货膨胀税"。这实际上是政府对公众的掠夺，这种通货膨胀税的存在，不利于储蓄的增加，也影响了私人与企业投资的积极性。

2. 通货膨胀的产出效应

实际上，国民经济的产出水平是随着价格水平的变化而变化的。下面考虑可能出现的三种情况。

1）随着通货膨胀的出现，产出增加，收入增加。这就是需求拉动通货膨胀的刺激，促进了产出水平的提高。许多经济学家长期以来坚持这样的看法，即认为温和的或爬行的需求拉动通货膨胀对产出和就业将有扩大的效应。假设总需求增加，经济复苏，造成一定程度的需求拉动的通货膨胀，在这种情况下，产品的价格会跑到工资和其他资源价格的前面，由此而增加了企业的利润。利润的增加就会刺激企业扩大生产，从而产生减少失业，增加国民产出的效果。这种情况意味着通货膨胀的再分配后果会由更多的就业、增加产出所获得的收益所抵消。例如，对于一个失业工人来说，如果他唯有在通货膨胀条件之下才能得到就业机会，显然，这受益于通货膨胀。

2）成本推动通货膨胀会使收入或产量减少，从而引致失业。这里指由通货膨胀引起的产出和就业的下降。假定在原来需求水平下，经济实现了充分就业和物业稳定。如果发生成本推动通货膨胀，则原来总需求所能购买的实际产品的数量将会减少。也就是说，当成本推动的压力大而高于物价水平时，既定的总需求只能在市场上支持一个较小的实际产出。所以实际产出会下降，失业会上升。美国20世纪70年代的情况就证明了这一点，1973年末，石油输出国组织把石油价格翻了两番，成本推动通货膨胀的后果使美国1973～1975年的物价水平迅速上升，与此同时，美国失业率从1973年不足5%上升到1975年的8.5%。

3）超级通货膨胀导致经济崩溃，表现如下：

① 随着价格持续上升，居民户和企业会产生通货膨胀预期，即估计物价会再度升高。这样，人们就不会让自己的储蓄和现行的收入贬值，而宁愿在价格上升前把它花掉，从而产生过度的消费购买。这样，储蓄和投资都会减少，使经济增长率下降。

② 随着通货膨胀而来的生活费用的上升，劳动者会要求保证工资上升和物价水平上涨一致，以使实际工资不会下降。于是企业增加生产和扩大就业的积极性就会逐渐丧失。

③ 企业在通货膨胀率上升时会力求增加存货，以便在稍后按高价出售以增加利润，这种通货膨胀预期除了会鼓励企业增加存货外，还可能鼓励企业增加新设备。然而，企业的这些行为到无法筹措到必需的资金时就会停止，银行会在适当时机拒绝继续为企业扩大信贷，银行利率也会上升，企业得到贷款会越来越难。企业被迫要减少存货，生产就会收缩。

④ 当出现恶性通货膨胀时，情况会变得更糟。当人们完全丧失对货币的信心时，货币就再不能执行它作为交换手段和储藏手段的职能。这时，任何一个有理智的人将不愿再花精力去从事财富的生产和正当的经营，而会把更多的精力用在如何尽快把钱花出去，或进行种种投机活动。等价交换的正常买卖，经济合同的签订和履行，经营单位的经济核算，以及银行的结算和信贷活动等都无法再实现，市场经济机制也无法再正常运行，更别说经济增长，大规模的经济混乱也不可避免了。

8.3 失业与通货膨胀的关系及治理

8.3.1 失业与通货膨胀之间的交替关系

菲利普斯曲线是用来表示失业与通货膨胀之间交替关系的曲线，由新西兰经济学家威廉·菲利普斯（Alban William Phillips）提出。

1958 年，菲利普斯根据英国 1861～1957 年失业率和货币工资变动率的经验统计资料，提出了一条用以表示失业率和货币工资变动率之间交替关系的曲线。这条曲线表明：当失业率较低时，货币工资增长率较高；反之，当失业率较高时，货币工资增长率较低，甚至是负数。根据成本推动的通货膨胀理论，货币工资增长率可以表示通货膨胀率。因此，这条曲线就可以表示失业率与通货膨胀率之间的交替关系，即失业率高，则通货膨胀率低；失业率低，则通货膨胀率高。这就是说，失业率高表明经济处于萧条阶段，这时工资与物价水平都较低，从而通货膨胀率也就低；反之，失业率低表明经济处于繁荣阶段，这时工资与物价水平都较高，从而通货膨胀率也就高。失业率与通货膨胀率之间存在反方向变动关系，是因为通货膨胀使实际工资下降，从而能刺激生产，增加劳动的需求，减少失业，可用图 8.3 来说明菲利普斯曲线。

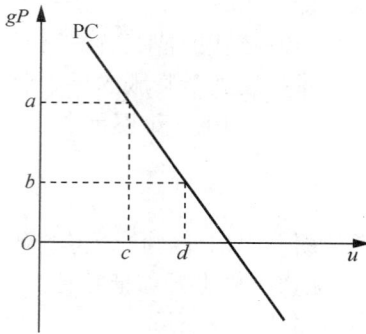

图 8.3 菲利普斯曲线

图 8.3 中，横轴 Ou 代表失业率，纵轴 gP 代表通货膨胀率，向右下方倾斜的曲线 PC 即为菲利普斯曲线。这条曲线表明，当失业率（d）高时，通货膨胀率（b）低；当失业率（c）低时，通货膨胀率（a）高。

菲利普斯曲线所反映的失业与通货膨胀之间的交替关系，基本符合 20 世纪 50～60 年代西方国家的实际情况。进入 70 年代之后，由于滞胀的出现，失业与通货膨胀之间又不存在这种交替关系了。

8.3.2 失业与通货膨胀的治理

1. 失业的治理

失业的治理是一项综合工程，从微观层面讲，可以通过一些方法解决失业问题，如对企业技术选择的引导，加强劳动者的技能培训，为企业创造良好的融资环境，扶植中小企业，提高市场中介的功能。从宏观层面看，按照菲利普斯的观点，当经济中存在失业时，可以用提高通货膨胀的方法来解决失业问题。当经济衰退萧条时，经济中存在大量的失业者,可以通过增加消费者手中的货币来提高物价水平,物价水平提高可以带动生产的发展,从而增加就业量。如可以采取提高工资、降低法定准备率等措施。这些宏观的财政货币政策都很重要,但必须取得微观主体的配合。如考虑到国企改革因素,产权问题解决不好会带来微观投资的失误、不合理的产业结构、僵化的雇用制度、劳动力市场的低效率等问题,因而推动企业改革,建立现代企业制度也是一个塑造微观主体的过程。同时,对失业者进行教育、职业培训,使其增加就业竞争力;对雇主降低其雇用成本等;政府提供免费再就业咨询和服务,鼓励开办企业,发展服务业提供更多就业岗位,完善社会保障制度等都不失为上策,当然根据我国的国情还需要不断探索新的更有效的治理模式。

2. 通货膨胀的治理

由于通货膨胀发生的一个直接原因在于总需求大于总供给,因此当经济运行中出现较大的通货膨胀压力时,政府往往采取紧缩性货币政策和紧缩性财政政策以抑制过旺的总需求。

1)紧缩性货币政策。紧缩性货币政策是指中央银行通过减少货币发行来降低流通中的货币量来抑制通货膨胀。运用货币政策来抑制通货膨胀主要通过两条途径来实现:①降低货币供应量的增长率;②提高利率。

2)紧缩性财政政策。紧缩性财政政策主要是通过削减政府支出和增加财政收入来抑制通货膨胀。

用财政政策来治理通货膨胀主要是通过以下几种方式:①增加税收,使企业和个人的利润和收入减少,从而使其投资和消费支出减少;②削减政府的财政支出,以消除财政赤字、平衡预算,从而消除通货膨胀的隐患;③减少政府转移支付,减少社会福利开支,从而起到抑制个人收入增加的作用。

按照菲利普斯的观点,当经济处于通货膨胀时,可以用提高失业率的方法来解决通货膨胀的问题。当经济处于繁荣时期,需求旺盛,物价水平不断提高,若失业人员增多,则人们手中所掌握的货币减少,从而购买能力下降,会使得需求下降,从而使物价水平降低,可以用来预防和治理通货膨胀。例如,降低工资、抬高利率等措施。

◆ **基本技能训练**

1. 结合实际,分析通货膨胀对中国物价的影响,尤其是 2010 年以后的物价。
2. 阅读分析。

宏观经济政策与失业率

近年来,美国失业率保持一种相对稳定状态,而欧洲的失业率却急剧上升而且保持在 30 年前的水平之上。

如何解释两地劳动力市场的差别呢，部分原因在于两国的宏观经济政策不同。美国只有一个中央银行，即联邦储备系统。他严格监控着美国经济。当失业率的提高影响到居民对经济的信心时，美联储会放松银根，实行积极的货币政策，刺激总需求和提高产出，并防止失业率的进一步提高，实际上这是通过提高通胀率来降低失业率的方法。

而今天的欧洲还不存在这样的机构，欧洲是个国家联盟，它的货币政策由欧洲中央银行统一制定，由于考虑到各国情况的复杂性，欧洲中央银行的目标主要是保持物价的稳定，奉行强有力的货币政策，全力保持低利率和低通胀。在这样的情况下，就无法利用通货膨胀政策来降低失业率。

问题：

（1）什么是失业问题？造成失业率高的原因有哪些？

（2）说明失业和通货膨胀之间的关系。

◆ 信息传递

失业和通货膨胀是政府调控的警戒线

第一个问题，现实经济是非均衡经济，在非均衡条件下必然存在一定程度的失业率和一定程度的通货膨胀率。到现在为止，中国经济仍处在非均衡状态，根据我们改革开放以来的经验，我们的经济需要持续增长。在持续增长的条件下，3%左右的失业率和3%左右的通货膨胀率是社会可以承受的。宏观经济调控的警戒线在什么地方？根据国内的经验，应该是4%的失业率和4%的通货膨胀率，越过这个警戒线，如果失业率超过了4%，可以出台一定宽松的适应经济的政策；通货膨胀率突破了4%，也可以根据情况采取一定的紧缩政策。

第二个问题，城乡二元体系的现状使得中国的经济增长和失业都有自己的特点。在我国，4%的失业率是城镇登记失业率，未包括农民在内。农民工进城有了工作，如果工作了多年失业了，这是不会被统计到城镇登记失业率中的。如果农民在农村闲着没事做，没有出农村，同样是不统计在登记失业率之中的。中国目前的城镇化率只有45%，还有大量的农村人口。20世纪80年代出来的农民工，他们的根在农村，赚钱回家盖房子、讨老婆、生儿育女。1995年以后出来的打工者叫新生代农民工，他们不仅要进城，还要取得和城镇居民一样的待遇，即使在城里失业，也不回农村。所以说，中国的失业和就业都有自己的特点，没有较高的经济增长率是解决不了就业问题的。当城乡二元体制改革进程差不多了，城镇人口增加了，经济高速增长的压力才会逐步减轻。

第三个问题，根据中国多年的经验，只要经济增长率超过9%，就能够保证经济运行比较良好。中国的通货膨胀是三种类型并存的，第一种是需求拉动型的通货膨胀，即投资过多导致的需求过大；第二种是成本推动型的通货膨胀，即由于原材料价格上升推动的整个物价上涨；第三种是国际输入型通货膨胀，即国际市场价格上涨导致的通货膨胀。应对通货膨胀，宏观调控政策应当根据情况松紧搭配。例如，货币政策松一点，同时财政政策紧一点，双紧政策是特殊情况下才使用的。

第四个问题，中国当前固然需要警惕和预防通货膨胀，但更需要注意的是滞胀。中国的"滞"和外国的"滞"是不一样的，国外因为失业压力不大，所以经济增长率达2%～3%就可以了。中国则不然，经济增长下降到6%就是"滞"了，因此我们在运用宏观调控的时候必须慎之又慎，不仅要松紧搭配好，还需要对货币政策和财政政策实行结构化调整。

第五个问题，一方面要加快城乡一体化和城镇化建设，另一方面要大力发展民营经济。中国要扩大内需，城镇化建设就是最大的市场。设想30年之后，到2040年的时候我们的城镇化率达到75%，假定人口是16亿人，那就有12亿人是城镇人口，4亿人留在农村。那么城市要盖多少住房？还要提供公共交通建设，水、暖、电的供给，还有学校、医院、文化设施、服务设施……全世界没有这么大的市场，这必然会促进我们的经济持续稳定发展。城镇化建设不能离开民营经济，民营经济的发展很重要，目前有75%的新增劳动力被民营经济吸收了。今后不妨把政策放宽一点，该减税的减税，该信贷的信贷，该扶持的扶持。

（资料来源：http://news.163.com/1010126/15/5TVD4KCL000120GU.htrr1）

================ 小结与练习 ================

小结

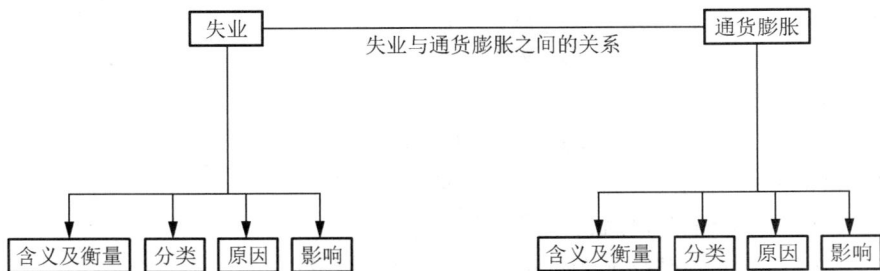

练习

一、单项选择题

1. 假设某个国家的总人口数为3000万人，就业者为1500万人，失业者为500万人，则该国的失业率为（　　）。

    A. 17%   B. 34%   C. 25%   D. 20%

2. 失业率是（　　　）。

    A. 失业人数占劳动力人数的百分比

    B. 失业人数占整个国家人数的百分比

    C. 失业人数占就业人数的百分比

    D. 没有工作的人数占整个国家人数的百分比

3. 充分就业的含义是（　　　）。

    A. 人人都有工作，没有失业者   B. 消灭了周期性失业时的就业状态

    C. 消灭了自然失业时的就业状态   D. 消灭了摩擦性失业时的就业状态

4. 各国的自然失业率是（　　　）。

    A. 始终不变的   B. 由政府根据实际情况确定   C. 零   D. 变化的

5. 引起摩擦性失业的原因是（　　　）。

    A. 工资能升不能降的刚性   B. 总需求不足

    C. 经济中劳动力的正常流动   D. 技术进步

6. 周期性失业是指（　　　）。

    A. 由于某些行业生产的季节性变动所引起的失业

    B. 由于总需求不足而引起的失业

    C. 由于劳动力市场结构的特点，劳动力的流动不能适应劳动力需求变动所引起的失业

    D. 由于工资刚性所引起的失业

7. 隐蔽性失业是指（　　　）。

    A. 表面上有工作，实际上对生产没有做出贡献的人

    B. 实际失业而未去有关部门登记注册的人

    C. 被企业解雇而找不到工作的人

    D. 由于技术进步所引起的失业

8. 以下几种情况，可称为通货膨胀的是（　　　）。

    A. 物价总水平的上升持续了一个星期之后又下降了

    B. 物价总水平上升而且持续了一年

    C. 一种物品或几种物品的价格水平上升而且持续了一年

    D. 物价总水平下降而且持续了一年

9. 可以称为爬行的（或温和的）通货膨胀的情况是指（　　　）。

    A. 通货膨胀率在10%以上，并且有加剧的趋势

    B. 通货膨胀率以5%的速度增长

    C. 年通货膨胀率在10%以下

    D. 通货膨胀率不变

10. 根据菲利普斯曲线，降低通货膨胀率的办法是（   ）。

    A. 减少货币供给量   B. 降低失业率

    C. 提高失业率   D. 增加工资

二、多项选择题

1. 在下列失业类型中，属于自然失业的是（   ）。

    A. 摩擦性失业   B. 求职性失业   C. 结构性失业

    D. 技术性失业   E. 隐蔽性失业

2. 按通货膨胀的严重程度，可将其分为（   ）。

    A. 温和的通货膨胀   B. 奔腾的通货膨胀

    C. 超级的通货膨胀   D. 受抑制的通货膨胀

3. 通货膨胀的原因包括（   ）。

    A. 需求拉动的通货膨胀   B. 供给推动的通货膨胀

    C. 供求混合推动的通货膨胀   D. 结构性的通货膨胀

    E. 滞胀理论

4. 成本推动的通货膨胀可分为（   ）。

    A. 工资成本推动的通货膨胀   B. 利润推动的通货膨胀

    C. 结构性通货膨胀   D. 进口成本推动的通货膨胀

    E. 出口成本推动的通货膨胀

三、判断题

1. 无论什么人，只要没有找到工作就属于失业。   （   ）

2. 衡量一个国家经济中失业情况的最基本指标是失业率。   （   ）

3. 充分就业与任何失业的存在都是矛盾的，因此只要经济中有一个失业者存在，就不能说实现了充分就业。   （   ）

4. 在一个国家里，自然失业率是一个固定不变的数。   （   ）

5. 只要存在失业工人，就不可能有工作空位。   （   ）

6. 新加入劳动力队伍，正在寻找工作而造成的失业属于摩擦性失业。 （   ）

7. 周期性失业就是总需求不足所引起的失业。   （   ）

8. 通货膨胀是指物价水平普遍而持续上升。   （   ）

四、计算题

设统计部门选用 A、B、C 三种商品来计算消费价格指数，所获数据如表 8.1 所示。

表 8.1   A、B、C 三种商品价格

品　种	数　量	基期价格/元	本期价格/元
A	2	1.00	1.50
B	1	3.00	4.00
C	3	2.00	4.00

试计算 CPI 及通货膨胀率。

第9章

经济周期、经济增长理论与实践

教学目标

知识目标：

● 通过本章的学习，要求重点掌握影响经济增长的因素，掌握经济周期的含义与特征，了解经济增长模型。

能力目标：

● 能够通过对有关知识点的掌握，进行相关现实问题及引导案例的讨论和分析，并给出较合理的解释和回答。

引导案例

经济周期和经济增长

1825 年，英国爆发了资本主义历史上的第一次生产过剩性经济危机，以后每隔 10 年左右就有一次这样的危机。面对危机时期生产锐减、物价暴跌、社会动荡、人心不安的状况，人们将这种危机称为"恐慌"或其他令人生畏的名词。同时，也有一些经济学家冷静分析这种现象。就在大多数经济学家仍把危机作为一种孤立的现象时，法国一位原来行医的学者C.朱格拉提出，危机并不是一种独立的现象，而是经济周期性波动中的一个阶段。从那时起，经济周期就成为宏观经济学的主题之一。

经济增长也是古老的经济学议题之一。人类要生存、要发展，其前提就是物质产品的增加。可以说，自从有人类以来，经济增长就是学者们所关心的问题了。现代宏观经济学把经济周期和经济增长都作为以国民收入为中心的经济活动的波动，把经济增长作为宏观经济的目标之一。经济周期是由于总需求变动引起的国民收入短期波动，而经济增长则是由于总供给变动引起的国民收入长期增长。经济周期与经济增长理论是国民收入决定理论的延伸与发展，也是国民收入决定理论的长期化与动态化。

案例点评：

经济波动背后的原因是什么？如何促进经济的增长？发展的理论有哪些？本章旨在介绍经济波动的同时，提出相关经济增长的分析方法和措施。

◆ 基本知识点

9.1 经济周期理论

9.1.1 经济周期的含义

美国著名经济学家保罗·萨缪尔森（Paul A. Samuelson）对资本主义经济的发展曾作了这样的描述："在繁荣之后，可以有恐慌与暴跌，经济扩张让位于衰退。国民收入、就业和生产下降，价格与利润跌落，工人失业，当最终到达最低点以后，复苏开始出现。复苏可以是缓慢的，也可以是快速的。新的高涨可以表现为长期持续的旺盛的需求、充足的就业机会以及增长的生活标准。它也可以表现为短暂的价格膨胀和投机活动，紧接而至的是又一次灾难性的萧条。简单地说，这就是所谓的'经济周期'。"

从萨缪尔森的这种描述中可以看出，经济周期就是国民收入及经济活动的周期性波动。西方经济学家在解释这一定义时强调：

1）经济周期的中心是国民收入的波动，由于这种波动而引起了失业率、物价水平、利率、对外贸易等活动的波动。所以，研究经济周期的关键是研究国民收入波动的规律与根源。

2）经济周期是经济中不可避免的波动。

3）虽然每次经济周期并不完全相同，但其却有共同点，即每个周期都是繁荣与萧条的交替。

9.1.2 经济周期的阶段

萨缪尔森关于经济周期的描述还反映了每个经济周期所要经历的主要阶段。一般把经济周期分为繁荣、衰退、萧条、复苏四个阶段，其中繁荣与萧条是两个主要阶段，衰退与复苏是两个过渡性阶段。可用图 9.1 来说明这四个阶段的情况。

图 9.1 中纵轴 Y 代表国民收入，横轴 t 代表时间（年份），向右上方倾斜的直线 N 代表正常的经济活动水平。A 为顶峰，AB 为衰退，BC 为萧条，C 为谷底，CD 为复苏，DE 为繁荣，E 为顶峰。从 A 到 E 的变化即为一个周期。这四个阶段都有各自的特点：

1）繁荣。国民收入与经济活动高于正常水平的一个阶段。其特征为生产迅速增加，投资增加，信用扩张，需求旺盛，价格水平上升，就业增加，公众对未来乐观。繁荣的最高点称为顶峰，这时就业与产量水平达到最高，但股票与商品的价格开始下跌，存货水平高，公众的情绪正由乐观转为悲观。这是繁荣的极盛时期，也是由繁荣转向衰退的开始。顶峰一般为 1～2 个月。

2）萧条。国民收入与经济活动低于正常水平的一个阶段。其特征为生产急剧减少，投资减少，信用紧缩，需求缩减，价格水平下跌，失业严重，公众对未来悲观。萧条的最低点称为谷底，这时就业与常量跌至最低，但股票与商品的价格开始回升，存货减少，公众的情绪正由悲观转为乐观。这是萧条的最严重时期，也是由萧条转向复苏的开始。谷底一般为 1～2 个月。

3）衰退。从繁荣到萧条的过渡时期，这时经济开始从顶峰下降，但仍未低于正常水平。

4）复苏。从萧条到繁荣的过渡时期，这时经济开始从谷底回升，但仍未达到正常水平。

这四个阶段循环一次，即为一个经济周期。

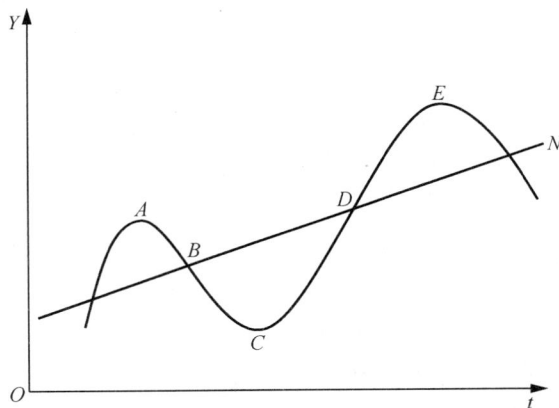

图 9.1　经济周期波动

9.1.3　经济周期的分类

西方经济学家根据经济周期的时间长短，把经济周期分为中周期、短周期与长周期。

世界上第一次生产过剩危机于 1825 年发生于英国，以后经济学家就注意并研究了这一问题，但是他们大多把危机作为一种独立的事物来研究。1860 年法国经济学家克里门特·朱格拉（Clément Juglar）在他的《论法国、英国和美国的商业危机及其发生周期》一书中提出，危机或恐慌并不是一种独立的现象，而是经济中周期性波动的三个连续阶段（繁荣、危机、清算）中的一个，这三个阶段反复出现形成周期现象。他对较长时期的工业经济周期进行了研究，并根据生产、就业人数、物价等指标，确定了经济中平均每一个周期为 9～10 年。这就是中周期，又称朱格拉周期。美国经济学家艾文·哈维·汉森（Alvin Harvey Hansen）把这种周期称为"主要经济周期"，并根据统计资料计算出美国 1795～1937 年间共有 17 个这样的周期，其平均长度为 8.35 年。

1923 年，英国经济学家约瑟夫·基钦（Joseph Kitchin）在《经济因素中的周期与趋势》中研究了 1890～1922 年间英国与美国的物价、银行结算、利率等指标，认为经济周期实际上有主要周期与次要周期两种。主要周期即中周期，次要周期为 3～4 年一次的短周期，又称基钦周期。艾文·哈维·汉森根据统计资料计算出美国 1807～1939 年间共有 37 个这样的周期，其平均长度为 3.51 年。

1925 年，苏联经济学家尼古拉·康德拉季耶夫（Nikolai Kondratiev）在《经济生活中的长期波动》中研究了美国、英国、法国和其他一些国家长期的时间序列资料，认为资本主义社会有一种为期 50～60 年，平均长度为 54 年左右的长期波动。这就是长周期，又称康德拉季耶夫周期。

1930 年，美国经济学家西蒙·史密斯·库兹涅茨（Simon Smith Kuznets）在《生产和价格的长期运动》中提出了存在一种与房屋建筑业相关的经济周期，这种周期长度在 15～25 年之间，平均长度为 20 年左右。这也是一种长周期，被称为库兹涅茨周期，或建筑业周期。

9.1.4 经济发展呈现周期变化的不同解释

经济学家并不满足于对经济周期现象的描述和对经济统计资料的整理。他们力图寻找引起经济周期的原因，建立起一套经济周期理论。自从 19 世纪中期以来，经济学家所提出的经济周期理论有几十种之多。我们就其中一些重要理论做一些介绍。

1. 纯货币理论

纯货币理论是一种用货币因素来解释经济周期的理论。这种理论认为，经济周期是一种纯货币现象。经济中周期性的波动完全是由于银行体系交替地扩大和紧缩信用所造成的。

在发达的资本主义社会，流通工具主要是银行信用，商人运用的资本主要来自银行信用。当银行体系降低利率、扩大信用时，商人就会向银行增加借款，从而增加向生产者的订货。这样就引起生产的扩张和收入的增加，而收入的增加又引起对商品需求的增加和物价上升，经济活动继续扩大，经济进入繁荣阶段。但是，银行扩大信用的能力并不是无限的。当银行体系被迫停止信用扩张，转而紧缩信用时，商人得不到贷款，就减少订货，由此出现生产过剩的危机，经济进入萧条阶段。在萧条时期，资金逐渐回到银行，银行可以通过某些途径来扩大信用，促进经济复苏。根据这一理论，其他非货币因素也会引起局部的萧条，但只有货币因素才能引起普遍的萧条。

应该承认，货币在发展经济中是非常重要的，货币量的变动（即信用的扩大与缩小）对经济周期也有相当大的影响，但把引起经济周期的唯一原因归结为货币并不符合实际情况。

2. 投资过度理论

投资过度理论是一种用生产资料的投资过多来解释经济周期的理论。这种理论认为，无论是什么原因引起了投资的增加，这种增加都会引起经济繁荣。这种繁荣首先表现在对投资品（即生产资料）需求的增加以及投资品价格的上升上。这就更加刺激了对资本品的投资。资本品的生产过度发展引起了消费品生产的减少，从而形成经济结构的失衡。而资本品生产过多必将引起资本品过剩，于是出现生产过剩危机，经济进入萧条。

持有这种理论观点的人对最初引起投资增加的原因又有不同的解释。有些人认为，是货币信用的扩大引起了投资增加，这种观点被称为货币投资过度理论。另一些人认为，是领土的扩大、人口的增加或技术进步引起了投资增加，这种观点被称为非货币投资过度理论。

3. 创新理论

创新理论是一种用技术创新来解释经济周期的理论。创新是指对生产要素的重新组合，例如，采用新生产技术、新的企业组织形式，开辟新产品、新市场等。这种理论首先用创新来解释繁荣和衰退，即创新提高了生产效率，为创新者带来了盈利，引起其他企业仿效，形成创新浪潮。创新浪潮使银行信用扩大、对资本品的需求增加，引起经济繁荣。随着创新的普及，盈利机会的消失，银行信用紧缩，对资本品的需求减少，这就引起经济衰退，直至另一次创新出现，经济再次繁荣。

但经济周期实际上包括繁荣、衰退、萧条、复苏四个阶段。这种理论用创新引起的"第二次浪潮"来解释这一点。这就是说，在第一次浪潮中，创新引起了对资本品需求的扩大和银行信用的扩张。这就促进了生产资本品的部门扩张，进而又促进生产消费品的部门扩张。这种扩张引起物价普遍上升，投资机会增加，也出现了投机活动，这就是第二次浪潮，它是第一次浪潮的反应。然而，这两次浪潮有重大的区别，即第二次浪潮中许多投资机会与本部门的创新无关。这样，在第二次浪潮中包含了失误和过度投资行为。这就在衰退之后出现了另一个失衡的阶段——萧条。萧条发生后，第二次浪潮的反应逐渐消除，经济转向复苏。要是经济从复苏进入繁荣还有待于创新的出现。

4. 乘数–加速原理

现代经济学家十分重视投资变动在引起经济周期中的关键作用，具有代表性的理论就是乘数–加速原理。

乘数是指投资变动所引起的产量的变动。乘数原理说明，由于经济中各部门之间存在密切的联系，某一部门的一笔投资不仅会使本部门的产量增加，而且会对其他部门产生连锁反应，引起这些部门投资与产量的增加，从而使最终产量的增加是原来投资的倍加数。

　　加速原理是指产量变动所引起的投资的变动。加速原理说明，由于现代化大生产的特点是采用大量先进而昂贵的设备，所以在开始生产时，投资要大于产量，即投资的变动率要大于产量的变动率，但当生产能力形成之后，如果产量不以一定的比率增长，投资就无法增加。这就是说，要使投资一直增长，产量就必须按一定比率增加。

　　西方经济学家认为，经济中之所以会发生周期性波动，其根源在于乘数原理与加速原理的相互作用。具体来说，投资增加引起产量的更大增加，产量的更大增加又引起投资的更大增加，这样经济就会出现繁荣。然而，产量达到一定水平后由于社会需求与资源的限制而无法再增加，这时就会由于加速原理的作用使投资减少，投资的减少又会由于乘数的作用使产量继续减少。这两者的共同作用又使经济进入萧条，萧条持续一定时期后，由于乘数与加速原理的共同作用，经济中就形成了由繁荣到萧条，又由萧条到繁荣的周期性运动。

　　除以上四种较为重要的经济周期理论之外，还有运用消费不足来解释生产过剩的消费不足理论，运用人们的心理预期来解释周期的心理理论，运用预期的形成与作用来解释周期的预期理论等。

　　这些理论尽管内容不同，但有一个共同点，即都认为经济周期是由经济体系内的某些内在因素所引起的，因此，经济周期是经济中一种不可避免的现象，是经济发展的规律。人们可以减轻波动的幅度，但无法根除经济周期。这些理论的差别在于所强调的引起周期的关键因素不同。还应指出的是，目前还没有一种公认正确的经济周期理论，各种理论都能解释经济周期中的某些现象，但没有一种是完全令人信服的。各种理论都有自己言之成理的内容，也有无法解释的东西。也许还需要形成一种更有说服力的理论。

9.2　经济增长理论

　　当你在世界各国旅游时，你会看到生活水平的巨大差别。在美国、日本或德国这样的发达国家，平均每人的收入是印度、印度尼西亚或尼日利亚这样的发展中国家平均每人收入的十几倍。这种巨大的收入差异反映在生活质量的巨大差异上，富国拥有更多的汽车、更多的电话、更多的电视机、更好的营养、更安全的住房、更好的医疗保健，以及更长的预期寿命。

　　不同国家和地区之间，经济增长率差别很大。在一些国家和地区，例如，新加坡、韩国及中国的香港和台湾，近几十年来平均收入每年增长 7% 左右。按这一比率，平均收入每 10 年就翻一番。这些国家和地区仅经过一代人的努力，就从世界上的最贫穷行列，一跃跻身于世界最富裕的行列。与此相比，一些非洲国家，如乍得、埃塞俄比亚和尼日利亚，许多年来平均收入的增长一直是缓慢的或停滞的。

　　用什么来解释这些不同的情况？发达国家如何能确保维持自己的高生活水平？发

展中国家应该采取什么政策来加快经济增长以赶上发达国家？这些问题是宏观经济学中的重要问题。

9.2.1　经济增长含义

经济增长是指一国一定时期内总产出的增加。经济增长通常用一国实际 GDP 的年增长率来衡量。与此密切相关的一个概念是人均实际 GDP 增长率，它决定一国生活水平提高的速度。

为了研究不同国家经济长期增长的特点，我们考察了一些国家的经历。表 9.1 是 12 个国家人均实际 GDP 的数据。对于每一个国家，其数据包括一个世纪的历史。表 9.1 的第一栏和第二栏列出国家与时期（各国的时期略有不同，这是因为可获得的数据不同），第三栏和第四栏表示期初和期末的人均实际 GDP。

表 9.1　某些国家经济不同的增长经历

国　　别	时　　期	期初人均实际 GDP/美元	期末人均实际 GDP/美元	GDP 年增长率/%
日本	1890～1990 年	842	16 144	3.00
巴西	1900～1987 年	436	3 417	2.39
加拿大	1870～1990 年	1 330	17 070	2.15
美国	1870～1990 年	2 244	18 258	1.76
中国	1900～1987 年	401	1 748	1.71
墨西哥	1900～1987 年	649	2 667	1.64
英国	1870～1990 年	2 693	13 589	1.36
阿根廷	1900～1987 年	1 284	3 302	1.09
印度尼西亚	1900～1987 年	499	1 200	1.01
巴基斯坦	1900～1987 年	413	885	0.88
印度	1900～1987 年	378	662	0.65
孟加拉国	1900～1987 年	349	375	0.08

（资料来源：曼昆.1999. 经济学原理. 北京：北京大学出版社）

人均实际 GDP 数据表明，各国生活水平差别很大。例如，美国的人均收入是中国的 10 倍，是印度的近 25 倍。1987 年普通墨西哥人的实际收入相当于普通美国人 1870 年的水平；1987 年普通印度人的实际收入相当于一个世纪之前普通美国人的 1/3 左右。

表 9.1 的最后一栏表示每个国家的 GDP 增长率。该指标衡量在正常的一年中人均实际 GDP 增长有多快。例如，在美国，1870 年的人均实际 GDP 是 2244 美元，而 1990 年是 18 258 美元，每年的增长率是 1.76%。这意味着，如果人均实际 GDP 从 2244 美元开始，120 年中每年增长 1.76%，那么，最后就是 18 258 美元。当然，人均实际 GDP 并不

是每年正好增长 1.76%，围绕长期趋势还存在短期波动，1.76%的增长率代表在许多年中人均实际 GDP 的平均增长率。

表 9.1 中的国家按其增长率从高到低排序。日本在最上端，它的增长率为每年 3%。100 年前，日本并不是发达国家，日本的平均收入只比墨西哥略高一些，而且远远落后于阿根廷。换一种方式来说，日本 1890 年的收入接近于巴基斯坦 1987 年的收入。但是，由于惊人的增长速度，日本今天已经是一个超级经济大国，平均收入和美国一样。在表 9.1 的最下端是孟加拉国，在过去的一个世纪中，它根本没有任何增长，孟加拉国普通居民的生活和他们的曾祖父母所经历的悲惨与贫困相类似。

这些数据表明，世界上最富裕的国家并不能保证他们将来也是富裕的，而世界上最贫穷的国家也不是注定永远处于贫穷状态。但是，用什么因素来解释这些长期中的变化？为什么有些国家快速增长，而另一些国家却落后？这些正是经济增长理论要讨论的问题。

9.2.2　经济增长的源泉

经济增长是产量的增加，因此可以根据总生产函数来研究增长的源泉。

总生产函数是总产量与生产中使用的全部生产要素投入量之间的函数关系。用公式表示为

$$Y = A \cdot F(K, L, R) \tag{9-1}$$

式中，Y 代表产量；K 代表资本；L 代表劳动；R 代表自然资源；A 代表技术，总生产函数中假定技术是不变的，所以 A 在这里是一个不变量，F 表示产量与生产要素投入量之间的函数关系。

由式（9-1）看出，经济增长的源泉是资本、劳动与技术进步。

1. 资本

资本的概念分为物质资本与人力资本。物质资本又称有形资本，是指设备、厂房、存货等的存量。人力资本又称无形资本，是指体现在劳动者身上的投资，如劳动者的文化技术水平、健康状况等。这里所研究的是物质资本。

经济增长中必然有资本的增加，英国古典经济学家亚当·斯密就曾把资本的增加作为国民财富增加的源泉。现代经济学家认为，在经济增长中，一般的规律是资本的增加要大于人口的增加，即人均资本量是增加的，从而每个劳动力所拥有的资本量（资本-劳动比率）是增加的。只有人均资本量的增加，才有人均产量的提高。根据美国经济学家 R.索洛的研究，美国在 1909～1940 年间，平均年增长率为 2.9%，其中由于资本增加所引起的增长率为 0.32%，即资本在经济增长中所做出的贡献占 11%左右。应该指出，在经济增长的开始阶段，资本增加所做的贡献还要更大一些。因此，许多经济学家都把资本积累占国民收入的 10%～15%作为经济起飞的先决条件，把增加资本作为实现经济增长的首要任务。在以后的增长中，资本的相对作用下降了。但第二次世界大战后西方

各国经济增长的事实，仍然说明了储蓄大从而资本增加大的国家，经济增长率仍然是比较高的，如德国、日本等国都是如此。

2. 劳动

劳动指劳动力的增加，劳动力的增加又可以分为劳动力数量的增加与劳动力质量的提高。这两个方面对经济增长都是重要的。

劳动力数量的增加可以有三个来源：一是人口的增加；二是人口就业率的提高；三是劳动时间的增加。劳动力质量的提高则是文化技术水平和健康水平的提高，劳动力是数量与质量的统一。一个高质量的劳动力，可以等于若干质量低的劳动力。劳动力数量的不足，可以用质量的提高来弥补。例如，战后美国劳动力数量的增加并不多，但美国发达的教育提高了劳动力的质量，从而使劳动对经济增长做出了重要贡献。据索洛估算，在 1909~1940 年间，美国 2.9%的年增长率中，由劳动引起的增长率为 1.09%，即劳动在经济增长中做出的贡献比例相当。还应当指出的是，在经济增长的开始阶段，人口增长率也高。因此，这时劳动的增加主要依靠劳动力数量的增加。而经济增长到了一定阶段，人口增长率下降，劳动工时缩短，这时就要通过提高劳动力的质量来弥补劳动力数量的不足。这一点是一个普遍规律。

3. 技术进步

技术进步在经济增长中的作用，体现在生产率的提高上，即同样的生产要素投入量能提供更多的产品。

技术进步在经济增长中起了最重要的作用。据索洛估算，1909~1940 年，美国 2.9%的年增长率中，由于技术进步而引起的增长率为 1.49%，即技术进步在经济增长中所做出的贡献占 51%左右。而且，随着经济的发展，技术进步的作用越来越重要。

技术变革是指生产过程中的技术发明或是新产品、新服务的引进。蒸汽机、发电机、内燃机、巨型喷气发动机、复印机和传真机等作业流程方面的发明，极大地提高了劳动生产率。这类基础性的生产发明还包括电话、收音机、飞机、照相机、电视和盒式录像机等，对当今社会最有影响的技术进步发生在电子计算机领域。如今，一台小巧的笔记本电脑的性能已远胜于 20 世纪 60 年代速度最快的电脑，这些发明都是技术变革中最伟大的实践。实际上，技术变革由一系列或小或大的技术进步组成。以美国为例，政府每年颁发十多万个专利许可证，在经济日常运行中还有成千上万的细微之处的革新。

技术进步更主要的是以一种无声的、不为人察觉的方式，不断以微小的改进来提高产品质量和产出数量，偶尔也会有些技术变革产生了划时代的影响，给人们留下难以磨灭的印象。在 1991 年的海湾战争中，整个世界都被一种强烈的科技水平对比所震惊。美国及其盟国使用了高科技武器——隐形飞机、智能炸弹、反弹道导弹等，从而赢得了巨大优势；而其对手所使用的却是技术上落后许多年的武器装备。民用技术进步，像电脑、远程通信技术，还有其他高科技产品等，相对来说影响虽没有那么巨大，但对市场经济中生活水平的提高却做出了极大的贡献。

由于技术进步对于提高生活水平十分重要，长期以来经济学家们一直在考虑如何促进技术进步。人们日益明确地认识到，技术进步并不只是简单机械地找到更好的产品和工艺流程；相反，快速创新需要培育一种企业家精神。

此外，有时自然资源也被看作增长的因素。这里所指的自然资源主要包括耕地、石油、天然气、森林、水力和矿产资源等。一些高收入国家，如加拿大和挪威，就是凭借其丰富的资源，在农业、渔业和林业等方面获得高产而发展起来的。与它们类似，美国因拥有广阔的良田，所以才成为当今世界最大的谷物生产和出口国。

但在当今世界上，自然资源的拥有量并不是经济发展取得成功的必要条件，美国纽约的繁荣主要源于它高度发展的服务业。许多几乎没有自然资源可言的国家，如日本，通过大力发展劳动密集型和资本密集型的产业而实现经济昌盛。再看我国香港，其面积和资源与俄罗斯无法相比，但在国际贸易中所占的份额却远远大于俄罗斯。

9.3 经济增长与经济发展

9.3.1 经济发展的含义

一个国家摆脱贫困落后状态，走向经济和社会生活现代化的过程称为经济发展。经济发展不仅意味着国民经济规模的扩大，更意味着经济和社会生活素质的提高。所以，经济发展涉及的内容超过了单纯的经济增长，比经济增长更为广泛。

就当代经济而言，发展的含义相当丰富复杂。发展总是与发达、工业化、现代化、增长之间交替使用。一般来说，经济发展包括以下三层含义：

1）经济量的增长，即一个国家或地区产品和劳务的增加，它构成了经济发展的物质基础。

2）经济结构的改进和优化，即一个国家或地区的技术结构、产业结构、收入分配结构、消费结构以及人口结构等经济结构的变化。

3）经济质量的改善和提高，即一个国家和地区经济效益的提高、经济稳定程度、卫生健康状况的改善、自然环境和生态平衡以及政治、文化和人的现代化进程。

9.3.2 经济增长与经济发展的关系

经济增长与经济发展并不是一回事，二者既有一定的联系又有根本区别。一般讲的经济增长，主要是指经济总量诸如国内生产总值、工农业总产值的增长，也可以用人均生产的增加量和人均国民生产总值来表示。虽然在这种增长过程中也可能伴随结构的变化，但这种变化不是经济增长所追求的主要目标，它的主要目标是数量的增加而非质的变化。经济发展是指一个国家经济、政治、社会文化、自然环境、结构变化等方面的均衡、持续和协调地发展。

可以把经济增长与经济发展的关系概括为：经济增长是经济发展的手段，经济发展是经济增长的目的。不能离开经济发展这个目的去一味追求经济增长速度，那样会导致经济发展中的比例失调、经济大起大落和社会不公及社会剧烈动荡。经济增长和经济发展虽然都追求个人所得和国民生产总值的提高，但经济增长关心的重点是物质方面的进步、生活水准的提高；而经济发展不仅关心国民生产总值的增长，更关心结构的改变，以及社会制度、经济制度、价值判断、意识形态的变革，经济发展着眼长期而不是短期。经济增长以国民生产总值来测定，但它忽视了国民生产总值所表明的价值是以什么方式在社会成员中进行分配，也不能说明就业状况、职业保障、资源利用、生态环境、升迁机会以及保健、教育等情况。假如某个国家，虽然国民生产总值和个人所得增加，但生产成果绝大部分归少数人享用，其结果造成两极分化而不能愈合，富者越富，贫者越贫，基尼系数增长，收入越加不平等，这样的增长就不是真正意义上的发展。

经济增长与经济发展是两个既紧密联系又不完全相同的概念。经济增长是一个明确的可度量标准，它被定义为按可比价格计算的本期国内生产总值比上一个时期的国内生产总值的增长百分比。如果说经济增长是一个单纯的"量"的概念，它只计算国内生产总值增长的百分比，那么经济发展就是比较复杂的"质"的概念。经济发展不仅包括经济增长的速度、增长的平稳程度和结果，而且还包括国民的平均生活质量，如教育水平、健康卫生标准等，以及整个经济结构、社会结构等的总体进步。经济发展是经济持续增长的结果，国民生活水平的提高、经济结构和社会形态等的进步也都在很大程度上依赖于经济增长。

1. 影响经济发展的因素

环境与经济可持续发展，即经济发展不能以危害环境为代价，可持续发展要求一个国家或地区的发展不应影响其他国家或地区的发展，可持续性意味着维持全人类福利的自然资源基础，使生态环境和经济社会协调发展。

经济的增长靠的是科技，科技是唯一生产力，科技的创新与发明是经济发展的根本，1992 年于南开大学召开的第二届全国科学社会学学术会议上，曾邦哲提出：创造财富的是科技生产力，贸易不能带来财富的增长或是带来财富的转移；而且，财富的转移是从低科技向高科技产业的转移。

经济发展的财富增长体现在国民生产总值，费用与时间在流通、管理、服务等环节的分配与效率直接影响生产的质量与效率；因此，管理、服务与流通等环节越是精简、廉洁和有效率，就越能促进经济的发展。

2. 促进经济增长的政策

（1）储蓄和投资的重要性

由于资本是生产出来的生产要素，因此，一个社会可以改变它所有的资本量。如果今天经济生产了大量新资本品，那么明天它就将有大量资本存量，并能生产更多种物品与劳务。因此，提高未来增长的一种方法是把更多现期资源投资于资本的生产。由于资源是稀缺的，把更多资源用于生产资本就要求把较少资源用于生产现期消费的产品与劳务。这就是说，由于社会更多投资于资本，它就必然减少消费，并把更多现期收入储蓄起来。由资本积累所引起的增长并不是免费午餐，它要求社会牺牲一些现期的消费，以便未来享有更多消费。因此，鼓励储蓄和投资是政府可以促进经济增长的一种方法。

（2）来自国外的投资

来自国外的投资有以下几种形式：一种是由外国实体拥有并经营的资本投资，被称为外国直接投资，如美国福特汽车公司就在墨西哥建了一个汽车厂；另一种是用外国货币筹资，如一个美国人可以购买墨西哥公司的股票（即购买该公司的所有权份额），墨西哥公司可以用卖股票的收入来建立一个新工厂。在这两种情况下，美国人提供了墨西哥资本存量增加所必需的资源。这就是说，用美国人的储蓄为墨西哥人的投资筹资。

当外国人在一个国家投资时，他们这样做能为他们期望投资赚到收益。福特公司的汽车厂增加了墨西哥的资本存量，因此提高了墨西哥的生产率，增加了墨西哥的 GDP。但福特公司也以利润的形式把一些额外收入带回美国。同样，当一个美国投资者购买墨西哥股票时，投资者也有权得到墨西哥公司赚到的一部分利润。

外国的投资是促进一国经济增长的一种方法，即使这种投资的一部分收益要流回外国所有者手中，这种投资也增加了一国资本存量，这就提高了生产率和工资。此外，来自外国的投资也是穷国学习富国开发并运用先进技术的一种方式。由于这些原因，许多在发展中国家当顾问的经济学家都提倡鼓励引进外资，这往往意味着取消政府对外国人拥有国内资本的限制。

（3）教育

教育，即人力资本投资，对一个国家的长期经济成功来说，教育至少和物质资本投资同样重要。

一些经济学家认为，人力资本对经济增长特别重要，因为人力资本会带来积极的外部效应。例如，一个受过教育的人会产生一些有关如何更好地生产物品与劳务的新思想。如果这些新思想进入社会知识宝库，从而每个人都可以利用，那么这种思想就是教育的外部效应。现在很多人都同意这种观点，即劳动力越有技能，经济的生产率也将越高。鉴于人力资本投资对提高生产率的重要性，因此政府鼓励人力资本的投资是促进经济长期增长的一项重要政策。

（4）提高技术进步率

在这方面最主要的措施是增加研究与开发的投入：一方面，政府对研究与开发应提供更多的财力支持；另一方面，政府也需要制定专门适用于研究与开发的税收方案，如对研究与开发实行税收优惠。实行这种优惠一方面增加了私营企业从事研究与开发的积极性；同时，政府实际上支付了研究与开发的一部分费用。在这方面，美国的做法是值得参考的。克林顿政府当政期间，便注意加强对民用高科技领域的投资。美国政府计划每年从军事研究中拿出300亿美元投入到诸如机器人、生物技术、光纤通信、全国计算机网络和先进的通信网络等民用技术领域。政府还责令全国726个主要从事军事研究的国家实验室，将现有预算中的10%～20%用于与工业界合资公办民用企业，以帮助民用企业的高技术创新。

（5）产权和政治稳定

市场经济是靠价格机制来支持其运行的，而价格机制发挥作用的一个重要前提是广泛尊重产权。产权是人们对自己拥有的资源行使权利的能力。如果一家公司所生产的产品被偷去或抢去，它就没有动力再去生产其产品，这就要求一个国家的法律制度应强化产权。A公司和B公司签订了供货合同，若B公司违约，则A公司就会遭受损失。而民法制度则保证合同双方履行双方的合约。因此，一国的法律制度不仅是市场经济运行的保证，也是经济增长的必要法律保证。

对产权的一个威胁是政治不稳定。一国政治不稳定不仅会破坏产权关系，在严重时还会摧毁该国的一部分资本存量。从这点上说，一国的经济繁荣取决于政治的稳定，尤其在我们这样的国家更是如此。一个拥有有效的法律体系、忠诚的政府官员，且政治稳定的国家，其人民享有的生活水平，一定高于一个缺乏法律制度、官员腐败和经常发生动乱的国家。

◆ **基本技能训练**

1. 列出并说明经济增长的四个轮子。
2. 案例分析。

经济增长与经济发展

促进国际社会的共同发展是联合国和当前世界面临的头等大事，也是联合国千年首脑会议的重要话题。在经济全球化的趋势下，发展不平衡问题变得更加突出，南北差距扩大，贫富悬殊加深，人类财富正日益集中到世界少数富国和富人手中，近一半的世界人口每天只依靠不到2美元度日。因此，不少成员国希望联合国在全球化进程中发挥积极的主导作用，推动各国制定法规，以便建立公正、合理的国际政治、经济新秩序。各国应积极行动起来，对贫穷国家的产品敞开大门，减免其债务负担，并向其提供经济援助，力争帮助10亿人口摆脱贫困。

在 20 世纪 60 年代和 70 年代的时候，反增长的游说主要受到一些学者的支持。然而，到了 80 年代和 90 年代，其支持的范围从某些大学的派别扩展到国会的下议院。游说争论的中心主要与空气污染有关。污染是增长的副产品，特别是某些条件放松以及某种经济活动有多种副产品时，污染情况就更严重。工业污染主要包括空气和水的污染，也包括噪音以及对自然环境的污染。

问题：

（1）说明经济增长带来了哪些严重问题？

（2）说明经济增长与经济发展的区别。

◆ 信息传递

李克强：中国新经济发展超出预期

2016 年 6 月 28 日，国务院总理李克强在天津梅江会展中心同出席 2016 年夏季达沃斯论坛的 300 多名各国企业家代表举行对话会。

世界经济论坛主席施瓦布，以及荷兰皇家帝斯曼集团、美国云火炬公司、美国铝业、赛富时公司、毕马威会计师事务所等企业的负责人分别就中国经济形势、结构性改革、制造业升级、金融和资本市场等发言并提问。李克强一一作了回应。

李克强表示，改革是中国经济发展的根本动力。我们着力推进结构性改革尤其是供给侧结构性改革，推动简政放权、放管结合、优化服务和营改增等大规模减税改革，实施创新驱动发展战略，推动大众创业、万众创新，发挥好人的创造力和市场潜力，新经济、新业态的发展超出预期，为就业提供有力支撑，改造和提升传统动能也取得了积极进展。2016 年以来，中国经济持续保持中高速增长，结构更加优化。

李克强指出，中国作为世界上最大的发展中国家，还处于工业化、城镇化进程中。我们出台"中国制造 2025"和"互联网+"等战略，着力推动中国制造智能升级，更好满足不断发展变化的市场需求。部分行业出现产能过剩问题，主要是由于世界经济复苏乏力、国际贸易增长低迷造成的，需要各国共同应对。中国作为负责任大国，将坚持市场化、法治化的原则，多措施并举，淘汰落后产能，同时努力妥善安置富余员工，保障他们的合法权益。

李克强强调，中国将继续按照市场化、法治化方向推动资本市场发展，完善金融监管，防范系统性、区域性金融风险。

李克强表示，我们致力于推动中国经济在开放中实现转型升级，将进一步放宽市场准入条件，营造公平竞争环境，打造全球潜力最大的投资市场和最具吸引力的投资热土。欢迎国内外企业家抓住机遇，在华拓展业务，共同撑起中国未来发展的蓝图，更好实现互利双赢。

实际上，传统产业在新工业革命浪潮下如何实现转型升级已经引发各界关注。多位参加此次论坛的代表建议，应当从网络租车行业的共享经济例子中得到启发，用新技术、新思维对传统产业进行再造，尤其是给制造业提供更多的技术支持，使工业智能化再上一个新层级。不但不会因为新产业的冲击而被淘汰，反而凭借资本优势为新兴技术的落地提供有力支撑。

（资料来源：经济参考，http://www.jjckb.cn/2016-06/29/c_135473775.htm）

========= 小结与练习 =========

小结

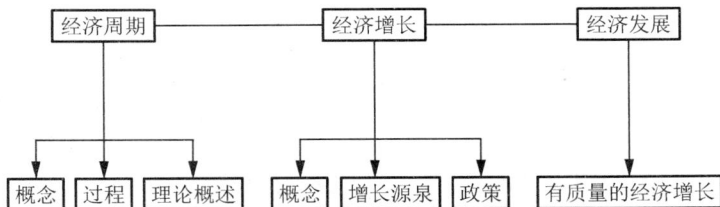

练习

单项选择题

1. 经济周期的中心是（　　　）。
   A. 价格的波动　　　　　　　　　　B. 利率的波动
   C. 国民收入的波动　　　　　　　　D. 工资的波动

2. 经济周期中的两个主要阶段是（　　　）。
   A. 繁荣和萧条　　　　　　　　　　B. 萧条和复苏
   C. 繁荣和衰退　　　　　　　　　　D. 衰退与复苏

3. 经济周期中繁荣阶段的基本特征是（　　　）。
   A. 国民收入与经济活动高于正常水平
   B. 国民收入与经济活动等于正常水平
   C. 国民收入与经济活动低于正常水平
   D. 生产迅速增加，投资增加，信用扩张

4. 经济周期顶峰是（　　　）。
   A. 繁荣阶段过渡到衰退阶段的转折点

B. 繁荣阶段过渡到萧条阶段的转折点

C. 萧条阶段过渡到复苏阶段的转折点

D. 低谷过渡到复苏阶段的转折点

5. 中周期的每一个周期为（　　　）。

A. 8～9 年　　　　　　B. 9～10 年　　　　　C. 10～11 年　　　　　D. 3～5 年

6. 50～60 年一次的周期称为（　　　）。

A. 朱格拉周期　　　　　　　　　　B. 基钦周期

C. 康德拉季耶夫周期　　　　　　　D. 库兹涅茨周期

7. 美国经济学家库兹涅茨提出的为期 15～25 年的经济周期是（　　　）。

A. 短周期　　　　　　　　　　　　B. 中周期

C. 长周期　　　　　　　　　　　　D. 曾被熊彼特分析过

宏观经济政策理论基础与实践

知识目标：

● 明确国家宏观经济发展目标内容；掌握实现宏观经济目标的宏观经济政策工具及其运用。

能力目标：

● 能够运用宏观经济学理论正确解读国家宏观经济政策并加以贯彻执行，能够较准确地分析和预测国家经济发展走势等。

货币的需求动机

骆明和小欣是一对感情不错的情侣，今年同时从一所名牌大学毕业，骆明进了某国国家机关，待遇很不错，每个月可以拿1500美元左右工资，美中不足的是遇到住房政策的改革，不能分到房子。而小欣进了一家国际贸易公司，做对外贸易工作，工资和奖金加在一起，每个月大概有 4000 美元。不过，他们却为了将来存钱的问题着实大吵了一架。

骆明认为现在他们刚刚大学毕业开始工作，虽然单位都不错，工资也不低，但将来用钱的地方还很多，所以要从现在开始，除了留下平常必需的花费以及预防发生意外事件的钱外，剩下的钱要定期存入银行，不能动用，这样可以获得稳定的利息收入，又没有损失的风险。而小欣受在外企工作环境的影响，她以为，上学苦了这么多年，一直过着很节俭的日子，现在终于自己挣钱了，考虑那么多将来干什么，更何况银行利率那么低。她说领取工资以后，先要买几件名贵服装，再美美地吃上几顿大餐，然后她还想留下一部分钱用来炒股票，等着股市形势一好，立即进入。大学时看着别人炒股票她一直很羡慕，这次自己也要试试。但骆明却认为中国股市行情不太稳定，运行不规范，所以最好不进入股市，如果一定要做，那也只能投入很少的钱。

案例点评：

骆明和小欣的争论，说明货币需求动机是不同的。影响货币总需求有诸多因素，正是这些因素又促使货币供应量的变化。为保障货币总需求与总供给的基本平衡，国家要适时调整有关货币政策。本章就是通过国家有关宏观政策包括货币政策的解读，使之正确理解贯彻有关宏观政策，从而合理支配经济收入。

◆基本知识点

10.1 宏观经济政策概况

10.1.1 宏观经济政策含义

宏观经济政策（macro economic policy）是指国家或政府有意识、有计划地运用一定的政策工具，调节控制宏观经济的运行，以达到一定的政策目标。宏观调控是公共财政的基本职责。所谓公共财政，是指为弥补市场失效、向社会提供公共服务的政府分配行为或其他形式的经济行为。

宏观经济政策作用的发挥是依靠国家或政府运用其能够掌握和控制的各种宏观经济变量而制定的指导原则和措施。严格地说，宏观经济政策是指财政政策和货币政策，以及收入分配政策和对外经济政策。除此以外，政府对经济的干预都属于微观调控，所采取的政策都是微观经济政策。

宏观经济政策的理论基础是凯恩斯主义的经济学的总需求决定国民收入的理论，即IS-LM 模型，如图 10.1 所示，IS-LM 模型中的 I 是指投资，S 是指储蓄，L 是货币需求，M 是货币供给。

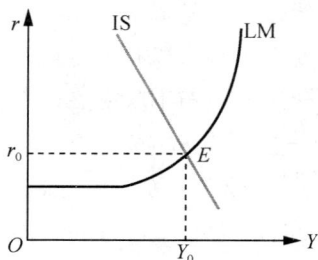

图 10.1　IS-LM 模型

在产品市场上，国民收入取决于消费 C、投资 I、政府支出 G 和净出口 X-M 加和的总支出或者说总需求水平，而总需求尤其是投资需求要受到利率 r 的影响，利率则由货币市场供求情况决定，即货币市场要影响产品市场；另一方面，产品市场上所决定的国民收入又会影响货币需求，从而影响利率，这又是产品市场对货币市场的影响。可见，产品市场和货币市场是相互联系、相互作用的，而收入和利率也只有在这种相互联系、相互作用中才能决定，如图 10.2、图 10.3 所示。

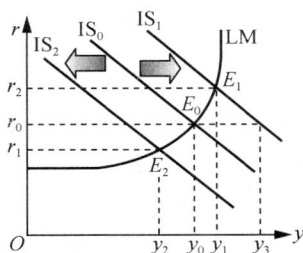

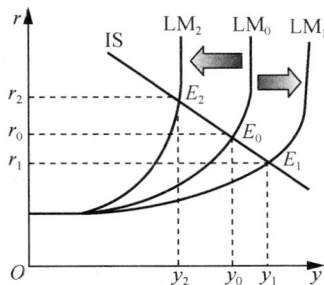

图 10.2　IS 曲线移动对均衡收入和利率的影响　图 10.3　LM 曲线的移动对均衡收入和利率的影响

在商品市场上，要决定收入，必须先决定利率，否则投资水平无法确定。而利率是由货币市场决定的，在货币市场上，如果不确定一个特定的收入水平，就无法确定货币需求，利率也就无法确定。这就出现了一个循环推论：利率依赖于收入，收入又依赖于利率。为解决这一循环推论的矛盾，凯恩斯的后继者们把商品市场和货币市场结合起来，建立了商品市场和货币市场的一般模型，即 IS-LM 模型。在 IS-LM 模型中，政府购买、转移支付、税收、进出口等变动会引起 IS 曲线的移动，实际货币供给和需求会引起 LM 曲线的移动，这些移动会引起均衡收入和利率的变动。所以，利用 IS-LM 模型可以简单而又清晰地分析财政政策和货币政策。该模型说明了商品市场和货币市场同时达到均衡时利息率和国民收入是如何决定的，并且指出了模型中的 IS 曲线和 LM 曲线的位置变动会对均衡的利息率水平和国民收入水平产生何种影响。该模型是分析财政政策和货币政策效应的工具。

10.1.2　宏观经济政策基本原则

宏观经济政策的基本原则是：急则治标、缓则治本、标本兼治。

宏观经济政策就是短期的调控宏观经济运行的政策，需根据形势的变化而做出调整，不宜长期化，因为经济形势是不断变化的。在经济全球化趋势不断发展的今天，一国的经济形势，不仅取决于国内的经济走势，还在相当程度上取决于全球经济的走势。

"急则治标"是指运用财政、货币等宏观经济政策处理短期经济问题，如刺激经济增长、防止通货紧缩、应付外部冲击等；"缓则治本"是指通过结构政策与经济改革处理长期经济问题，如调整经济结构、促进技术进步、提高经济效益、实现持续发展、积极参与全球经济。因为我国经济发展前景如何在很大程度上取决于中远期战略相一致的政策组合，所以有紧有松，松紧结合，根据市场情况和各项调节措施的特点相机抉择，灵活地运用各种政策不失为明智之举。

10.2　宏观经济政策目标

经济学家认为，宏观经济政策应该同时达到四个目标：充分就业、物价稳定、经济增长、国际收支平衡。

10.2.1　充分就业

充分就业是指包含劳动在内的一切生产要素都以愿意接受的价格参与生产活动的状态。充分就业包含两种含义：①除了摩擦失业和自愿失业之外，所有愿意接受各种现行工资的人都能找到工作的一种经济状态，即消除了非自愿失业就是充分就业；②包括劳动在内的各种生产要素，都按其愿意接受的价格，全部用于生产的一种经济状态，即所有资源都得到充分利用。失业意味着稀缺资源的浪费或闲置，从而使经济总产出下降，社会总福利受损。因此，失业的成本是巨大的，降低失业率、实现充分就业就常常成为西方宏观经济政策的首要目标。充分就业是基础，财富是由人在工作中制造的，只有保证就业才能保证一定数量的人的充足物质生活，也就保证了物价的稳定。充分就业并不是人人都有工作，只要消灭了周期性失业就实现了充分就业。

10.2.2　物价稳定

物价稳定也不是指通货膨胀率为零，物价稳定是维持一个低而稳定的通货膨胀率，这种通货膨胀率能为社会所接受，对经济也不会产生不利的影响。减少经济波动并不是要消灭经济周期。由于各种经济体系内外因素的影响，一个经济中出现周期性波动是正常的，只要使波动的程度控制在一定范围之内，而且尽量缩短经济衰退的时间，使衰退程度减少到最低，就达到了目的。物价稳定是指物价总水平的稳定，一般用价格指数来衡量一般价格水平的变化。价格稳定不是指每种商品价格的固定不变，也不是指价格总水平的固定不变，而是指价格指数的相对稳定。价格指数又分为消费物价指数（CPI）、批发物价指数（PPI）和国民生产总值折算指数（GNP deflator）三种。物价稳定并不是通货膨胀率为零，而是允许保持一个低而稳定的通货膨胀率。所谓低，就是通货膨胀率在 1%～3%之间；所谓稳定，就是指在相当时期内能使通货膨胀率维持在大致相等的水平上。这种通货膨胀率能为社会所接受，对经济也不会产生不利的影响。

10.2.3　经济增长

经济增长是指在一个特定时期内，经济社会所生产的人均产量和人均收入的持续增长。它包括：一是维持一个高经济增长率；二是培育一个经济持续增长的能力。一般认为，经济增长与就业目标是一致的。经济增长通常用一定时期内实际国民生产总值年均增长率来衡量。经济增长会增加社会福利，但并不是增长率越高越好。这是因为经济增长一方面要受到各种资源条件的限制，不可能无限地增长，尤其是对于经济已相当发达的国家来说更是如此；另一方面，经济增长也要付出代价，如造成环境污染、引起各种社会问题等。因此，经济增长就是实现与本国具体情况相符的适度增长率，这种增长率要既能满足社会发展的需要，又是人口增长和技术进步所能达到的。因此，要根据资源和技术进步来确定适度增长率，并考虑环境保护和减少污染问题。这就是我们所说的可持续增长。

10.2.4　国际收支平衡

国际收支平衡具体分为静态平衡与动态平衡、自主平衡与被动平衡。静态平衡是指一国在一年的年末，国际收支不存在顺差也不存在逆差；动态平衡不强调一年的国际收支平衡，而是以经济实际运行可能实现的计划期为平衡周期，保持计划期内的国际收支均衡。自主平衡是指由自主性交易即基于商业动机，为追求利润或其他利益而独立发生的交易实现的收支平衡；被动平衡是指通过补偿性交易即一国货币当局为弥补自主性交易的不平衡而采取调节性交易而达到的收支平衡。

国际收支平衡的目标要求做到汇率稳定，外汇储备有所增加，进出口平衡。国际收支平衡不是消极地使一国在国际收支账户上经常收支和资本收支相抵，也不是消极地防止汇率变动、外汇储备变动，而是使一国外汇储备有所增加。适度增加外汇储备看作是改善国际收支的基本标志。同时由于一国国际收支状况不仅反映了这个国家的对外经济交往情况，还反映该国经济的稳定程度。

以上四大目标相互之间既存在互补关系，也有交替关系。互补关系是指一个目标的实现对另一个目标的实现有促进作用，如为了实现充分就业水平，就要维护必要的经济增长。交替关系是指一个目标的实现对另一个有排斥作用，如物价稳定与充分就业之间就存在两难选择。为了实现充分就业，必须刺激总需求、扩大就业量，这一般要实施扩张性的财政和货币政策，由此就会引起物价水平的上升。而为了抑制通货膨胀，就必须紧缩财政和货币，由此又会引起失业率的上升。又如，经济增长与物价稳定之间也存在着相互排斥的关系，因为在经济增长过程中，通货膨胀是难以避免的。再如，国内均衡与国际均衡之间存在着交替关系。这里的国内均衡是指充分就业和物价稳定，而国际均衡是指国际收支平衡。为了实现国内均衡，就可能降低本国产品在国际市场上的竞争力，从而不利于国际收支平衡。为了实现国际收支平衡，又可能不利于实现充分就业和稳定物价的目标。

因此，在制定经济政策时，必须对经济政策目标进行价值判断，权衡轻重缓急和利弊得失，确定目标的实现顺序和目标指数高低，同时使各个目标能有最佳的匹配组合，使所选择和确定的目标体系成为一个和谐的有机整体。

10.3　宏观经济政策工具及运用

宏观经济政策工具是用来达到政策目标的手段。在宏观经济政策工具中，常用的有需求管理、供给管理等。

10.3.1 需求管理

需求管理是指通过调节总需求来达到一定政策目标的宏观经济政策工具。它包括财政政策和货币政策。需求管理政策是以凯恩斯的总需求分析理论为基础制定的，是凯恩斯主义所重视的政策工具。

需求管理通过对总需求的调节，实现总需求等于总供给，达到既无失业又无通货膨胀的目标。它的基本政策有实现充分就业政策和保证物价稳定政策两个方面。在有效需求不足的情况下，也就是总需求小于总供给时，政府应采取扩张性的政策措施，刺激总需求增长，克服经济萧条，实现充分就业；在有效需求过度增长的情况下，也就是总需求大于总供给时，政府应采取紧缩性的政策措施，抑制总需求，以克服因需求过度扩张而造成的通货膨胀。

1. 财政政策

（1）财政政策的内涵

财政政策运用政府支出和税收来调整经济。一国政府可以实行扩张性财政政策来刺激经济的增长，也可以实行紧缩性的财政政策以抑制经济的过热发展。税收是财政收入中最主要的部分，政府税收包括个人所得税、公司所得税和其他税收。公债也是政府财政收入的组成部分。财政支出是指整个国家中各级政府支出的总和，包括政府购买和政府转移支付两类。

政府购买是政府对商品和劳务的购买，如购买军需品、机关办公用品、支付政府雇员报酬、公共项目工程所需的支出等都属于政府购买。

政府转移支付是政府在社会福利保险、贫困救济和各种补贴等方面的支出。政府的财政收入大于财政支出的余额形成了财政的预算盈余，而政府财政收入低于财政支出的差额则构成了财政的预算赤字。

（2）财政政策的运用

财政政策运用政府支出和税收来调节总需求以达到实现充分就业或物价稳定的宏观经济政策目标，具体如下。

1）政府支出。政府购买（政府投资）指实质性的支出，有商品和劳务的实际交易，直接形成社会需求和购买力，构成国民收入，是决定国民收入大小的主要因素之一。变动政府购买支出是财政政策的有力工具，分三种情况：①与提供公共产品相关的购买性支出，如提供国防服务、保证公共安全、维护市场交易秩序等职能所发生的支出；②为了维持政府系统运行和发挥职能而发生的购买性支出，如行政事业费；③直接投资的购买性支出。

政府转移支付指政府单方面把一部分收入所有权无偿转移出去而发生的支出。与购买性支出不同，它只是一种货币性支出，转移性支出与商品和劳务交易行为没有发生直接联系，不以取得本年产出为补偿，而是为了实现社会公平目的而采取的资金转移措施。转移支出具有无偿性、单向性，它不必得到等价补偿，收益者也不必归还。例如，社会保险、社会救济、扶助贫困人口等支出都属于转移性支出。转移性支出对收入再分配具有最直接的影响。

2）税收。税收是国家的强制性、无偿性、固定性的财政收入手段。以税负能否转嫁为标准，分为直接税和间接税。间接税可以转嫁，如消费税、关税，影响商品的相对价格。间接税体现效率影响公平，如商品税，指对商品劳务征税。直接税指对收入、财产征税，不可转嫁，是收入的再分配，影响收入，即消费者对社会财富的占有份额。直接税体现公平影响效果。所得税以纳税人的净所得纯收益/纯收入为课税对象。

以何种税制为主体，会影响财政，我国长期以间接税为主体，会拉大贫富差距。

3）扩张性财政政策。在经济萧条时期，总需求小于总供给，经济中存在失业，政府就要通过扩张性的财政政策来刺激总需求，以实现充分就业。扩张性财政政策措施包括：降低税收；增加政府的转移支付；增加政府支出。

4）紧缩性财政政策。在经济繁荣时期，总需求大于总供给，经济中存在通货膨胀，政府则要通过紧缩性的财政政策来压抑总需求，以实现物价稳定。紧缩性财政政策包括：加大税收；减少政府的转移支付；减少政府支出。

2. 货币政策

（1）货币政策的内涵

货币政策是指中央银行通过银行制度规定，控制货币供给量，进而调节利率，影响投资和整个国民经济以实现预期的经济目标。货币政策一般分为以扩大总需求为目的的扩张性的货币政策和以减少总需求为目的的紧缩性的货币政策。货币政策是逆经济风向执行的。货币政策运用手段主要包括：公开市场业务；贴现率政策；法定准备率政策等。

（2）银行制度与货币创造机制

银行系统分为中央银行与商业银行。中央银行是一国的银行的银行、发行银行和国家的银行。我国的中央银行为中国人民银行，它的主要职责是：①作为商业银行的银行，接受商业银行的存款，向商业银行发放贷款，并领导与监督商业银行的业务活动；②代表国家发行纸币；③运用货币政策调节经济。商业银行是以经营信贷业务而获取利润的经济单位，它的性质和一般的企业一样。我国现有的建设银行、工商银行、中国银行、农业银行等都属于商业银行，其从事的业务包括吸收存款、发放贷款和代客结算等。

（3）货币政策的运用

货币政策的具体运用方式如下：

1）公开市场业务。公开市场业务是指中央银行从公开市场上购买或出售政府债券。当中央银行从商业银行或公众手中购买债券时，会增加商业银行的超额准备金和活期存款，从而增加了货币供给。当中央银行在公开市场上出售政府债券时，将会减少商业银行的超额准备金和活期存款，引起货币供给的减少。也就是说，中央银行买进有价证券相当于发行货币，增加货币供应量。卖出有价证券相当于回笼货币，减少货币供应量。公开市场业务是中央银行控制货币供给最重要的方式。

2）贴现率政策。再贴现与抵押贷款都称为贴现。贴现率是中央银行作为"最后贷款者"，向商业银行发放贷款所收取的利率。商业银行从中央银行贷款增加了商业银行的超额准备金，而贴现率是其取得这笔额外准备金的成本。因此，中央银行调整贴现率，可以调节商业银行从中央银行借款的意愿，进而限制货币的供给。贴现政策包括变动贴现率与贴现条件，其中最主要的是变动贴现率。

中央银行降低贴现率或放松贴现条件，使商业银行得到资金，从而可以增加其对客户的放款。放款的增加通过银行创造货币的机制会增加流通中的货币供给量。

3）法定准备率。法定准备率是中央银行以法律形式规定的商业银行在所吸收存款中必须保持的准备金的比例。商业银行在吸收存款后，必须按法定准备率保留准备金，其余的部分才可以作为贷款放出。而商业银行创造货币的多少，则取决于法定准备率的大小。可以看出，商业银行体系所能创造出来的货币量与法定准备率成反比，与最初存款成正比。中央银行操控法定准备率，从两个方面影响银行体系创造货币的能力：一是改变了超额准备金的数额；二是改变了货币乘数的大小。货币乘数就是表明中央银行发行的货币量所引起的实际货币供给量增加的倍数。

当中央银行提高法定准备率，将使商业银行超额准备金减少，从而削减了其通过贷款创造货币的能力。当中央银行降低法定准备率时，将使商业银行超额准备金增加，从而增强了其通过贷款创造货币的能力。

中央银行可以通过变动准备率，影响商业银行的放款规模，调整货币供应量。中央银行降低准备率，会扩大商业银行的放款规模，增加货币供给量。相反，中央银行提高准备率，会缩减商业银行的放款规模，减少货币供给量。调整准备率是一个强有力的货币控制工具，很少被采用。

4）扩张性的货币政策。一般而言，在经济萧条时，总需求小于总供给，经济中存在失业，政府就要放松银根，通过扩张性的货币政策来刺激总需求，以实现充分就业。采取扩张性的货币政策措施包括：中央银行买进有价证券、降低贴现率、降低准备率以增加货币供应量，降低利息率以刺激经济发展。利率水平下降，进而使投资、总需求和实际国内生产总值上升。

5）紧缩性的货币政策。在经济繁荣时期，总需求大于总供给，经济中存在通货膨胀，政府则要收紧银根，通过紧缩性的货币政策来压抑总需求，以实现物价稳定。紧缩性货币政策措施包括：中央银行卖出有价证券、提高贴现率、提高准备率以减少货币供应量，提高利息率，防止经济过度增长，从而形成货币回笼。利率水平上升，进而抑制投资和总需求，使通货膨胀受到抑制。

同时，货币政策对贸易平衡也有着重要的影响。当存在巨额贸易逆差（赤字）时，宽松的货币政策能够降低利率，进而使本币的国际价值贬值，导致出口增加、进口下降，净出口的上升有助于恢复贸易平衡；当存在巨额贸易顺差（盈余）时，紧缩的货币政策能够提高利率，进而使本币升值，导致出口下降、进口增加，净出口的下降有助于恢复贸易平衡。

6）财政与货币政策配合使用。宏观财政政策与宏观货币政策各有自己的特点：①政策的猛烈程度不同。例如，政府支出的增加与法定准备率的调整作用都比较猛烈，税收政策与公开市场业务的作用都比较缓慢。②政策效应的时延不一样。例如，货币政策可以由中央银行决定，作用快一些，财政政策从提案到议会讨论、通过，要经过相当长的一段时间。③政策发生影响的范围大小不一样。例如，政府支出政策影响的面就大一些，公开市场业务影响的面则小一些。④政策受到阻力的大小也不同。例如，增税与减少政府支出的阻力较大，而货币政策一般来说遇到的阻力较小。因此，在需要进行调节时，究竟应采取哪一项政策，采取哪些政策或者如何对不同的政策手段进行搭配使用，并没有一个固定不变的程式，政府应根据不同的情况灵活地决定。总之，在现代市场经济条件下，作为宏观调控主要手段的财政-货币政策，虽然各有其特定功用，但又有着紧密的内在关联。无论在经济扩张还是在经济紧缩时期，两大政策都能对经济总量与结构两个方面产生影响。在实际运用中，政府总是根据二者特点和不同功能配合使用，如期达到最佳的调控效果。

但在运用相应政策过程中应注意及时更新政策，防止政策失效或发生负效应；消除非经济因素对政策应用的干扰，防止政策的变形，如地方利益、为突出政绩掩盖问题等；采取预防措施，减少人们的预期对实施政策的反效果等。

10.3.2　供给管理

供给学派理论的核心是把注意力从需求转向供给。供给管理是通过对总供给的调节来达到一定的政策目标。在短期内影响供给的主要因素是生产成本，特别是生产成本中的工资成本。在长期内影响供给的主要因素是生产能力，即经济潜力的增长。供给管理政策具体包括控制工资与物价的收入政策、指数化政策、人力政策和经济增长政策。

1. 收入政策

收入政策是指通过限制工资收入增长率从而限制物价上涨率的政策，因此又称工资和物价管理政策。之所以对收入进行管理，是因为通货膨胀有时是由成本（工资）推进所造成的（参见成本推进的通胀），收入政策的目的就是制止通货膨胀。它有以下三种形式：①工资与物价指导线。工资与物价指导线指根据劳动生产率和其他因素的变动，规定工资和物价上涨的限度，其中主要是规定工资增长率。企业和工会都要根据这一指导线来确定工资增长率，企业也必须据此确定产品的价格变动幅度，如果违反，则以税收形式以示惩戒。②工资物价的冻结。工资物价的冻结即政府采用法律和行政手段，禁止在一定时期内提高工资与物价，这些措施一般是在特殊时期采用，在严重通货膨胀时也被采用。③税收刺激政策。税收刺激政策即以税收来控制增长。

2. 指数化政策

指数化政策是指定期地根据通货膨胀率来调整各种收入的名义价值，以使其实际价值保持不变，主要有工资指数化和税收指数化，即根据物价指数自动调整个人收入调节税等。

3. 人力政策

人力政策又称就业政策，是一种旨在改善劳动市场结构，以减少失业的政策。主要有：①人力资本投资。由政府或有关机构向劳动者投资，以提高劳动者的文化技术水平与身体素质，适应劳动力市场的需要。②完善劳动市场。政府应该不断完善和增加各类就业介绍机构，为劳动的供求双方提供迅速、准确而完整的信息，使劳动者找到满意的工作，企业也能得到其所需的员工。③协助工人进行流动。劳动者在地区、行业和部门之间的流动，有利于劳动的合理配置，实现劳动者人尽其才，也能减少由于劳动力的地区结构和劳动力的流动困难等原因而造成的失业。对工人流动的协助包括提供充分的信息、必要的物质帮助与鼓励。

4. 经济增长政策

经济增长政策主要有：①增加劳动力的数量和提高劳动力的质量。增加劳动力数量的方法包括提高人口出生率、鼓励移民入境等；提高劳动力质量的方法有增加人力资本投资。②资本积累。资本的积累主要来源于储蓄，可以通过减少税收、提高利率等途径来鼓励人们储蓄。③技术进步。技术进步在现代经济增长中起着越来越重要的作用。因此，促进技术进步成为各国经济政策的重点。④计划化和平衡增长。现代经济中各部门之间协调的增长是经济本身所要求的，国家的计划与协调要通过间接的方式来实现。

此外，国际经济政策有时也作为宏观经济政策工具运用。

国际经济政策是对国际经济关系的调节。现实中每一个国家的经济都是开放的，各国经济之间存在着日益密切的往来与相互影响。一国的宏观经济政策目标中有国际经济关系的内容（即国际收支平衡），其他目标的实现不仅有赖于国内经济政策，而且也有赖于国际经济政策。因此，在宏观经济政策中也应该包括国际经济政策。

◆ **基本技能训练**

1. 运用本章所学理论，分析 2015 年我国宏观经济政策运用情况。
2. 讨论：如何分析宏观经济政策目标之间的关系?

3. 案例分析。

财政政策的实践

20 世纪 60 年代，肯尼迪总统采用凯恩斯主义经济学的观点，使财政政策成为美国对付衰退和通货膨胀的主要武器之一。肯尼迪总统提出削减税收来帮助经济走出低谷。这些措施实施以后，美国经济开始迅速增长。但是，减税再加上 1965～1966 年在越战中财政扩张的影响，又使得产出增长过快，超过了潜在水平，于是通货膨胀开始升温。为了对付不断上升的通货膨胀，并抵销越战所增开支的影响，1968 年国会批准开征了一项临时性收入附加税。不过，在许多经济学家看来，这项税收增加的政策力度太小、也太迟了一些。

20 世纪 80 年代美国是另一个典型例子。1981 年国会通过了里根总统提出的一揽子财政政策计划，包括大幅度降低税收，大力扩张军费开支而同时并不削减民用项目。这些措施将美国经济从 1981～1982 年的严重衰退中拯救出来，并进入 1983～1985 年的高速增长。

克林顿总统一上台，就面临着两难困境：一方面高赤字依然顽固地存在着；另一方面经济不景气且失业率高。总统必须决定财政政策应从何处着手，是应该先处理赤字，通过增加税收、降低支出来增加公共储蓄，进而靠储蓄水平提高来带动国民投资的增长，还是应该关注财政紧缩会减少并排挤投资，而税收增加又会降低产出。最后，总统还是决定优先考虑削减财政赤字。1993 年预算法案决定，在其后 5 年中落实减少赤字 1500 亿美元的财政举措。

（资料来源：萨缪尔森.2008.经济学.16 版.萧琛，译.北京：人民邮电出版社.）

问题：
（1）什么是财政政策？
（2）根据上面的资料，说明利用财政政策对付经济衰退的手段有哪些？
（3）财政政策实施中有哪些制约因素？

◆ **信息传递**

上海史上最严限购令

2016 年 3 月 25 日上海史上最严限购令出台，非沪籍社保满 5 年非单身才能购房，二套房首付比例提高。当天上午，上海市人民政府新闻办公室召开新闻发布会，发布了关于进一步完善本市住房市场体系和保障体系促进房地产市场平稳健康发展的若干意见（以下简称"《若干意见》"），从即日起发布实施。购买二套普通住宅的首付比例不低

于 50%，购买二套非普通住宅的首付比例不低于 70%

举措 1：二套非普通住房首付须七成

《若干意见》强调从紧实行差别化住房信贷政策，加强个人住房贷款管理。拥有 1 套住房的居民家庭，为改善居住条件再次申请商业性个人住房贷款购买普通自住房的，首付款比例不低于 50%；购买非普通自住房的，首付款比例不低于 70%。

上海贷款主要支持市民的居住需求，特别是首套房。上海银监局副局长蔡莹介绍说："目前，上海房贷的不良率只有 0.48%，低于一般贷款，上海银行业执行房贷比较有效。"

市住房城乡建设管理委主任顾金山介绍，购房人在申请贷款时还应承诺首付款为自有资金，违反承诺则作为失信行为信息纳入本市公共信用信息服务平台。

举措 2：严禁首付贷、推第三方监管

严禁房地产开发企业、房产中介机构从事首付贷、过桥贷及自我融资、自我担保、设立资金池等场外配资金融业务。对各类非正规金融机构为房产交易提供各种形式金融业务行为开展专项整治。上海市住建委主任顾金山表示，将进一步强化房地产市场监管，规范从业行为，严肃查处违法违规行为。依托全市统一的商品房预售许可信息管理系统和商品房销售合同网上备案系统，加强商品房预销售管理，防止捂盘惜售。

前段时间的"链家"事件一直是媒体关注的焦点。"2 月 23 日曝光后，市住建委约谈了链家上海公司，后来又约谈了链家公司董事长，正式立案调查。相关门店网签资格暂停，相关经纪人网签资格暂停。目前调查取证结束。"顾金山说。

举措 3：非沪籍购房须缴社保 5 年以上

《若干意见》要求从严执行住房限购政策。提高非本市户籍居民家庭购房缴纳个人所得税或社保的年限，从自购房之日起计算的前 3 年内在本市累计缴纳 2 年以上，调整为自购房之日前连续缴纳满 5 年及以上。企业购买的商品住房再次上市交易，需满 3 年及以上，若其交易对象为个人，按照本市限购政策执行。值得一提的是，为进一步规范交易行为，限购审核将前置至交易备案环节。

（资料来源：第一黄金网，http://www.dyhjw.com/gold/20160326-69150.html）

广义货币和狭义货币分别是什么

狭义货币是一个宏观经济学概念，在经济学中以 M_1 表示，其计算方法是社会流通货币总量加上商业银行的所有活期存款

广义货币是一个经济学概念，和狭义货币相对应。在经济学中以 M_2 来表示，其计算方法是社会流通货币总量加上活期存款以及定期存款与储蓄存款。

流通货币（简称通货）是一种或一组用于物资交换的工具，有时也仅称"货币"。它根源于商品，是一种特殊的商品，它是金钱的具体表现形式和度量单位。货币区是指

流通并使用某一种单一的货币的国家或地区。不同的货币区之间在互相兑换货币时，需要引入汇率的概念。通常，每个国家都只使用唯一的一种货币，并由中央银行发行和控制。不过也存在例外，亦即多个国家可以使用同一种货币。例如，在欧洲联盟国家通用的欧元，在西非经济共同体的法郎，以及在 19 世纪的拉丁货币同盟，名称不同但能在联盟内部自由流通的等值货币。一个国家可以选择别国的货币作为法定流通货币，例如，巴拿马选择美元作为法定货币。不同国家的货币还可能使用相同的名字，例如，在法国和比利时使用欧元之前，它们和瑞士的货币都叫法郎。有时因为特殊原因，同一个国家内的不同自治体可能也会发行不同版本的货币，例如，在英国，包括英格兰、苏格兰或甚至偏远离岛的泽西岛、根西岛都拥有各自发行的不同版本英镑，并且互相可在英国境内的其他地区交易，但唯有英格兰英镑才是国际承认的交易货币，其他版本的英镑拿出英国境外后可能会被拒绝收受。

货币的历史沿革

一、物物交换

人类使用货币的历史最早产生于出现物质交换的时代。在原始社会，人们通过以物易物的方式，交换自己所需要的物资，如一头羊换一把石斧。但有时候受到用于交换的物资种类的限制，不得不寻找一种能够为交换双方都能够接受的物品。这种物品就是最原始的货币。牲畜、盐、稀有的贝壳、珍稀鸟类羽毛、宝石、沙金、石头等不容易大量获取的物品都曾经作为货币被使用过。

二、金属货币

经过长年的自然淘汰，在绝大多数社会里，作为货币使用的物品逐渐被金属所取代。使用金属货币的好处是它的制造需要人工，无法从自然界大量获取，同时还易储存。数量稀少的金、银和冶炼困难的铜逐渐成为主要的货币金属。某些国家和地区使用过铁质货币。早期的金属货币是块状的，使用时需要先用试金石测试其成色，同时还要称量重量。随着人类文明的发展，逐渐建立了更加复杂而先进的货币制度。古代希腊、罗马和波斯的人们铸造重量、成色统一的硬币。这样，在使用货币的时候，既不需要称量重量，也不需要测试成色，无疑方便得多。这些硬币上面带有国王或皇帝的头像、复杂的纹章和印玺图案，以免伪造。

三、金银

西方国家的主币为金币和银币，辅币以铜、铜合金制造。随着欧洲社会经济的发展，商品交易量逐渐增大，到 15 世纪时，经济发达的佛兰德斯和意大利北部各邦国出现了通货紧缩的恐慌。从 16 世纪开始，大量来自美洲的黄金和白银通过西班牙流入欧洲，挽救了欧洲的货币制度，并为其后欧洲的资本主义经济发展创造了起步的条件。

四、纸币

随着经济的进一步发展，金属货币同样显示出使用上的不便。在大额交易中需要使用大量的金属硬币，其重量和体积都令人感到烦恼。金属货币使用中还会出现磨损的问题，据不完全的统计，自从人类使用黄金作为货币以来，已经有超过两万吨的黄金在铸币厂里，或者在人们的手中、钱袋中和衣物口袋中磨损掉。于是作为金属货币的象征符号的纸币出现了，世界上最早的纸币是宋朝年间于中国四川地区出现的交子。

五、金本位

最初的纸币是以黄金为基础的，与黄金可以自由兑换，两者可以同时流通，纸币的发行量也比较少。到 19 世纪末，资本主义经济出现了速度空前的膨胀与发展，于是纸币逐渐成为主要的流通货币，但是它们仍然有黄金作为发行的保障。这种货币制度称为"金本位"。

六、货币防伪

伪造货币的问题与货币制度一同出现。在使用金属货币的时代，伪造的方法是在金币中搀入铜、铅等廉价金属。当时对付这种犯罪唯一的方法是一旦发现，就使用严厉的刑罚，以此来威吓伪造者。纸币更容易伪造，法国大革命后，发行了以没收教会地产为抵押的债券，作为代用纸币。为了破坏法国经济，英国政府曾经伪造过这种货币（同时规定私人伪造法国纸币将会被判处死刑），这也是最早的经济战之一。第二次世界大战期间，德国曾经在集中营里大量伪造英国和美国的纸币。私人或犯罪组织伪造纸币的记录也层出不穷。为了避免伪造，纸币采用了很多防伪措施：专用的特殊纸张，胶版凸印、水印，磁性油墨，金属安全线，紫外线荧光记号、变色油墨、正反面图案对印（这种技术在法国法郎上最为醒目）等。澳大利亚、新西兰等国还发行了塑料货币。

七、现代的货币

在金本位制度下，各个实行金本位的国家之间货币按照它们各自的含金量之比——金平价（gold parity）来决定兑换比率。这个体系是以黄金的自由流动为基础的。第一次世界大战爆发后，英国、法国、俄国、德国、日本等参战国纷纷禁止黄金出口，金本位体系实际上已经崩溃了。

第一次世界大战后，德国、奥地利等国出现了货币大幅度贬值的现象。此后各国货币之间没有一个固定的汇率基础。1944 年的布雷顿森林协定规定，国际货币基金组织的成员国，其货币应当与黄金或美元挂钩，实行固定汇率兑换。这个协定确立了美元的国际货币地位，由此建立的各国货币体系称为布雷顿森林体系。1971 年 8 月，美元停止与黄金的自由兑换，布雷顿森林体系宣告崩溃。从此，进入符号货币时代。此后各国之间实行浮动汇率。一些比较稳定的或者有升值潜力的货币，如瑞士法郎、西德马克等。

国际标准组织（ISO）指定了一套三位字母的符号体系，用来表示各国的货币。这个标准的代号为 ISO 4217。

▬▬▬▬▬▬▬▬▬▬▬▬▬▬▬▬ 小结与练习 ▬▬▬▬▬▬▬▬▬▬▬▬▬▬▬

小结

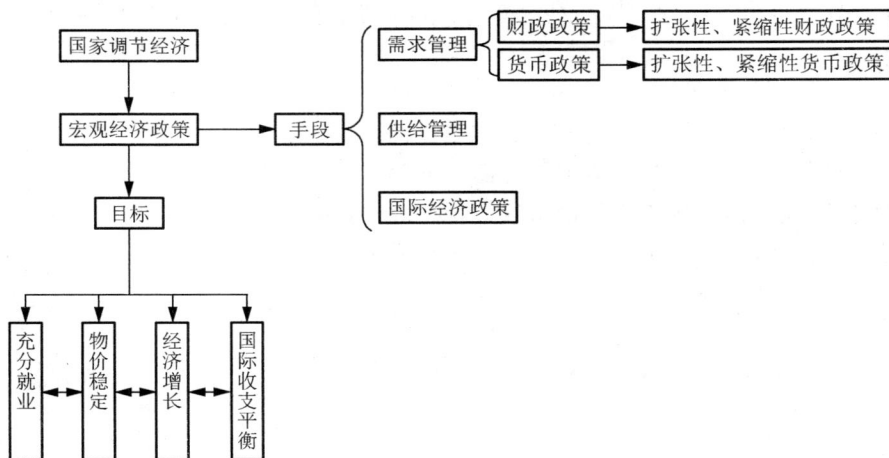

练习

一、单项选择题

1. 宏观经济政策的目标是（　　　　）。
   - A. 充分就业和物价稳定
   - B. 物价稳定和经济增长
   - C. 同时实现充分就业、物价稳定、经济增长和国际收支平衡
   - D. 实现充分就业

2. 根据需求管理的原理，应该抑制总需求的条件是（　　　　）。
   - A. 总需求大于总供给
   - B. 总需求等于总供给
   - C. 总需求小于总供给
   - D. 总供给不变

3. 在以下三种政策工具中，属于需求管理的是（　　　　）。
   - A. 收入政策
   - B. 人力政策
   - C. 货币政策

4. 当经济中存在失业时，应该采取的财政政策工具是（　　　　）。
   - A. 增加政府支出
   - B. 提高个人所得税

    C. 提高公司所得税   D. 减少个人所得税

5. 属于紧缩性财政政策工具的是（　　）。

    A. 减少政府支出和增加税收   B. 减少政府支出和减少税收

    C. 增加政府支出和减少税收   D. 增加政府支出和增加税收

6. 紧缩性货币政策的运用会导致（　　）。

    A. 减少货币供给量，降低利息率   B. 增加货币供给量，提高利息率

    C. 减少货币供给量，提高利息率   D. 增加货币供给量，降低利息率

二、判断题

1. 不同的政策工具可以达到相同的政策目标。   （　　）

2. 凯恩斯主义所重视的政策工具是需求管理。   （　　）

3. 需求管理包括财政政策和货币政策。   （　　）

4. 扩张性的财政政策包括增加政府支出和增税。   （　　）

第 11 章

开放经济理论与实践

教学目标

知识目标：

- 对国际收支的基本含义、涉及的内容等基本知识有一个感性的理解；了解汇率的产生、含义、基本理论知识及汇率变动可能产生的影响，尤其充分认识开放经济条件下的宏观经济目标，并深刻理解汇率在其中起到的作用，进而对宏观经济理论的应用有深刻认识。

能力目标：

- 能够通过对相关知识点的掌握，对现实宏观问题进行分析并给出较合理的解释。

引导案例

2015 年人民币汇率走势分析

近几年来，美国退出量化宽松，中国央行宣布降息，内外因素叠加，市场预期人民币汇率贬值，但事实上人民币汇率却不降反升。对于人民币汇率短期冲高的原因，专家分析认为：一方面有段时间美元承压走低，人民币对美元汇率中间价相应上涨；另一方面国际资本看好中国市场，流入增多。随着央行逐渐减少外汇干预，未来人民币汇率将在基本稳定的基础上区间震荡、双向波动加大，不会出现单边升值或贬值。

（1）外部资金推高汇率

自央行宣布降息后，人民币汇率并未如预期般贬值。来自中国外汇交易中心的数据显示，2015 年 11 月 27 日，人民币兑美元汇率中间价报6.1320，较前一交易日上涨 34 个基点，再创 3 月 13 日以来的新高。上周，人民币兑美元即期汇率一度升值 200 个基点。

随着最新公布的美国经济数据显示，12 月 2 日，美元再现强势升值，人民币对美元汇率中间价呈现小幅下跌。据中国外汇交易中心的最新数据，12 月 4 日，人民币兑美元汇率中间价报 6.1411，较前一交易日下跌35 个基点。

"前一阵人民币升值与资金流入有关"，暨南大学国际商学院副院长孙华好说，最近中国股市走得稳健，沪港通开通，都吸引着国际资本看好中国市场。其次，因融资难、融资贵，国内有些企业采用多种手段从海外融资，这些因素都促使外汇进来，从而造成人民币升值。

孙华好进一步分析：一方面，近来外贸好转有助于人民币升值；另一方面，降息后有可能因人民币贬值而出现资本大规模外流的情况。为此，央行有可能通过减少市场干预，以达到人民币升值而资金减少流出的目的。

也有分析认为，因美国有一段时间经济数据表现相对疲弱，美元上涨势头暂时放缓，人民币中间价则顺势走强。

（2）未来双向波动加大

未来人民币汇率走势如何？专家表示，人民币不会持续贬值，因为我国有良好的经济基本面。短期内人民币可能还会波动，既不会持续贬值，也不太会持续单边升值。

孙华好判断，现在利率下调，如果经济继续向好，人民币不会有大的贬值，甚至会稳中有升，这种趋势一直延续到2015年年底或2016年年初，因年底外贸形势比较好。

经济学家宋宇表示，人民币汇率走向需要综合考量经济发展与对外投资两方面因素，并应将决定权交还给市场。

"大趋势上看，人民币汇率走势平稳。如果美元强劲，未来人民币会出现贬值。"孙华好认为，现在央行对外汇市场干预逐渐放开，其结果是未来人民币在基本稳定的基础上会有明显波动，不会呈现单边升或贬，表现为每天或短期内上下波动会加大，从一个月长线看，会比较稳定。

国际金融问题专家赵庆明表示，从理论上来讲，在其他条件不变的情况下，一国利率水平的降低，对该国的汇率是利空的，但实际上影响汇率的因素非常多。目前，央行降息的目的是为了降低融资成本、提振经济，而经济的提振对汇率反而是利好。

（3）逐步减少市场干预

2015年以来，人民币汇率双向波动增强，表明央行对外汇干预在逐渐减少。中国人民银行副行长胡晓炼介绍，人民币汇率市场化改革也在加快推进。人民银行大幅减少了外汇干预，自二季度以来已经基本上退出了常态化的市场干预。外汇市场总体运行平稳，人民币汇率双向浮动弹性明显增强，汇率预期分化。

"在条件允许的情况下，中国将大幅减少对人民币汇率的干预。"中国人民银行行长周小川在出席中美战略与经济对话期间曾表示，希望汇率能通过改革，在合理均衡的水平上基本稳定。同时，将允许市场供求在决定汇率、扩大汇率浮动区间以及增加汇率弹性上，起到更大的作用。

银河期货首席宏观经济顾问付鹏认为，从现阶段来讲，只要外汇市场的波动整体在范围之内，原则上来讲央行不干预，就是逐步让市场化来决定这个汇率相对应的价格，但是央行会设有上下限，一旦超过或者接近上下限，央行还会适时、适度进行指导。

（资料来源：中国投资咨询网，http://www.ocn.com.cn/chanye/201507/spzkt02102739.shtml）

案例点评：

影响汇率变化的因素是多方面的，归结起来大致有以下几个方面：国际收支状况、通货膨胀率差异、利率差异、经济增长率差异、中央银行干预以及预期因素。因此，分析一国汇率的走势要结合多方面的因素进行分析。

◆ **基本知识点**

11.1　国　际　收　支

11.1.1　国际收支的基本概念

1. 国际收支的含义

国际货币基金组织对国际收支的表述为：国际收支（international balance of payment）是一种统计报表，系统地记载了在一定时期内经济主体与世界其他地方的交易。它是一国与其他各国之间经济交往的记录，国际收支集中反映在国际收支平衡表中。

国际收支分为狭义和广义两重含义。狭义的国际收支是指一国在一定时期（通常为1年）内对外收入和支出的总额（外汇收支）。广义的国际收支指一国一定时期内全部国际经济交易的货币价值总额，其不仅包括狭义的部分，还包括该时期的经济交易。

2. 国际收支的基本特点

国际收支的基本特点主要表现在如下几个方面。

1）国际收支是一个流量概念。

2）所反映的内容是经济交易，包括商品和劳务的买卖、物物交换、金融资产之间的交换、无偿的单向商品和劳务的转移、无偿的单向金融资产的转移等。

3）记载的经济交易是居民与非居民之间发生的。

4）国际收支既有私人部门交往的内容，也有政府部门交往的内容；既有基于经济目的而产生的各种交易，也包括因非经济动机而产生的交易。

3. 国际收支的产生和发展

国际收支的概念是随着国际经济交易的发展变化而变化的。

（1）国际收支概念的产生

国际收支是由一个国家对外经济、政治、文化等各方面往来活动而引起的。生产社会化与国际分工的发展，使得各国之间的贸易日益增多，国际交往日益密切，从而在国际间产生了货币债权债务关系，这种关系需在一定期限内进行清算与结算，从而产生了国际间的货币收支。国际的货币收支及其他以货币记录的经济交易共同构成了国际收支的主要内容。

（2）国际收支概念的发展

资本原始积累时期，主要的国际经济交易是对外贸易，因此早期的国际收支概念是指一国一定时期的对外贸易差额。金本位货币制度崩溃后，演化为狭义的国际收支概念。第二次世界大战后，国际经济交易的内容和范围进一步增加和扩大，就发展为被各国普遍接受的广义的国际收支。

11.1.2 国际收支平衡表

1. 国际收支平衡表的含义

国际收支平衡表是指根据经济分析的需要，将国际收支情况按照复式记账原理和特定账户分类编制出来的一种统计报表。此表记录了一国对外的全部经济交易，不仅包括纯粹经济交易引起的货币收支，还包括政治、文化、军事引起的货币收支，集中反映了一国国际收支的结构和总体状况。

2. 国际收支平衡表的内容

国际收支平衡表的内容有：经常项目、资本和金融账户、储备结算项目、错误与遗漏。编制国际收支平衡表时，需要对各个项目进行归类，分成若干个账户，并按照需要进行排列，即所谓的账户分类。国际货币基金组织出版的《国际收支手册》（第五版）提供了国际收支平衡表的账户分类标准，即分为经常账户、资本和金融账户两大账户，各国可以根据本国具体情况对其进行必要的调整。

（1）经常账户

经常账户记录的是实际资源的流动，其包括货物和服务、收益、经常转移等三项，具体如下：

1）货物和服务。货物是指通过海关的进出口货物，以海关的进出口统计资料为基础，货物所有权发生变化时被记录下来，进出口均采用离岸价格（free on board，FOB）计价。服务包括运输、旅游、通信、建筑、保险、金融服务、计算机和信息服务、专有权使用费和特许费、各种商业服务、个人文化娱乐服务以及政府服务。

2）收益。收益包括职工报酬和投资收益两类。职工报酬是指本国居民在国外工作（一年以内）而得到并汇回的收入以及支付外籍员工（一年以内）的工资福利。投资收益包括直接投资项下的利润利息收益和再投资收益、证券投资收益（股息、利息等）和其他投资收益。

3）经常转移。经常转移主要包括侨汇、无偿捐赠和赔偿等项目，包括实物和资金形式。

（2）资本和金融账户

资本和金融账户记录资本在国际间的流动，包括资本账户和金融账户，具体如下：

1）资本账户。资本账户包括资本转移和非生产、非金融资产交易。资本转移主要包括固定资产转移、债务减免、移民转移和投资捐赠等。非生产、非金融资产交易是指不是由生产得出的有形资产（土地和地下资源）和无形资产（专利、版权、商标和经销权等）的所有权转移。

2）金融账户。金融账户记录的是一经济体对外资产负债变更的交易，包括直接投资、证券投资、其他投资和储备资产等四类。①直接投资。直接投资是投资者寻求获取在本国以外经营企业的有效发言权为目的的投资。②证券投资。证券投资包括股本证券和债务证券两大类证券投资形式。债务证券又可以细分为中长期债券、货币市场工具和其他衍生金融工具等。③其他投资。其他投资是指除了直接投资和证券投资以外的所有金融交易，分为贸易信贷、贷款、货币和存款、其他资产负债等。④储备资产。储备资产是指中央银行等货币当局拥有的对外资产，包括货币黄金、外汇、特别提款权和在国际货币基金组织的储备头寸[①]。

此外，国际收支平衡表还设置了净误差和遗漏一项[②]。净误差和遗漏是基于会计上的需要，在国际收支平衡表中借贷双方出现不平衡时，设置的用以抵消统计偏差的项目。

11.1.3　国际收支不平衡的分类及经济影响

判断国际收支是否平衡，通常的做法是将国际收支平衡表所记录的国际经济交易，按照交易主体和交易目的的不同，划分为自主性交易和调节性交易，再按交易主体和交易动机来识别国际收支是否平衡，这种做法提供了一种思维方式和基本框架，虽在理论上是正确的，但在实践中却存在着一定的技术性困难。实践中，国际收支是否平衡的观察，通常是在自主性交易和调节性交易对比的基本框架下，具体对国际收支的几个主要差额进行比较分析。

---

① 我国国际收支平衡表是在国际货币基金组织《国际收支手册》（第五版）基础上编制而成的，主要不同是将储备资产单独列项，因此该表包括经常账户、资本和金融账户、储备资产、净误差和遗漏等四大项。

② 储备头寸（reserve position in the IMP）是指一成员国在基金组织的储备部分提款权余额，再加上向基金组织提供的可兑换货币贷款余额。即一国在国际货币基金组织的自动提款权，其数额的大小主要取决于该成员国在国际货币基金组织认缴的份额，会员国可使用的最高限额为份额的 125%，最低为 0。

1. 国际收支不平衡的分类

国际收支不平衡是绝对的、经常的，而平衡则是相对的、偶然的。具体分类如下：

1）周期性不平衡。它是由于国际间各国所处的阶段不同而造成的不平衡。经济周期一般包括四个阶段，即危机—萧条—复苏—繁荣。当一国处于繁荣阶段，而贸易伙伴国处于衰退阶段，易造成本国的贸易收支赤字。由于各国经济都会经历繁荣和衰退的交替，就有周期性，两国的国际收支也会交替的出现顺差和逆差。只要经济周期不太长，程度不太深，这种失衡就是短期的、较轻微的。

2）结构性不平衡。它是由于国际市场对本国的出口和进口的需求条件发生变化，本国贸易结构无法进行调整所导致的国际收支不平衡。如果本国产品的供需结构不能满足国际市场产品供需结构的变化，在不考虑资本项目的前提下，将会导致本国国际收支的长期不均衡。

3）货币性不平衡。它是由于一国的价格水平、成本、汇率、利率等货币性因素而造成的国际收支不平衡。如果一个国家货币发行不当，或其他因素引起物价上涨，生产成本上升，本国产品竞争力下降，导致出口下降，进口上升；或者利率下降导致资本外流增加，内流减少，使一国国际收支处于逆差状态。

4）收入性不平衡。它是由于一国国民收入相对增长较快，导致进口增长超过出口增长而引起的国际收支失衡。各国处于经济周期的不同阶段和不同的经济增长率会导致收入水平不同，进而影响进出口需求。如一国的经济增长率相对较高，人们收入较高，进口需求增加，国际收支会产生逆差。

5）季节性和偶然性不平衡。它是由于季节变化或突发事件所造成的国际收支不平衡。例如，由于气候原因造成一国粮食减产，导致该国粮食出口减少，进口增加。

2. 国际收支不平衡的经济影响

（1）国际收支逆差的不利影响

持续的、大规模的国际收支逆差对一国经济的影响表现为以下几个方面：

1）不利于对外经济交往。存在国际收支持续逆差的国家会加大对外汇的需求，而外汇的供给不足，会促使外币升值，本币贬值，本币的国际地位降低，可能导致短期资本外逃，从而对本国的对外经济交往带来不利影响。

2）如果一国长期处于逆差状态，不仅会严重消耗一国的储备资产，影响其金融实力，而且还会使该国的偿债能力降低，如果陷入债务困境不能自拔，这又会进一步影响本国的经济和金融实力，并失去在国际间的信誉。例如，20世纪80年代初期爆发的国际债务危机，在很大程度上就是因为债务国出现长期国际收支逆差，不具备足够的偿债能力所致。

（2）国际收支顺差的不利影响

持续的、大规模的国际收支顺差也会对一国经济带来不利的影响，具体表现在：

1）持续性顺差会使一国所持有的外国货币资金增加，或者在国际金融市场上发生抢购本国货币的情况，这就必然产生对本国货币需求量的增加，由于市场法则的作用，本国货币对外国货币的汇价就会上涨，不利于本国商品的出口，对本国经济的增长产生不良影响。

2）持续性顺差会导致一国通货膨胀压力加大。因为如果国际贸易出现顺差，意味着国内大量商品被用于出口，可能导致国内市场商品供应短缺，带来通货膨胀的压力。另外，出口企业将会出售大量外汇兑换本币收购出口产品，从而增加了国内市场货币投放量，带来通货膨胀压力。如果资本项目出现顺差，大量的资本流入，该国政府就必须投放本国货币来购买这些外汇，从而也会增加该国的货币流通量，带来通货膨胀压力。

3）一国国际收支持续顺差容易引起国际摩擦，而不利于国际经济关系的发展，因为一国国际收支出现顺差也就意味着世界上一些其他国家因其顺差而使国际收支出现逆差，从而影响这些国家的经济发展，他们要求顺差国调整国内政策，以调节过大的顺差，这就必然导致国际摩擦。例如，20 世纪 80 年代因欧、美、日贸易摩擦，导致广场协议的签署以及之后日本经济的大幅衰退，就是因为欧洲共同体（现称欧洲联盟）国家、美国、日本之间国际收支状况不对称。

可见，一国国际收支持续不平衡时，无论是顺差还是逆差都会给该国经济带来危言，政府必须采取措施，适当地调节，以使该国的国内经济和国际经济得到健康的发展。

11.2　汇　　率

汇率（foreign exchange rate）又称外汇行市或汇价，指的是一国货币兑换另一国货币的比率，即以一种货币表示另一种货币的价格。

例如，一件价值 100 欧元的商品，如果欧元对美元的汇率为 1.41，则这件商品在国际市场上的价格就是 141 美元。如果欧元对美元汇率涨到 1.45，也就是说欧元升值，美元贬值，用更多的美元才可买到此商品，这件商品在国际市场上的价格就是 145 美元。所以，该商品在国际市场上的价格会变高。商品的价格升高，竞争力变弱，买的就少了；反之，如果欧元汇率跌到 1.38，也就是说欧元贬值，美元升值，则这件商品在国际市场上的价格就是 138 美元，此商品的美元价格变便宜，买的就多了。

某种货币以一种或几种其他货币表示的价格下降时，称为贬值（depreciation）；以一种或几种其他货币表示的价格上升时，称为升值（appreciation）。

11.2.1　汇率的产生

各国货币之所以可以进行对比，能够形成相互之间的比价关系，原因在于它们都代表着一定的价值量，这是汇率的决定基础。由于世界各国货币的名称不同、币值不一，所以一国货币对其他国家的货币要规定一个兑换率，即汇率。

在金本位制度下，黄金为本位货币。两个实行金本位制度的国家的货币单位可以根据它们各自的含金量多少来确定他们之间的比价，即汇率。例如，在实行金本位制度时，英国规定 1 英镑的重量为 123.274 47 格令，成色为 22 开金，即含金量 113.0016 格令纯金；美国规定 1 美元的重量为 25.8 格令，成色为千分之九百，即含金量 23.22 格令纯金。根据两种货币的含金量对比，1 英镑等于 4.8665 美元，汇率就以此为基础上下波动。

在纸币制度下，各国发行纸币作为金属货币的代表，并且参照过去的做法，以法令规定纸币的含金量，称为金平价。由于纸币不能兑换成黄金，所以在实行官方汇率的国家，由国家货币当局规定汇率，一切外汇交易都必须按照这一汇率进行。在实行市场汇率的国家，汇率随外汇市场上货币的供求关系变化而变化。

11.2.2　汇率的种类

1. 按国际货币制度的演变划分

按国际货币制度的演变划分，有固定汇率和浮动汇率两种。

1）固定汇率。固定汇率是指由政府制定和公布，并只能在一定幅度内波动的汇率。

2）浮动汇率。浮动汇率是指由市场供求关系决定的汇率。其涨落基本自由，一国货币市场原则上没有维持汇率水平的义务，但必要时可进行干预。

2. 按制定汇率的方法划分

按制定汇率的方法划分，有基本汇率和套算汇率。

1）基本汇率。各国在制定汇率时必须选择某一国货币作为主要对比对象，这种货币称为关键货币。根据本国货币与关键货币实际价值的对比，制定出对它的汇率，这个汇率就是基本汇率。一般美元是国际支付中使用较多的货币，各国都把美元当作制定汇率的主要货币，常把对美元的汇率作为基本汇率。

2）套算汇率。套算汇率是指各国按照基本汇率套算出的直接反映其他货币之间价值比率的汇率。

3. 按银行买卖外汇的角度划分

按银行买卖外汇的角度划分，有买入汇率、卖出汇率、中间汇率和现钞汇率。

1）买入汇率。买入汇率也称买入价，即银行向同业或客户买入外汇时所使用的汇率。采用直接标价法时，外币折合本币数较少的那个汇率是买入价。采用间接标价法时则相反。

2）卖出汇率。卖出汇率也称卖出价，即银行向同业或客户卖出外汇时所使用的汇率。采用直接标价法时，外币折合本币数较多的那个汇率是卖出价，采用间接标价法时则相反。

买入卖出之间有个差价，这个差价是银行买卖外汇的收益，一般为 1%～5%。银行同业之间买卖外汇时使用的买入汇率和卖出汇率又称同业买卖汇率，实际上就是外汇市场买卖价。

3）中间汇率。中间汇率又称汇率中间价，是买入价与卖出价的平均数。报刊公布汇率消息时常用中间汇率，套算汇率也用有关货币的中间汇率套算得出。

4）现钞汇率。一般国家都规定，不允许外国货币在本国流通，只有将外币兑换成本国货币，才能够购买本国的商品和劳务，因此产生了买卖外汇现钞的兑换率，即现钞汇率。按理现钞汇率应与外汇汇率相同，但因为需要把外币现钞运到各发行国去，运送外币现钞要花费一定的运费和保险费，因此，银行在收兑外币现钞时的汇率通常要低于外汇买入汇率；而银行卖出外币现钞时使用的汇率则高于其他外汇卖出汇率。

4. 按外汇交易交割期限划分

按外汇交易交割期限划分，有即期汇率和远期汇率。

1）即期汇率。即期汇率又称现汇汇率，是指买卖外汇双方成交当天或两天以内进行交割的汇率。

2）远期汇率。远期汇率是指进行远期外汇买卖交易时，事先由买卖双方约定的汇率。所谓远期外汇买卖是一种预约性交易，是指外汇买卖双方约定未来的某一时期（通常三天以上）以一定的汇率，交割一定金额的货币的一种交易协议。到了交割日期，由协议双方按预订的汇率、金额进行钱汇两清。该交易是由于外汇收款方或支付方对外汇资金的收取或支付的时间不同，为了避免外汇汇率变动风险而引起的。远期外汇的汇率与即期汇率相比是有差额的，这种差额叫远期差价，有升水、贴水、平价三种情况。升水是表示远期汇率比即期汇率贵；贴水则表示远期汇率比即期汇率便宜；平价表示两者相等。

5. 按对外汇管理的宽严区分

按对外汇管理的宽严区分，有官方汇率和市场汇率。

1）官方汇率。官方汇率是指国家机构（财政部、中央银行或外汇管理当局）公布的汇率。官方汇率又可分为单一汇率和多重汇率。多重汇率是一国政府对本国货币规定的一种以上的对外汇率，是外汇管制的一种特殊形式。其目的在于奖励出口限制进口，限制资本的流入或流出，以改善国际收支状况。

2）市场汇率。市场汇率是指在自由外汇市场上买卖外汇的实际汇率。在外汇管理较松的国家，官方宣布的汇率往往只起中心汇率作用，实际外汇交易则按市场汇率进行。

11.2.3　汇率的标价方法

确定两种不同货币之间的比价，先要确定用哪个国家的货币作为标准。由于确定的标准不同，于是便产生了几种不同的外汇汇率标价方法。

1. 直接标价法

直接标价法，又称应付标价法，是以一定单位（1、100、1000、10 000）的外国货币为标准来计算应付出多少单位本国货币。就相当于计算购买一定单位外币应付多少本币，所以称为应付标价法。在国际外汇市场上，包括中国在内的世界上绝大多数国家目前都采用直接标价法，如日元兑美元汇率为 83.05，即 1 美元兑 83.05 日元。

在直接标价法下，若一定单位的外币折合的本币数额多于前期，则说明外币币值上升或本币币值下跌，也称为外币升值或本币贬值；反之，如果要用比原来较少的本币即能兑换到同一数额的外币，这说明外币币值下跌或本币币值上升，称为外币贬值或本币升值。直接标价法与商品的买卖常识相似，例如，美元的直接标价法就是把美元外汇作为买卖的商品，以美元为 1 单位，且单位是不变的，而作为货币一方的人民币，是变化的。一般商品的买卖也是这样，500 元买进一件衣服，550 元把它卖出去，赚了 50 元，商品没变，而货币却增加了。

2. 间接标价法

间接标价法又称应收标价法，它是以一定单位（如 1 个单位）的本国货币为标准，来计算应收若干单位的外汇货币。在国际外汇市场上，欧元、英镑、澳元等均为间接标价法。如欧元兑美元汇率为 1.4235，即 1 欧元兑 1.4235 美元。在间接标价法中，本国货币的数额保持不变，外国货币的数额随着本国货币币值的变化而变化。如果一定数额的本币能兑换的外币数额比前期少，这表明外币币值上升，本币币值下降，即外币升值或本币贬值；反之，如果一定数额的本币能兑换的外币数额比前期多，则说明外币币值下降，本币币值上升，即外币贬值或本币升值。因此，间接标价法与直接标价法相反。

直接标价法和间接标价法所表示的汇率涨跌的含义正好相反，所以在引用某种货币的汇率和说明其汇率高低涨跌时，必须明确采用哪种标价方法，以免混淆。

11.2.4 汇率的影响

以一种商品为例，如果 1 单位商品在美国生产需要 5 美元，在中国生产需要 30 元人民币，则就这单位商品而言，美元与人民币的汇率就是 5∶30，即 1 美元兑换 6 元人民币。汇率则是所有进出口商品本国价格与外国价格的相对比价。

1. 汇率的确定方法

汇率的确定方法随国际货币制度的变化而不断变化。

（1）金本位制度下汇率的决定与变动

金本位制度是以黄金为本位币的货币制度，包括金币、金块和金汇兑本位制。第一次世界大战前，盛行典型的金币本位制，特点是金币为本位币；自由铸造和熔化；金币与银行券自由兑换；金币作为世界货币自由输出输入。各国规定了每一金铸币单位包含的黄金重量与成色，即含金量（gold content），货币间的比价以含金量来折算，两国本位币的含金量之比，即铸币平价（mint par）。例如，1 英镑铸币的含金量为 113.0016 格令，1 美元铸币含金量为 23.22 格令，铸币平价为 113.0016÷23.22＝4.8666，即 1 英镑约折合 4.8666 美元。

如此规定的汇率可能出现波动，但波幅有一定界限。这个界限称为黄金输送点（gold transport points），黄金输送点等于铸币平价加上从一国输出或从另一国输入黄金需要支出的费用，包括包装、运输黄金的费用和运输保险费。如果汇率的波动使得两国间在进行国际结算时直接使用黄金比使用外汇更为合算，则贸易商宁可直接运送黄金。通过这一机制，汇率的波动可自动保持在一定范围内。

（2）纸币流通制度下汇率的决定与变动

在纸币制度下，各国发行纸币作为金属货币的代表，并且参照过去的做法，以法令规定纸币的含金量，称为金平价。金平价的对比是两国汇率的决定基础。但是纸币不能兑换成黄金，因此，纸币的法定含金量往往形同虚设。所以在实行官方汇率的国家，由国家货币当局（财政部、中央银行或外汇管理当局）规定汇率，一切外汇交易都必须按照这一汇率进行。在实行市场汇率的国家，汇率随外汇市场上货币的供求关系变化而变化。汇率对国际收支，国民收入等具有影响。

2. 影响汇率变动的因素

影响汇率变动的因素包括：

1）国际收支。如果一国国际收支为顺差，则该国货币趋向升值；如果为逆差，则该国货币趋向贬值。

2）通货膨胀。如果通货膨胀率高，则该国货币趋向贬值。

3）利率。如果一国利率提高，则货币趋向于升值。

4）经济增长率。如果一国为高经济增长率，则该国货币趋向升值。

5）财政赤字。如果一国的财政预算出现巨额赤字，则其货币将趋向于贬值。

6）外汇储备。如果一国外汇储备高，则该国货币趋向于升值。

7）投资者的心理预期。投资者的心理预期在目前的国际金融市场上表现得尤为突出。汇兑心理学认为，外汇汇率是外汇供求双方对货币主观心理评价的集中体现。若评价高、信心强，则货币升值。这一理论在解释无数短线或极短线的汇率波动上起到了至关重要的作用。

8）各国汇率政策的影响。例如关税，一个国家若有较高的关税将使该国货币有升值趋势。

9）投机活动的程度。投机活动越剧烈，汇率变动则越剧烈。

3. 汇率变动对国内经济产生的影响

（1）对进出口的影响

一般来说，本币贬值，能起到促进出口、抑制进口的作用；若本币升值，则有利于出口，不利于进口。

（2）对物价的影响

汇率变动以本币对外币贬值为例，出口商品的价格相对降低，进口商品的价格相对上涨，因此导致对本国出口相对有利，同时导致对本国进口的相对不利。其他因素不变情况下，一方面由于出口的商品需求增长，导致出口商品的价格上涨；另一方面由于大量的商品出口，国内市场的商品供应趋于紧张，导致国内商品价格趋于上涨。另外，出口的增加，进口的减少，也导致贸易逆差减少以致顺差增加，导致本国必须增加该国货币投放量，在其他因素不变的情况下，也推动国内物价的上涨。

从进口来看，本币贬值会引起进口商品在国内的价格上涨。至于它对物价总指数影响的程度，则取决于进口商品和原材料在国民生产总值中所占的比重；反之，本币升值，其他条件不变，进口商品的价格有可能降低，从而可以起抑制物价总水平的作用。

（3）对资本流动的影响

短期资本流动常常受到汇率的较大影响。当存在本币对外贬值的趋势时，投资者（无论本国或外国）就不愿意持有以本币计值的各种金融资产，并会将其转兑成外汇，发生资本外流现象，同时由于纷纷转兑外汇，加剧国际市场外汇的供不应求，会促使本币进一步贬值；反之，当存在本币对外升值的趋势下，本国投资者和外国投资者就力求持有以本币计值的各种金融资产，并引发资本流入，同时由于外汇纷纷转兑本币，在国际市场上外汇供过于求，会促使本币进一步升值。

（4）对国民收入、就业和资源配置的影响

仍以本币贬值为例，本币贬值有利于本国的出口，同时限制了进口，被限制的进口产品的生产资源转向出口产业，进而导致进口替代产业，促使国民收入增加，就业增加，由此改变国内生产结构。

4. 汇率变动对国际经济的影响

汇率变动被视为一种国际竞争与扩张的手段。例如，货币贬值可以达到扩大对外销售的目的，而货币升值可以实现对外掠夺的目的，因此汇率的频繁波动会加大发达国家与发展中国家的矛盾。汇率的不稳定，会加深国家争夺销售市场的斗争，影响国际贸易的正常发展，影响某些储备货币的地位和作用，促进国际储备货币多元化的形成，加剧投机和国际金融市场的动荡，同时又促进国际金融业务的不断创新。

（1）对国际收支的影响

对贸易收支的影响：满足一定条件后，一国的货币贬值才能起到促进出口，抑制进口的作用，从而改善国际收支。

对服务贸易收支的影响：贬值有利于改善该项目。

对资本项目差额的影响：实际的市场汇率与人们预期的市场汇率不相等时，造成国际资本的流动。

（2）对非贸易收支的影响

对无形贸易收支的影响：一国货币汇率下跌，外币购买力提高，导致该国商品和劳务低廉，本币购买力降低，国外商品和劳务价格提高，有利于该国旅游与其他劳务收支状况改善。

对单方转移收入的影响：一国货币汇率下跌，如果国内价格不变或上涨相对缓慢，对该国单方转移收支产生不利影响。

对资本流出入的影响：汇率对长期资本流动影响较小。从短期来看，汇率贬值，资本流出；汇率升值，有利于资本流入。

对官方储备的影响：本国货币变动通过资本转移和进口贸易额的增减，直接影响本国外汇储备的增加或减少。储备货币汇率下跌，使保持储备货币国家的外汇储备的实际价值遭受损失，储备国家因货币贬值减少债务负担，从中获利。

（3）对国际金融市场的影响

一些主要国家汇率的变化直接影响国际外汇市场上其他货币汇率变化，使国际金融动荡不安。

由于汇率频繁变动，外汇风险增加，外汇投机活动加剧，这就更加剧了国际金融市场的动荡。

汇率大起大落，尤其是主要储备货币的汇率变动，影响国际金融市场上的资本借贷活动。

11.2.5　汇率制度

汇率制度又称汇率安排（exchange rate arrangement），是各国普遍采用的确定本国货币与其他货币汇率的体系，是各国或国际社会对于确定、维持、调整与管理汇率的原则、方法、方式和机构等所做出的系统规定。汇率制度对各国汇率的决定有重大影响。按照汇率变动幅度的大小，汇率制度可分为固定汇率制和浮动汇率制。

1. 固定汇率制

固定汇率制（fixed exchange rate system）是指一国货币同其他国家货币的汇率基本固定，其波动仅限于一定的幅度之内。在这种制度下，中央银行固定了汇率，并按这一水平进行外汇买卖。中央银行必须为任何国际收支盈余或赤字按官方汇率提供外汇。当有盈余时购入外汇，当有赤字时售出外汇，以维持固定的汇率。

实行固定汇率有利于一国经济的稳定，也有利于维护国际金融体系与国际经济交往的稳定，减少国际贸易与国际投资的风险。但是，实行固定汇率要求一国的中央银行有足够的外汇或黄金储备。如果不具备这一条件，必然会出现外汇黑市，黑市的汇率要远远高于官方汇率，这样反而会不利于经济发展与外汇管理。

2. 浮动汇率制

浮动汇率制（floating exchange rate system）是指一国中央银行不规定本国货币与他国货币的官方利率，听任汇率由外汇市场的供求关系自发的决定。

浮动汇率制又分为自由浮动与管理浮动。自由浮动又称"清洁浮动"，指中央银行对外汇市场不采取任何干预措施，汇率完全由市场供求力量自发地决定。管理浮动又称"肮脏浮动"，指实行浮动汇率制的国家，其中央银行为了控制或减缓市场汇率的波动，对外汇市场进行各种形式的干预活动，主要是根据外汇市场的供求状况售出或购入外汇，以通过对供求的影响来影响汇率。

实行浮动汇率有利于通过汇率的波动来调节经济，也有利于促进国际贸易，尤其是在中央银行的外汇与黄金储备不足以维持固定汇率的情况下，实行浮动汇率对经济较为有利，同时也能取缔非法的外汇黑市交易。但浮动汇率不利于国内经济和国际经济关系的稳定，会加剧经济波动。

11.3　开放条件下的宏观经济目标

开放经济是指商品及资本、劳动力等生产要素可跨越国界流动的经济。

在封闭经济中，国民收入均衡只考虑国内充分就业与价格稳定问题，即只分析国内总需求与总供给对国民收入与价格水平的影响。但在开放经济下，我们不仅要考虑充分就业，还要考虑国际收支平衡。

对于任何一个经济体，政府宏观经济政策的目标可以概括为四个方面：充分就业、价格稳定、经济持续增长以及国际收支平衡。

充分就业是宏观经济政策的第一目标，可以说其他几个目标都是为充分就业来服务的。如果现实经济中通货膨胀较为严重，同时伴有国际收支赤字，那么首先要解决的是通货膨胀。根据菲利普斯曲线，通胀和就业具有替代作用，就是说要抑制通胀就要在一定程度上牺牲就业，这样可以在一个可以接受的失业水平上来降低通货膨胀。

国际收支平衡虽然也是经济政策的目标，但很多国家对其并不是很重视，与其说是一个目标还不如说是一个手段。以美国为例，美国的国际收支几乎年年赤字，这便成为迫使人民币升值的一个借口，成为一种可利用的手段。一般来说，一个经济体在上升期，国际收支往往会出现盈余，我国现在就是属于这种情况。

开放经济条件下，政府对经济进行调控的目标是同时实现内部均衡与外部均衡。内部均衡表现为充分就业、物价稳定与经济增长。外部均衡表现为国际收支平衡。一国与

第 11 章 开放经济理论与实践

宏观经济相适应的合理的国际收支结构。确定一国合理的经常账户的标准是这一余额符合经济理性，具有可持续性。

经常账户可以表示为一国国内储蓄与投资之间的差额。因此，经常账户逆差对应于资本流入，经常账户顺差对应于资本流出。

11.3.1　开放经济中的总供给与总需求

开放经济中的国民收入总量平衡，不仅要考虑国内均衡，还要考虑对外均衡，即要考虑国际收支的均衡。另外，这时国内的经济变量（如总需求、价格、利率、总供给等）的变动，不仅会影响对内均衡，而且会影响对外均衡。这样，开放经济中的宏观均衡，就要把国内经济和国外经济作为一个整体来加以考虑，从而分析一国的国民收入决定和调整。

1. 开放经济中的总需求

开放经济和封闭经济条件下的总需求是不同的。开放经济条件下的总需求等于国内居民消费需求、企业投资需求、政府购买，加上净出口需求。所谓净出口，就是出口额与进口额的差。如果以 M 表示进口，X 表示出口，则开放经济条件下的总需求 $Y=C-I+G+(X-M)$。

2. 开放经济中的总供给

与总需求一样，开放经济中的总供给同样要考虑对外经济交往。在原有国内总供给的基础上，加入国外的供给，在只考虑对外贸易的情况下，即加入产品和劳务的进口。

3. 开放经济中的国民收入均衡

当总供给水平既定并有充分弹性时，影响经济稳定的因素主要是总需求。

假如价格稳定，资本项目变化稳定，出口不变，这时如果以对外贸易收支状况代表对外均衡，则进口就取决于国民收入水平，并与之发生同方向变动。由于出口不变，所以当国内的国民收入处于均衡时，只有进口达到既定的出口水平时，对外均衡才可以实现。

如果国民收入水平使进口水平大于或者小于出口水平，就会产生对外贸易的逆差或者顺差。一旦发生对外贸易的逆差或顺差，即不均衡，就要进行调整。

当然，开放经济条件下，出口的数量并非完全不变。出口的增加会提高对国内产品的需求，从而使总需求增加，并使国民收入增加。国民收入增加又会提高进口数量。不过，当国民收入的增加是由于出口增加引起的时候，一般来说，出口增加所引起的国民收入增加不会完全用于进口（也就是说，边际进口倾向总是小于1的），于是，贸易收支状况会有改善（贸易盈余增加或赤字减少）。

如果对进口产品需求变为对国内产品的需求时，同样会增加对国内产品的总需求，从而与出口增加的影响相似，即国民收入增加，贸易收支状况得到改善。在开放经济口，影响内部均衡和外部均衡的因素中，除了总需求之外，还有价格水平、汇率水平和利率水平等。

相对于封闭经济而言，开放经济是指一国同国外经济联系较为广泛的经济，包括商品进出口、资金流动、技术交流、经济合作、人力迁移等方面的联系。20 世纪 80 年代以来，经济生活国际化已成为普遍现象，并日益呈现出全球化的趋势，赋予了开放经济以新的丰富内容。随着国际经济一体化趋势的加强，国与国之间经济联系的障碍会逐步减少，但各国的国家利益与民族利益决定了这些限制不可能彻底消除，即使已进入区域一体化的国家，由于利益分割的不合理，也会重新加强这些限制。

美国经济学家巴拉萨首先提出了外向型经济的概念。外向型经济从总的方面来说，就是政府当局给予国内销售和出口以及给予初级产品和制造业以相似的刺激。具体来说，外向型经济指一国或地区是以出口为主导的经济，即面向国际市场以出口创汇为主要目标的经济；通过出口创汇、进口原材料和引进资金、技术等生产要素进一步推动整个经济的持续发展；以对外贸易作为导向性行业。

由于外向型经济是一国的政策和体制对出口贸易的总的态度，政府在外向型经济中是一个不可缺少的角色。其具体任务包括：对企业出口进行直接补贴；给予出口税收优惠，这不仅包括减免企业增值税和所得税，而且包括减免企业所需的原材料和设备的进口关税；发放出口信贷，协助企业的短期融资；建立出口风险基金；利用汇率杠杆，促进企业出口；组织各种活动，促进贸易往来。

11.3.2　宏观经济政策的配合

在开放经济中要对失衡的国民收入进行调节，其难度比封闭经济条件下要大得多。这不仅由于增加了国际收支的调节，而且还在于国际收支和其他一些因素会对国内经济产生影响，这种影响往往在各国间相互作用。例如，失业和通货膨胀就会通过不同的渠道在各国之间相互传递。因此，在开放经济条件下，对国民收入进行调节，必须考虑各国间经济的这种相互作用。

1. 政策配合的困难

一般来说，对内均衡是充分就业与物价稳定，对外均衡是国际收支均衡，但现实中却未必完全均衡。现实中这三者之间出现下列九种关系。

（1）国内通货膨胀与国际收支盈余

这种情况实行紧缩性政策可以制止国内通货膨胀，但国民收入的减少也会减少进口，从而使国际收支盈余更多。若采用扩张性政策，则会在增加国民收入从而增加进口，减少国际收支盈余的同时，也加剧了国内通货膨胀。

（2）国内通货膨胀与国际收支均衡

这种情况实现了国际收支均衡，但国内不均衡。此时无论采取何种解决国内问题的政策，都会同时破坏国际收支的均衡。

（3）国内通货膨胀与国际收支赤字

这种情况应采取紧缩性政策，这样可以抑制总需求，减少国民收入，消除通货膨胀。同时，国民收入的减少又会减少进口，从而消除国际收支赤字。

（4）国内经济均衡与国际收支盈余

这种情况实现了国内均衡，而国际收支不均衡。这时无论采取哪种解决国际收支不均衡的政策，都会同时破坏国内均衡。

（5）国内经济均衡与国际收支均衡

只有这种情况实现了对内均衡和对外均衡的一致，无须调节。但这种情况很少见。

（6）国内经济均衡与国际收支赤字

这种情况实现了国内均衡，而国际收支不均衡。这时无论采取哪种解决国际收支不均衡的政策，都会同时破坏国内均衡。

（7）国内经济衰退与国际收支盈余

这种情况应采取扩张性政策，这样可以刺激总需求，使国民收入增加，摆脱经济衰退。同时，国民收入的增加又会增加进口，从而消除国际收支盈余。

（8）国内经济衰退与国际收支均衡

这种情况实现了国际收支均衡，但国内不均衡。此时，无论采取何种解决国内问题的政策，都会同时破坏国际收支的均衡。

（9）国内经济衰退与国际收支赤字

这种情况与第（1）种情况相反，采用扩张性政策可以摆脱国内经济衰退，但加重了国际收支赤字；采用紧缩性政策可以减少国际收支赤字，但却加剧了国内经济衰退。

总之，单纯采用扩张性或紧缩性政策，都无法使除第（3）、第（5）和第（7）种情况外同时达到对内均衡和对外均衡的一致。

2. 最优政策的配合

在宏观经济调节中产生的对内均衡与对外均衡的矛盾，要求宏观调节的决策者把各种调节政策加以相互搭配，力求找到最优的政策配合方法。

最优政策的配合指当调节内外均衡需要不同的调节政策时，应该尽量减少政策间的摩擦和相互抵消作用，或者努力使所采用政策的积极作用超过消极作用，并使多个政策相互配合。

在选择和搭配最优政策时，最主要的是要注意各种政策对内和对外的不同影响。货币政策的对外影响一般要大于其对内的影响。例如，货币量增加通过利率下降而产生的对国内总需求的刺激作用，比利率下降对国际资本流出的影响要小。财政政策对国内的影响往往要大于它对国外的影响。例如，增加政府开支所引起的国民收入增加的作用要大于进口增加的作用。因此，一般以货币政策对外，以财政政策对内。

另外，在选择最优政策配合时，应该首先确定政策实施的目标，即所要解决的主要问题是什么。例如，在国内发生经济衰退与国际收支盈余的情况下，主要是解决国内经济衰退问题，因此，政策选择的目标和重点就要放在刺激国内经济上。

最后，在选择最优政策配合时，应该注意用一种政策去抵消另一种政策的副作用。

例如，在国内通货膨胀与国际收支盈余同时存在的情况下，可以采用紧缩性财政政策来制止通货膨胀，同时采用扩张性货币政策增加货币量，降低利率。使资本流出国外，从而克服国际收支盈余。

当国内经济衰退和国际收支赤字发生时，可以采用扩张性财政政策与紧缩性货币政策相结合，从而达到既摆脱国内经济衰退，又同时吸引资本流入，克服国际收支赤字的目的。

除此之外，有时还可以用对外经济政策来配合国内经济政策。例如，在国内经济均衡但国际收支有赤字的情况下，可以采用支出转换政策进行调节。支出转换政策是指在对国内产品总需求保持不变的情况下，改变总需求的构成，也就是通过保护贸易政策或者汇率贬值政策来减少进口，以便达到既使国内经济保持平衡，又消除国际收支赤字的目的。

最优政策的配合是一个很复杂的问题，它不仅要考虑国内国外的经济状况、政策目标、政策效应等问题，还要考虑各种复杂的政治因素、国际关系、国家历史传统等问题。例如，通过使用紧缩性货币政策提高利率，以吸引资本流入，消除国际收支赤字时，还要考虑资本流动对本国利息率变动的反应程度，而这种反应程度又与一国政局是否稳定、投资环境和政策是否有利于外资等有关。再如，在通过出口增加国民收入时会消除国际收支赤字，但出口又和国际经济形势以及世界市场上对本国出口产品的需求弹性有关。如果这时世界经济处于衰退时期，而且本国出口产品在世界市场上需求弹性较低（即当该产品价格降低后，其需求量的扩大幅度没有价格下降的幅度大），那么想通过货币贬值等措施扩大出口来消除国际收支赤字的政策就难以奏效了。因此，最优政策的配合一定要在充分考虑各种情况、充分了解各种政策的正负面影响的基础上，针对要解决的主要问题，制订出切实可行的方案和办法。

◆ **基本技能训练**

1. 讨论：国际收支失衡的原因？
2. 讨论：固定汇率制与浮动汇率制各有什么优劣？在我国经济逐步开放的情况下应采取哪种制度？

◆ **信息传递**

2015 年我国国际收支格局

（1）经常账户顺差、资本和金融账户逆差

日前，国家外汇管理局日前披露的年报显示，2015 年，我国国际收支呈现"经常账户顺差、资本和金融账户逆差"的格局。其中，经常账户仍保持较大顺差，全年顺差 3306 亿美元，同比增长 19%，保持在国际公认的合理范围之内。资本和金融账户（不含储备资产）逆差 4853 亿美元，对应着我国对外资产负债结构的调整。截至 2015 年年末，我国外汇储备余额为 3.33 万亿美元。

（2）经常账户保持较大顺差

货物贸易顺差增长较快。按国际收支统计口径，2015 年，我国货物贸易出口 21 428 亿美元，进口 15 758 亿美元，同比下降 5% 和 13%；顺差 5670 亿美元，同比增长 30%。服务贸易逆差继续扩大。2015 年，服务贸易收入 2865 亿美元，同比增长 2%；支出 4639 亿美元，同比增长 4%；逆差 1824 亿美元，同比扩大 6%，其中运输项目逆差同比收窄 36%，旅行项目逆差延续扩大态势，同比增长 38%。初次收入转为逆差。2015 年，初次收入项下收入 2278 亿美元，同比下降 5%；支出 2732 亿美元，同比增长 21%；逆差 454 亿美元，2014 年为顺差 133 亿美元。

其中，雇员报酬顺差 274 亿美元，同比增长 6%。投资收益逆差 734 亿美元，同比扩大 4.9 倍，其中，对外投资的收益为 1939 亿美元，同比下降 7%；外国来华投资利润利息、股息红利等支出 2673 亿美元，同比扩大 20%。

二次收入呈现逆差。2015 年，二次收入项下收入 359 亿美元，同比下降 13%；支出 446 亿美元，同比增长 12%；逆差 87 亿美元，2014 年为顺差 14 亿美元。

（3）资本与金融账户逆差增长

直接投资继续表现为顺差。按国际收支统计口径，2015 年，直接投资顺差 621 亿美元，同比下降 57%。其中，直接投资资产净增加 1878 亿美元，同比增长 53%，是直接投资顺差下降的主因；直接投资负债净增加 2499 亿美元，同比下降 7%。

证券投资转为逆差。2015 年，证券投资为逆差 665 亿美元，2014 年为顺差 824 亿美元。其中，我国对外证券投资净流出 732 亿美元，同比增长 5.8 倍；境外对我国证券投资净流入 67 亿美元，同比下降 93%。

其他投资逆差大幅扩大。2015 年，其他投资为逆差 4791 亿美元，同比扩大 72%。其中，我国对外的贷款、贸易信贷和资金存放等资产净增加 1276 亿美元，同比下降 61%；境外对我国的贷款、贸易信贷和资金存放等负债净减少 3515 亿美元，2014 年为净增加 502 亿美元。

（4）储备资产有所下降

2015 年，我国储备资产（剔除汇率、价格等非交易价值变动影响，下同）减少 3429 亿美元。其中，外汇储备资产减少 3423 亿美元，2014 年为增加 1188 亿美元。

（5）净误差与遗漏在借方

2015 年，净误差与遗漏为借方 1882 亿美元，占当期国际收支口径货物贸易进出口总值的 5%。

（6）2016年国际收支展望

2016年，我国国际收支将继续呈现"经常账户顺差、资本和金融账户逆差"的格局。

经常账户将保持一定规模顺差。第一，货物贸易将维持顺差。从出口看，全球经济延续缓慢复苏态势，有助于稳定我国的外需。同时，随着我国"一带一路"等战略规划的逐步落实，双边和多边战略合作的不断加强，出口也会迎来新的机遇。从进口看，由于美元总体强势和全球需求不振，国际大宗商品价格可能还会在低位震荡，使2016年进口价格较难反弹；同时，我国内需还会保持相对稳定，进口变化可能不大，进口规模仍会低于出口。第二，服务贸易等项目将继续呈现逆差。其中，旅行项目仍是最主要的逆差来源，我国居民境外旅游、留学等消费需求仍会较高。总的来看，2016年，经常账户将在货物贸易主导下持续顺差，与GDP之比仍会处于国际公认的合理区间。

资本和金融账户将继续呈现逆差，跨境资本流动有望总体趋稳。一方面，国内外宏观经济金融环境更加复杂。全球经济复苏步伐依然缓慢，新兴经济体经济发展面临多重压力。主要经济体货币政策继续分化，不确定因素进一步增多，如美联储加息时点和节奏不定，欧元区和日本央行相继推出负利率政策，国际金融市场可能受到反复冲击，市场情绪起伏较大，将加剧国际资本流动的短期波动。

我国经济运行步入"新常态"，在国内经济改革发展动能转换过程中，不可避免会出现经济增速放缓、部分领域风险上升等问题，推动境内主体对外资产负债结构的继续调整。另一方面，支撑我国国际收支平稳运行的因素依然较多。2016年我国经济增长目标为6.5%～7%，在世界范围内仍属于较高增速，经济结构将进一步优化，经济发展前景依然向好，将继续吸引外资尤其是长期资本流入。

同时，我国外汇储备仍较充裕，境内主体经过近两年的债务去杠杆化调整，已明显降低了未来的对外偿付风险。此外，如果美联储货币政策调整步伐基本符合市场预期，对国际金融市场的影响能够逐步释放，也会降低新兴市场经济体的资本外流压力。

（资料来源：贸易金融，微信 ID:trade_finance）

相 关 概 念

1）国际货币体系：国际货币体系是指为适应国际贸易与国际支付需要，各国政府为货币在国际范围发挥世界货币职能所确定的原则、采取的措施和建立的组织机构。它是国际货币制度、国际金融机构以及由习惯和历史沿革所约定俗成的国际货币秩序的总和。

2）国际金本位制：国际金本位制是以一定重量和成色的黄金为本位货币，并建立起流通中各种货币与黄金间固定兑换关系的货币制度。其特点是银行券可自由兑换金币；金币可自由铸造；黄金可自由输出入；货币储备全部使用黄金；国际结算使用黄金。

3）布雷顿森林体系：布雷顿森林体系是一种人为的国际货币制度，其核心内容是美元与黄金挂钩，各国货币与美元挂钩。

4）特里芬两难：特里芬两难是指为满足世界经济增长对国际支付手段和储备货币的增长需要，美元的供应应当不断地增长；而美元供给的不断增长，又会导致美元同黄金的兑换性日益难以维持。美元的这种两难，指出了布雷顿森林体系内在的不稳定性及危机发生的必然性。

5）牙买加协定：牙买加协定是新的国际货币体系得以形成的基础，其核心思想是汇率安排多样化，黄金非货币化，国际储备多元化，国际收支调节机制多样化。

6）固定汇率制：固定汇率制是指一国政府将本国货币与外国货币的兑换比例，以法定形式固定下来，并将汇率的波动限制在较少的范围内。

西方汇率决定理论

西方汇率决定理论主要有国际借贷说、购买力平价说、汇兑心理说、货币分析说和金融资产说，他们分别从不同的角度对汇率的决定因素进行了分析。

国际借贷说是英国经济学家葛逊在 1861 年提出的，他以金本位制为背景，较为完整地阐述了汇率与国际收支的关系。他认为，汇率的变化是由外汇的供给与需求引起的，而外汇的供求主要源于国际借贷。国际借贷可分为流动借贷和固定借贷。流动借贷是指已经进入实际支付阶段的借贷；固定借贷是指尚未进入实际支付阶段的借贷。只有流动借贷才会影响外汇的供求，在一国进入实际支付阶段的流动借贷中，如果债权大于债务，外汇的供给就会大于外汇的需求，引起本币升值、外币贬值。相反，如果一定时期内进入实际支付阶段的债务大于债权，外汇的需求就会大于外汇的供给，最终导致本币贬值、外币升值。

购买力平价说是 20 世纪 20 年代初瑞典经济学家卡塞尔率先提出的。其理论的基本思想是人们需要外币是因为外币在其发行国国内具有购买力，相应地人们需要本币也是因为本币在本国国内具有购买力，因此两国货币汇率的决定基础应是两国货币所代表的购买力之比。购买力平价理论是最有影响的汇率理论，由于它是从货币基本功能的角度分析货币的交换比率，合乎逻辑，表达简洁，在计算均衡汇率和分析汇率水平时被广泛应用，我国的换汇成本说就是购买力平价说的实际应用。

汇兑心理说是 1927 年由法国巴黎大学教授艾伯特·阿夫塔里昂根据边际效用价值论的思想提出的。他认为，汇率取决于外汇的供给与需求，但个人之所以需要外汇不是因为外汇本身具有购买力，而是由于个人对国外商品和劳务的某种欲望。这种欲望又是由个人的主观评价决定的，外汇就如同商品一样，对各人有不同的边际效用。因此，决定外汇供求进而决定汇率最重要的因素是人们对外汇的心理判断与预测。

货币分析说认为汇率变动是由货币市场失衡引发的，引发货币市场失衡有各种因素：国内外货币供给的变化、国内外利率水平的变化以及国内外实际国民收入水平的变化等，这些因素通过对各国物价水平的影响而最终决定汇率水平。货币分析说最突出的贡献是它对浮动汇率制下现实汇率的超调现象进行了全面的理论概括。

金融资产说阐述了金融资产的供求对汇率的决定性影响，认为一国居民可持有三种资产，即本国货币、本国债券和外国债券，其总额应等于本国所拥有的资产总量。当各种资产供给量发生变动，或者居民对各种资产的需求量发生变动时，原有的资产组合平衡就被打破，这时居民就会对现有资产组合进行调整使其符合自己的意愿持有量，达到新的资产市场均衡。在对国内外资产持有量进行调整的过程中，本国资产与外国资产之间的替换就会引起外汇供求量的变化，从而带来外汇汇率的变化。

============================== 小结与练习 ==============================

小结

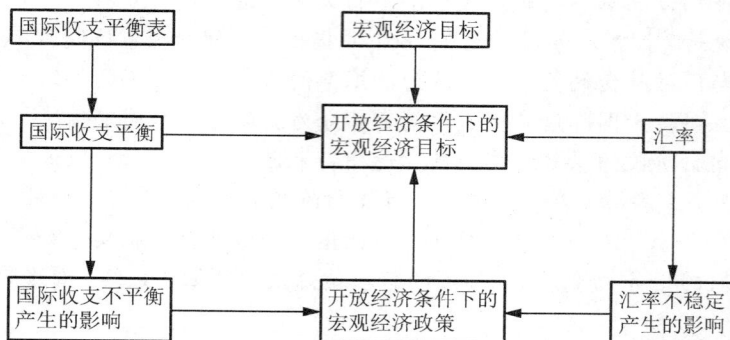

练习

一、单项选择题

1. 最经常也是最普遍的一种外汇交易方式是（　　）。
   A. 期货交易　　　　B. 期权交易　　　　C. 即期交易　　　　D. 远期交易

2. 外汇银行对外报价时，一般同时报出（　　）。
   A. 交割价和中间价　　　　　　　　B. 中间价和买入价
   C. 买入价和卖出价　　　　　　　　D. 卖出价和市场价

3. 金本位制下，决定汇率的基础是（　　）。
   A. 外汇供求　　　B. 法定平价　　　C. 铸币平价　　　D. 黄金输送点

4. 本币贬值，可能会引起（　　）。

A. 国内通货紧缩　　　　　　　B. 国内经济增长放慢

C. 国内失业上升　　　　　　　D. 国民收入增加

5. 其他条件不变，本币贬值可以（　　）。

A. 减少国际收支逆差　　　　　B. 刺激进口和减少出口

C. 减少直接投资流入　　　　　D. 减轻债务负担

6. 一国货币升值，通常会引起该国的外汇储备（　　）。

A. 数量增加　　　　　　　　　B. 实际价值增加

C. 数量减少　　　　　　　　　D. 数量不变

7. 如果一国的贸易和非贸易汇率相对稳定，而金融汇率听任市场供求关系决定，这通常是（　　）。

A. 固定汇率　　　　　　　　　B. 浮动汇率

C. 管理浮动汇率　　　　　　　D. 复汇率制

二、判断题

1. 进口商向银行购买其进口所需外汇时，按银行买入价支付本币。　　（　　）

2. 国际收支发生严重逆差的国家，其货币将面临贬值压力。　　（　　）

3. 本币贬值通常会引起国内物价上涨。　　（　　）

参 考 文 献

奥利维尔·布兰查德. 2003. 宏观经济学. 钟笑寒, 译. 北京: 清华大学出版社.

保罗·A. 萨缪尔森. 2010. 经济学. 萧琛, 译. 北京: 人民邮电出版社.

高鸿业. 2001. 西方经济学. 北京: 中国人民大学出版社.

国际货币基金组织. 1994. 国际金融手册. 5 版. 北京: 中国金融出版社.

姜波克. 1999. 国际金融学. 北京: 高等教育出版社.

蒋学模. 2002. 政治经济学教材. 11 版. 上海: 上海人民出版社.

李炳义. 2001. 经济学基础. 上海: 上海交通大学出版社.

李炳义. 2005. 经济学基础. 2 版. 上海: 上海交通大学出版社.

刘华. 2008. 经济学基础. 大连: 大连理工大学出版社.

刘诗白. 2008. 政治经济学. 成都: 西南财经大学出版社.

刘源海. 2006. 经济学基础. 北京: 高等教育出版社.

罗伯特·平狄克, 丹尼尔·鲁宾菲尔德. 2000. 微观经济学. 4 版. 北京: 中国人民大学出版社.

马扬, 梁东生. 2004. 经济学原理. 北京: 中国人民大学出版社.

曼昆. 2005. 宏观经济学. 张帆, 梁晓钟, 译. 北京: 人民大学出版社.

曼昆. 2009. 经济学原理. 5 版. 梁小民, 译. 北京: 北京大学出版社.

汪祥春. 2000. 当代西方经济学. 大连: 东北财经大学出版社.

威廉·J. 鲍默尔. 2006. 经济学原理与政策 (下册). 方青云等, 译. 北京: 北京大学出版社.

吴汉洪. 2004. 经济学基础. 北京: 中国人民大学出版社.

吴树青, 谷书堂, 吴宣恭. 2000. 政治经济学 (社会主义部分). 北京: 中国经济出版社.

伍柏麟. 2003. 经济学基础教程. 上海: 复旦大学出版社.

伍柏麟, 尹伯成. 2003. 经济学基础教程. 上海: 复旦大学出版社.

杨洁, 方欣. 2010. 经济学基础. 北京: 人民邮电出版社.

尹伯成. 2003. 西方经济学简明教程. 上海: 上海人民出版社.

张志超. 2002. 汇率制度的新发展: 文献综述. 世界经济, (1).

郑健壮, 王培才. 2009. 经济学基础. 2 版. 北京: 清华大学出版社.

朱善利. 2001. 微观经济学. 北京: 北京大学出版社.

http://news.xinhuanet.com.

http://www.stats.gov.cn.

http://www.southcn.com/nflr/llzm/200502011048.htm.